In levende lijve: het lichaam in de psychotherapie

Nelleke Nicolai

In levende lijve: het lichaam in de psychotherapie

Houten 2020

Nelleke Nicolai
Rotterdam, Nederland

ISBN 978-90-368-2498-9   ISBN 978-90-368-2499-6 (eBook)
https://doi.org/10.1007/978-90-368-2499-6

© Bohn Stafleu van Loghum is een imprint van Springer Media B.V., onderdeel van Springer Nature 2020
Alle rechten voorbehouden. Niets uit deze uitgave mag worden verveelvoudigd, opgeslagen in een geautomatiseerd gegevensbestand, of openbaar gemaakt, in enige vorm of op enige wijze, hetzij elektronisch, mechanisch, door fotokopieën of opnamen, hetzij op enige andere manier, zonder voorafgaande schriftelijke toestemming van de uitgever.
Voor zover het maken van kopieën uit deze uitgave is toegestaan op grond van artikel 16b Auteurswet j° het Besluit van 20 juni 1974, Stb. 351, zoals gewijzigd bij het Besluit van 23 augustus 1985, Stb. 471 en artikel 17 Auteurswet, dient men de daarvoor wettelijk verschuldigde vergoedingen te voldoen aan de Stichting Reprorecht (Postbus 3060, 2130 KB Hoofddorp). Voor het overnemen van (een) gedeelte(n) uit deze uitgave in bloemlezingen, readers en andere compilatiewerken (artikel 16 Auteurswet) dient men zich tot de uitgever te wenden.
Samensteller(s) en uitgever zijn zich volledig bewust van hun taak een betrouwbare uitgave te verzorgen. Niettemin kunnen zij geen aansprakelijkheid aanvaarden voor drukfouten en andere onjuistheden die eventueel in deze uitgave voorkomen. De uitgever blijft onpartijdig met betrekking tot juridische aanspraken op geografische aanwijzingen en gebiedsbeschrijvingen in de gepubliceerde landkaarten en institutionele adressen.

NUR 777
Basisontwerp omslag: Studio Bassa, Culemborg
Automatische opmaak: Scientific Publishing Services (P) Ltd., Chennai, India

Bohn Stafleu van Loghum
Walmolen 1
Postbus 246
3990 GA Houten

▶ www.bsl.nl

Dankwoord

Het is gebruikelijk in een dankwoord iedereen te bedanken die op welke manier dan ook heeft bijgedragen aan een boek. Voor dit boek gaat in de eerste plaats mijn dank uit naar alle patiënten die mij deelgenoot hebben gemaakt van wat ze dachten, voelden en beleefden.

In de tweede plaats naar Yulma Perk en Jeroen Terpstra van Bohn Stafleu van Loghum. Yulma omdat zij al in een vroeg stadium aangaf dat het wat kon worden. Jeroen voor zijn goede begeleiding tijdens de productiefase van dit boek. Daarnaast dank ik Timon Meynen voor zijn voortreffelijke redactiewerk.

Ik bedank zonder iedereen bij naam te noemen al mijn collega's. In discussie met hen heb ik geleerd mijn meningen aan te scherpen en te onderbouwen. Dat geldt vooral voor mijn dierbare intervisiegroep: Irene Boonekamp, Daan Daniels, Ton de Groot en Frans Schalkwijk.

Ik bedank mijn zusje Leonore Nicolai, POH-GGZ, met wie ik al wandelend vele ervaringen en theorieën deelde over psychosomatiek, depressie, angststoornissen en lichamelijke klachten zonder organische verklaring in de huisartsenpraktijk.

Ten slotte bedank ik mijn lief, mijn man met wie ik al 55 jaar samen ben en die mij trouw heeft gesteund in weer zo'n onderneming die mij danig bezette.

Inleiding

Een jonge vrouw staat voor de spiegel. Van achteren gezien steken de punten van haar heupen uit, al haar ribben zijn te zien en haar benen zijn dunne stokjes, maar zelf ziet zij een moddervet, walgelijk wezen met een veel te dikke buik. Zij lijdt aan anorexie. Haar lichaamsbeeld is volledig gevuld met het 'walgelijk dikke, onmatige monster'.

Een man zit zuchtend op de stoel in de spreekkamer: hij heeft net een doorwaakte nacht achter de rug vol angst een onbekende ernstige ziekte te hebben. Hij weet zeker dat het kanker is. Gisteren heeft hij op internet gegoogeld welke kankers passen bij zijn symptomen. Hij is 32 en lichamelijk gezond, zo blijkt uit vele eerdere lichamelijke onderzoeken. Zijn angst gaat er niet mee weg.

Een andere jonge vrouw trekt beschaamd haar mouwen over de verse wonden op haar onderarmen: ze heeft zich weer gesneden, al had ze nog zo haar best gedaan om het niet te doen. Haar lichaam is een veld vol oude en verse littekens. Ze haat zichzelf.

Een andere jonge man is bang dat niemand hem zal moeten omdat hij dun en iel gebouwd is. Hij heeft eiwitten en anabole steroïden gebruikt en veel gesport, maar hoewel hij daardoor gespierd is geworden is, blijft hij tobben over dat iele. Hij vertelt dat hij niet de enige is in het gezin die zo tobt: zijn zusje komt nauwelijks buiten de deur vanwege een ernstige bloosangst.

Een iets oudere vrouw zit in de spreekkamer bij haar jonge psychotherapeute. Ze heeft haar armen voor de borst gevouwen en haar benen over elkaar geslagen. Ze ademt hoog. Haar schouders staan opgetrokken: ze zit voor op de stoel. Op alle vragen antwoordt ze met: 'Ik weet het niet.' De psychotherapeute voelt zich steeds meer geërgerd en machteloos. Pas later blijkt dat de vrouw niets heeft meegekregen van eerdere gesprekken. Haar hoofd zit in een waas, ze kan zich niet concentreren en zich niets herinneren. Ze verkeert in een staat van extreme angst of sympathische hyperarousal. Praten heeft in zo'n geval geen enkele zin.

Wat hebben al deze verhalen gemeen?

Ze betreffen de verhouding met het lichaam, het beeld van het lichaam en de ervaring van het lichaam. Maar ze hebben ook gemeen dat er iets *niet* is: de beleving van het lichaam van binnenuit en emotionele betekenis daarvan. Zo voelt de eerste vrouw geen honger, geen kou, maar ook geen andere gevoelens dan de behoefte aan controle en trots als het haar weer eens is gelukt om niet in gewicht aan te komen. Het verdriet over een ongelukkige jeugd is volledig weg.

De hypochondrische man herkent zijn eigen lichaamssignalen niet. Alles wat hij ervaart aan steken, trillingen, de beweging van zijn darmen en het kloppen van zijn hart boezemt hem angst in en de daarbij passende zekerheid dat dit de symptomen zijn van een ernstige aandoening waaraan hij zal sterven. Maar het woord 'angst' zegt hem niets. Het voelt als 'waar'. De zichzelf beschadigende vrouw heeft geen idee wat ze voelt, behalve dat het haar overweldigt en in de war maakt. De iele jonge man kan alleen maar denken over wat anderen aan hem zien en weet niet wat hij zelf vindt, laat staan wat hij voelt. Het idee dat zijn lichaam door al dat sporten competent en krachtig is, is hem totaal vreemd. De oudere vrouw is in de greep van angst, ook al herkent ze die niet als zodanig. Het is de posttraumatische hyperarousal die stoelt op ingrijpende veranderingen in haar stresssysteem.

Men zegt wel eens dat het lichaam steeds meer verdwenen is uit de westerse cultuur. In de filosofie hebben we het over de geest, over de ziel als we het over Plato en Socrates hebben, over de geest als we Descartes citeren. In de christelijke traditie is het lichaam een bron van zonde. De verhalen van een kerkvader als Augustinus liegen er niet om. Hij was in zijn jeugd niet vies van een seksuele uitspatting links of rechts, maar werd na zijn bekering heel kuis en zwoer zijn vriendin en hun zoontje af om zich in dienst te stellen van een ander soort liefde. Een 'zuivere' liefde, in dienst van God.

Let op het woord 'zuiverheid' dat in feite een metafoor is, overgedragen van het lichaam in strijd met letterlijk vuil en ziektekiemen naar een meer abstract en psychologisch begrip. 'Zuiver' is hier: bevrijd van dat wat het lichaam ons vertelt en van ons vraagt.

Later werd het nog metaforischer, toen het ging over het abstracte lichaam van een kerk of staat, waarbij 'zuiverheid' gebruikt wordt om het instituut of de staat te ontdoen van 'oneigenlijke elementen'. Het lichaam met verlangens, behoeften en soms onbegrijpelijke gevoelens van schaamte, verwarring, opwinding, trek, lust en zin werd in de westerse cultuurgeschiedenis steeds vaker gevaarlijk en dierlijk geacht en moest bedwongen, onthecht en puur worden, opdat de geest het won.

Als kind groeide ik op in een huisartsenpraktijk waarin zaken als bloed, urine en ontlasting ons bestaan stoffeerden, omdat de flesjes met dat te onderzoeken materiaal op de trap stonden. Ik verdiende zakgeld met urine's 'draaien'. Dat draaien deed je met een centrifuge, waarna wat zich op de bodem had verzameld op een glaasje werd gedaan en onder de microscoop bekeken. Cellen betekenden een ontsteking. Maar ik was stomverbaasd toen bleek dat die kennis door mijn schoolgenootjes als 'vies' werd bestempeld. Omdat ik ermee opgroeide, werd ik ook 'vies' geacht. We hadden bovendien een schilderij boven de bank van een roodharige naakte vrouw. Dat vonden mijn vriendinnen helemaal het toppunt van ontaarding.

Rooms-katholieke vriendinnetjes brachten mij op de hoogte van kostschoolgewoonten waar je in bad moest met een nachthemdje aan, zodat je je blote zelf nooit te zien kreeg. Gereformeerde vriendinnen vertelden over de zonde die als vanzelf kleefde aan hun lichaam. Zulk denken was mij vreemd. Ik ben opgegroeid in een sfeer van lichamelijkheid, van ouders die ons knuffelden, met ons stoeiden en vanzelfsprekend ingingen op vragen. We wisten hoe zaken heetten: van de maag tot aan de de verschillende kootjes in je handen. Ik wist wat menstruatie was, in tegenstelling tot mijn vriendinnen, die geheimzinnig spraken over 'opoe' die wel of nog niet gekomen was. Ik wist hoe kinderen verwekt werden en wat seks was. Ik voelde wel hoe mijn kennis hun huivering, die waarschijnlijk toch ook lekker voelde, ontnuchterde. Onttoverde misschien wel.

Ook in de psychiatrie en psychotherapie zien wij een toenemende mate van ontlichaming, *desomatisatie*.

In de psychologie, de psychotherapie en de psychoanalyse bestaat de tendens het lichaam te laten verdwijnen: driften, in het bijzonder seksualiteit, zijn nauwelijks meer onderwerp van onderzoek. We hebben het over mentaliseren, over *mind-mindedness*, cognities, foute cognities: foute gedachten, die je moet zien op te sporen en dient te wijzigen. We hebben het over hechting alsof het over nietjes gaat, in plaats van over een lijfelijke ervaring; abstract en vol woorden als 'gehechtheidsstijlen', waarbij we het levende subject bijna niet meer zien. Over beheersing en emotieregulatie, waarbij het accent vooral ligt op het onderdrukken van impulsen en gevoelens van boosheid. We hebben het ook over kunstmatige intelligentie en robots die ons zouden kunnen vervangen. In al die narratieven is het lichaam een aanhangsel: een ding dat onderaan bungelt, iets wat overwonnen dient te worden. Waar je niet al te veel aandacht aan dient te besteden, behalve als iets om door sport en diëten dun en fit te houden. Het lichaam als machine.

We zien dit ook op een heel ander terrein: dat van de slaap. De huidige maatschappij eist van haar deelnemers een 24-uursbeschikbaarheid en -bereikbaarheid. Het is stoer te melden dat je niet meer dan vier uur slaap nodig hebt: Trump gaat er prat op. Dit terwijl uit wetenschappelijk onderzoek nu blijkt dat acht tot negen uur rem- en non-remslaap nodig is om lichaam en geest gezond te houden. Zonder slaap ga je binnen drie weken dood. Met een tekort aan slaap ben je vatbaarder voor psychische stoornissen zoals angst en depressie, maar ook voor hart-en vaatziekten en gaat een groot deel van het immuunsysteem minder goed werken. Uiteindelijk kan volgens Matthew Walker chronisch slaapgebrek leiden tot hartinfarcten, beroertes en zelfs kanker (Walker 2017).[1]

We zien het ook bij seksualiteit. Seksuologische hulpverlening wordt niet meer vergoed uit het verzekeringspakket. Dat is deels een oorzaak maar deels ook een symptoom van een samenleving die seksualiteit in toenemende mate beschouwt als iets slechts en grensoverschrijdends, tenzij het plaatsvindt in de context van volwassen consensus, zelfs met een contract. Seksualiteit wordt gepathologiseerd of gecriminaliseerd zoals we zien in de discussies over #MeToo en over porno en pornoverslaving. Natuurlijk worden veel kinderen seksueel misbruikt, dat wil zeggen tot ding gereduceerd, en dat is niet goed en dient te allen tijde bestreden te worden. Maar in de volwassen psychotherapie lijkt seksualiteit geheel te verdwijnen, met al haar opwinding en ontregeling. Het model van de huidige psychotherapeut en de therapeutische relatie is van iemand die veiligheid en hechting verschaft: een moeder-kindmodel. Misschien gaat dit gelijk op met de opkomst van vrouwen in het vak. De agressie en de lust zijn daarmee uit de spreekkamer verdwenen. De meeste van mijn supervisanten weten niets van de seksuele ervaringen en fantasieën van hun patiënten: ze vragen er zelden naar, zelfs niet bij gebruik van antidepressiva die – zoals bekend – hele vervelende bijwerkingen hebben op seksueel gebied. Seksualiteit is zelden meer een onderwerp, behalve in de vorm van

---

[1] Walker, M. (2017). *Why we sleep. The new science of sleep and dreams*. Londen: Penguin.

gruwelijke herinneringen aan misbruik. Dit terwijl seksualiteit zo veel problemen geeft in het leven van onze patiënten en er zo'n behoefte is de ambivalentie, de schaamte, de angst én de aantrekkingskracht, de verleiding en de erotische spanning te bespreken.

Vandaar mijn wens om het lichaam weer in de psychotherapie in te brengen. Niet vanuit de behoefte lichaamsgerichte psychotherapie te brengen – daar bestaan uitstekende handboeken en opleidingen voor –, maar om het beleefde lichaam weer een plaats te geven in de psychotherapie.

Rode draad vormen de moderne neurowetenschappelijke, filosofische en psychoanalytische opvattingen over het lichaam. Die heb ik voor het gemak in zeven stellingen vervat.
1. Wij zijn niet ons brein. Wij zijn ons lijf: een belichaamd zelf.
2. Bij alles wat we doen en denken resoneert het lichaam mee: van ongevormde sensatie naar representatie.
3. De huid is de grens, maar een onzekere.
4. Het affectieve homeostatische brein is onbewust en rechtshemisferisch.
5. Het zelf is onverbrekelijk verbonden met de ander.
6. Het gezicht – de mimiek – is verbonden met de ander op onbewust niveau.
7. In de spiegel wordt het belichaamde zelf een object.

In dit boek bespreek ik de oorsprong en de lotgevallen van het belichaamde zelf en de verschillende verstoringen die kunnen ontstaan, die tot verschillend gedrag kunnen leiden. Het boek is bedoeld voor ggz-professionals, maar ook voor geïnteresseerde leken.

Het boek houdt zich bezig met het eerstepersoonsperspectief, dat wil zeggen de subjectief ervaren sensaties, gevoelens, 'van binnenuit'. Dat staat tegenover het derdepersoonsperspectief dat leidend is in de geneeskunde en ook in de psychiatrie, maar ook in de wereld van nu met zijn nadruk op functionaliteit, nut en efficiëntie. Het lichaam verschijnt daar als object via de spiegel of het oog van de ander, het lichaam als object in medische wereld, de voedingsindustrie, de mode, de cognitieve psychologie en de informatica.

Er is ook nog een tweedepersoonsperspectief, waarin het lichaam deel uitmaakt van een 'wij'. Daarin ervaren we de emoties van een ander via onze spiegelneuronen, imiteren we – deels onbewust – de bewegingen of de mimiek van een ander, voelen we ons ontspannen door een aai of aanraking en merken we dat we voortdurend in resonantie zijn met de anderen om ons heen. Bekend is het feit dat jonge vrouwen in een studentenhuis allemaal rond de zelfde tijd menstrueren. We weten ook dat de hersencellen van de moeder in haar rechterhersenhelft synchroon vuren met die van haar baby. We kennen allemaal wel het gevoel van zwaarte en hopeloosheid dat ons bevangt als we omgaan met een depressieve medemens. Onze emoties zijn dus niet beperkt tot ons individuele zelf: ze worden kenbaar via wat men 'empathische besmetting' noemt.

Ik kom op alle persoonsperspectieven uitgebreid terug in verschillende hoofdstukken. Het eerstepersoonsperspectief is het belangrijkste. Ik ben door mijn vak – de psychoanalyse – in de gelegenheid geweest om van veel mensen hun subjectieve verhaal te horen – zoals zij zichzelf en hun lichaam beleven. Het subjectieve heeft in de rest van de geneeskunde weinig ruimte. Men voelt zich er machteloos door. Subjectieve ervaring is immers niet aan te wijzen, niet te meten. Zelfs met vragenlijsten ontsnapt de subjectieve, en dus unieke, ervaring aan de woorden. Neem nu bijvoorbeeld een vraag als: 'Voelt u zich weleens angstig' uit verschillende psychologische vragenlijsten. Alleen degene die zijn of haar emoties heeft leren benoemen zegt *ja*. Al degenen voor wie angst een niet ervaren emotie is, zegt *nee*, ook al staat hun lichaam gespannen als een veer en is hun bloeddruk torenhoog. Want je moet maar net geleerd hebben je emoties te herkennen en te benoemen. Je moet ze maar net in veiligheid ervaren kunnen hebben en niet hebben hoeven onderdrukken.

De psychologie van de tweede helft van de twintigste eeuw werd gedomineerd door het behaviorisme, dat zo objectief mogelijk probeerde te zijn en dus het subjectieve van de ervaring als een 'black box' beschouwde. De psychoanalytische notie dat het bij de mens in de eerste plaats om het affect – het gevoel – gaat, werd afgeschreven als onwetenschappelijk. We zijn ondertussen door neurowetenschappelijk onderzoek veel verder gekomen, en dat heeft te maken met de opkomst van de neuropsychoanalyse en de theorieën van *embodied cognition* of belichaamde cognitie. Dit laatste is een stroming in de neuro- en cognitieve wetenschappen die stelt dat wij als mens deel uitmaken van een ecologische omgeving en dat ons lichaam het ons mogelijk maakt met deze omgeving om te gaan. Dat ons bewustzijn een dun laagje is, een zelfreflectief vermogen dat evolutionair ontstaan is om onze overleving in steeds ingewikkelder omgevingen mogelijk te maken. Van het grootste deel van wat er in ons lichaam en onze hersenen omgaat, zijn wij ons niet bewust.

De neuropsychoanalyse is een stroming die gebruikmaakt van de neurowetenschappen om de processen die Freud beschreef aan te passen, eventueel te onderbouwen en eventueel te corrigeren. Dit gaat bijvoorbeeld in sterke mate op voor het onbewuste. Freud noemde dit het 'id' of 'es' en zag dit als een reservoir van onze driften, die alleen via dromen, versprekingen of symptomen – verhuld – tot ons konden komen. Nu weten we dat het onbewuste vooral bestaat uit alles wat we in ons leven leren en wat geautomatiseerd wordt als primaire repressie.[2]

Dit onbewuste is het impliciete onbewuste, dat te maken heeft met het procedurele geheugen. In dat geheugen is bijvoorbeeld opgeslagen hoe je moet fietsen. Zodra je op een fiets stapt, weet je hoe het moet. Je denkt er niet over na. Als je er wel over nadenkt, loop je het risico dat je valt. Ook hoe je omgaat met andere mensen en de wereld in het algemeen is een onderdeel van het impliciete onbewuste. Je gehechtheidsstijl bijvoorbeeld: of je de wereld met vertrouwen of juist wantrouwen tegemoet treedt. Of het glas half leeg of juist halfvol is. Of je een tegenslag kunt pareren of juist de moed verliest. Deze impliciete relationele patronen zijn onderdeel van het weefsel, waarin biologische en genetische aanleg de schering en omgevingsfactoren de inslag zijn.

Wat niet onbewust is zijn de primaire affecten: het lachen, het huilen, de pijn die je voelt bij een verlies (Solms 2013).[3] Zie ook Nicolai (2016).[4]

---

2 Solms, M. (2015). *The feeling brain*. Londen: Karnac.
3 Solms, M. (2013). The conscious Id. *Neuropsychoanalysis, 15*, 5–19.
4 Nicolai, N. J. (2016). *Emotieregulatie, de kunst van het evenwicht*. Leusden: Diagnosis.

Daarnaast heb je het dynamisch onbewuste: het 'vergeten' of wegduwen uit het bewustzijn van onaangename zaken, het afweren van bepaalde verlangens en behoeften. In de moderne psychoanalyse hoort wat er is verdrongen of onderdrukt, geprojecteerd op een ander of geloochend tot dat dynamisch onbewuste, omdat het bedoeld is om negatieve emoties, pijn en lijden te vermijden. Het impliciete onbewuste heeft die functie niet. De hersenen hebben van zichzelf de neiging alles te automatiseren wat er al bekend is om energie te besparen. Je moet dus onderscheiden wat verdrongen is van wat is weggeduwd, geprojecteerd, omgekeerd in het tegendeel, gesplitst of ontkend. Want dat laatste zijn de afweermechanismen die we inzetten als onze primaire behoeften tot conflict leiden of in een omgeving terechtkomen die ze niet kan begrijpen of oplossen. Het primaire onbewuste kan niet bewust worden. We kunnen wel leren om de manieren waarop we onze behoeften vervormen om te zetten in adaptievere manieren. En met adaptief bedoel ik niet 'aangepast aan de omgeving', in dit geval een individualistische samenleving, die sterk het accent legt op succes en uiterlijk, maar adaptief in de zin van een beter evenwicht door erkenning van gevoelens en lichamelijke reacties die bij deze gevoelens horen.

Een voorbeeld. Een vrouw verliest haar partner. Ze is diep verdrietig, want het was een gelukkig huwelijk. Ze is haar maatje kwijt. Ze is eerst zoekende, wat past bij het PANIEK/SEPARATIE-systeem, dat wij allen functioneel en anatomisch delen met zoogdieren. Dat is een evolutionair systeem in de hersenstam dat in werking treedt als wij onze hechtingsfiguren verliezen. Het is het actiefst bij jonge kinderen, maar blijft het hele leven een rol spelen bij alle verliezen: van partner, baan, vriendschappen, land, cultuur of taal.

Na een jaar treedt bij de vrouw de wanhoop in: hij komt niet terug. Een kwestie van gewone rouw zult u denken. Maar de moderne rouwtheorie, die zij ook kent, maakt haar impliciet duidelijk dat het na een jaar zo'n beetje over moet zijn met haar verdriet en wanhoop. Ze werkt in de gezondheidszorg, dus ze is goed op de hoogte van deze opvattingen en ook bang dat ze in het spectrum van pathologie zal vallen. Ze houdt dus haar gevoelens voor zich: ze schaamt zich. Hier zien we een conflict tussen een behoefte – het terugvinden van de ander – en de realiteit, een conflict tussen de werkelijkheid en haar gevoelens. Maar ook een conflict tussen wat zij voelt en wat zij meent te moeten voelen. Door die schaamte maakt ze zich vervolgens nog eenzamer dan ze zich al voelde. Het uit zich in de klachten die bij angst en schaamte horen en die ze lichamelijk ervaart: hier als een continue brok in haar keel. Het is niet vreemd een brok in je keel te voelen als je verdrietig bent, maar door de schaamte kan ze het verband niet leggen en wordt ze nog angstiger. Behandeling is dan ook gericht op de erkenning van het affect, in dit geval verdriet. Want verdriet heeft troost en nabijheid nodig, en ook al kan zij als een vrouwelijke Orpheus haar geliefde niet uit de onderwereld halen, ze kan wel in een therapeutisch contact ervaren dat haar gevoelens gedeeld, begrepen en erkend kunnen worden En dat blijkt te helpen.

De perspectieven

Laat ik beginnen met een eerste ordening van perspectieven in een tabel.

> **Subjectief: Eerstepersoonsperspectief**
>
> **Interoceptie** wat je voelt in spieren, gewrichten, huid, ingewanden; wat je ervaart als affect en emotie.
>
> **Tweedepersoonsperspectief:** empathie, intersubjectiviteit, 'emotionele besmetting', aanraking; spiegelneuronen, 'wij'-ervaringen.
>
> **Derdepersoonsperspectief** het lichaam als object via de spiegel of het oog van de ander; het lichaam als object (medische wereld, voedingsindustrie, mode, cognitieve psychologie, informatica).

De inspiratie voor dit boek

Míjn perspectief is psychotherapeutisch: het is gebaseerd op mijn ervaring als psychiater en psychotherapeut met de behandeling van mensen die hun lichaam hebben leren onderdrukken, op de sensatie van pijn na, en die zich uithongeren, zichzelf beschadigden, hun lichaam haten of voortdurend in spanning leven. Allemaal klinische situaties waardoor ik wel moest nadenken over wat hun lichaam mij wilde vertellen. Ik heb ook ervaren dat met een persoon die geen woorden heeft voor gevoelens een sfeer van onbenoembare angst de kamer binnenkomt, die de een verlamt en de ander – de therapeut – achterlaat met een even onbenoembaar gevoel van zwaarte en verdriet. In de psychoanalyse spreekt men van projectieve identificatie. Maar men vermoedt dat dit ook te maken heeft met de werking van spiegelneuronen. In de verschillende hoofdstukken van dit boek behandel ik dus klinische situaties en bekijk deze vanuit de huidige stand van zaken op het gebied van lichaamsgerichte psychotherapie, de (neuro)psychoanalyse, de interpersoonlijke neurobiologie en neurowetenschappelijk onderzoek. Dit alles met het oogmerk beter te begrijpen wat onze patiënten ons vertellen.

De psychoanalyse? Zult u denken. Was dat niet een obsolete theorie die inmiddels allang is ingehaald door de wetenschap?

De psychoanalyse heeft twee kanten sinds ze door Freud is ontwikkeld. De ene is een metatheorie over driften en hun lotgevallen, het onbewuste, het id en het ik en het superego, maar de psychoanalyse heeft in de meer dan honderd jaar van haar bestaan ook een klinische theorie ontwikkeld over affecten – emoties – en gevoelens, verschuivingen en verdichtingen, de uiting van emoties in taal of in het lichaam en het effect van emoties in intersubjectieve zin. Want emoties, hoezeer ze ook voortkomen uit neurale netwerken die evolutionair zijn verankerd in de hersenstam, zijn altijd werkzaam in een context. Die context is geen neutrale 'omgeving' maar bestaat uit andere mensen. In het echt of in de verbeelding. De intersubjectieve aspecten van emoties lijken een beetje verloren in al het wetenschappelijke geweld over het brein dat de laatste twee decennia over ons is uitgestort. Emoties gaan niet alleen over waarde, dat wat onderzoekers 'valentie' noemen. Emoties betreffen in de eerste plaats de ander: echt of gefantaseerd. Je bent bang voor iets of iemand of boos op iets of iemand. Zelfs als je boos bent over een weigerende computer blijkt bij nader uitvragen achter het stomme apparaat dat razernij opwekt, een gefantaseerde 'ander' schuil te gaan die het had moeten voorkomen.

Waarom dus de psychoanalyse? De psychoanalyse biedt een rijk corpus aan theorie en ervaring om het subjectieve en het intersubjectieve woorden te geven. Geen andere theorie biedt zoveel kennis om te begrijpen hoe lichamelijke ervaringen, affecten, emoties en gedachten zich onderling verhouden. Hoewel geen praktijk kan zonder theorie probeert de psychoanalyse in essentie te luisteren naar wat de patiënt ervaart en wat dat – ook lichamelijk – in de therapeut oproept. Niet zozeer naar de inhoud – die kan gaan over een foute baas, een ontrouwe man, een onbeheerst kind –, maar naar het *hoe* van die verhalen. Kan de patiënte nadenken over zichzelf? Of blijft zij in de greep van overspoelende emoties? Kan zij zichzelf geruststellen door te voelen wat ze voelt, of stopt ze alles weg achter een leeg cliché? Kan zij haar lichaam ervaren zonder angst, of zijn er fantasieën die haar doen denken dat er in haar een beest zit dat alles opvreet en kapotmaakt. Denk niet dat dit tot het terrein van de waanzin hoort. Zulke fantasieën komen ook voor bij goed functionerende mensen.

De psychoanalyse moest door de huidige wetenschappelijke ontwikkelingen wel een aantal theorieën bijstellen, bijvoorbeeld die over het geheugen. We weten nu dat Freuds opvattingen niet stroken met wat er bekend is over het impliciete, het episodische, het korte- en langetermijngeheugen. Zo zijn affecten niet beperkt tot de libido en de doodsdrift, maar beschikken wij over zeven verschillende affectieve systemen, die zijn verankerd in de hersenstam, die wij delen met ander zoogdieren. De ontdekking van de spiegelneuronen geeft een andere kijk op empathie, maar ook op verschillende mechanismen als projectie, projectieve identificatie en het intersubjectieve veld dat ontstaat tussen twee mensen, of ze nu een huishouden delen of samen aanwezig zijn in een spreekkamer.

De opzet van dit boek

Ik begin met een korte inleiding in de gedachten over lichaam en geest in de psychiatrie en de filosofie met de nadruk op de belichaamde cognitie. Die wordt gevolgd door een hoofdstuk over de geschiedenis van het lichaam in de psychotherapie. Dan volgt een hoofdstuk over de hersenen en de functie van de beide hemisferen: de linker- en de rechterhersenhelft (▶ H. 3). ▶ Hoofdstuk 4 behandelt de huidgrens en de effecten van sociale aanraking, een hot topic in de huidige neurowetenschappen. Het is niet meteen toepasbaar in de praktijk van de psychotherapie, maar het kan ons wel helpen om verschillende psychiatrische stoornissen beter te begrijpen als een tekort aan aanraking.
▶ Hoofdstuk 5 behandelt neuroceptie en ons autonome zenuwstelsel; daardoor word je je immers gewaar wat er aan de hand is, door de verhoging van de hartslag, de spanning van de spieren, het kippenvel of de plotselinge rillingen. Daarna volgt een hoofdstuk (▶ H. 6) over hoe wij lichamelijke sensaties en emoties leren voelen: interoceptie.
▶ Hoofdstuk 7 gaat over ons lichaam in relatie met anderen en in de spiegel, waardoor wij één geheel (of de illusie van een geheel) vormen, maar tegelijk ook iets verliezen.
▶ Hoofdstuk 8 behandelt de klinische praktijk van het niet-ervaren lichaam. Ik gebruik daarvoor vele klinische vignetten. Deze vignetten zijn gebaseerd op een doorsnede van ervaringen. Individuele patiënten zijn daar niet in te herkennen. ▶ Hoofdstuk 9 bestaat uit de verhalen van patiënten die in verwarring zijn over hun lichaam. ▶ Hoofdstuk 10 bestaat uit de lichamelijke respons van de psychotherapeut in de somatische resonantie en de tegenoverdracht.

Wat niet

Wat dit boek niét is: een zelfhulpboek en evenmin een *quick fix* hoe om te gaan met de problematiek op een kookboekmanier. Het is evenmin een nieuwe therapievorm op de markt van welzijn en geluk, en ook geen filosofisch traktaat. Het is ook geen inleiding in de lichaamsgerichte benaderingen die de laatste twintig jaar zijn ontstaan zoals de *somatic experiencing* van Peter Levine of de sensorimotortherapie van Pat Ogden, die in de eerste plaats ontwikkeld zijn voor de mensen die een ernstig psychisch trauma meemaakten. En het gaat hier evenmin over de al oudere Pessopsychotherapie of de haptotherapie.

Wat wél

Wat het wel is, is een boek waaruit je leert om het lichaam te zien en te vertalen in de kamer van de psychotherapeut. Wanneer ademt iemand niet? Wanneer ontstaat een empathische breuk, herkenbaar aan het stiller worden, het verlies van mimiek en verstarring van de motoriek? Wanneer ontstaat weerstand en zien we schouders omhooggaan, armen zich voor de borst vouwen en voeten op slot gaan? Wanneer ervaren we wel of geen empathische impuls in ons eigen gezicht: de mimiek die wij delen via de spiegelneuronen. Wanneer en waarom worden wij zwaar en moe, en wanneer licht en opgelucht? Hoe gaan we om met de patiënt die alleen maar lichamelijke klachten brengt en geen metaforen, geen emoties en geen symbolische ruimte tot zijn beschikking heeft? Hoe zie je het mentaliserend vermogen verdwijnen als de spanning te hoog wordt, en wat doe je dan? Waar en wanneer ervaar je in je eigen lijf wat de patiënte niet kan voelen (projectieve identificatie), en wanneer en hoe kun je dat gebruiken? Hoe voel je dat er momenten van contact, *moments-of-meeting*, zijn, waarin je voelt dat er iets verschuift in de patiënt: een nieuwe kijk, en nieuw ervaren, niet leeg en cognitief, maar beleefd.

Ik haal mijn ervaring uit mijn eigen praktijk, vooral met mensen met een fikse vroegkinderlijke traumatisering, in het teveel van mishandeling en geweld en het te weinig van narcistische kilte en emotionele verwaarlozing. Maar de meeste ervaring heb ik opgedaan door met mijn supervisanten te kijken naar videoregistraties van behandelingen. Terwijl mijn supervisanten bezig waren te vertellen wat de patiënt had gezegd of meegemaakt, zag ik op het scherm armen verschuiven, benen trillen, ogen leeg worden, mimiek verdwijnen, een stem toonloos worden – allemaal momenten dat er een verlies van contact was dat vaak niet opgemerkt werd door de therapeut in kwestie.

Ik hoop dat dit boek kan helpen om ons lichaam op een andere manier te bezien, niet als vijand, maar als onverbrekelijk verbonden met ons zelf en als bron van kennis over wat ons ten diepste beweegt. Natuurlijk hoop ik vooral dat dit boek psychotherapeuten zal helpen om meer te letten op het lichaam van hun patiënten en het verhaal dat zij vertellen.

Inhoud

1	**Het lichaam in de psychiatrie, psychotherapie en filosofie**	1
	Het lichaam in de psychotherapie	2
	Lichaam en geest: een of twee of een en twee	3
	Het lichaam in de filosofie	4
	De fenomenologie	5
	De centrale stellingen van het enactivisme	6
	Somatische kaarten	7
	Het brein in evolutie: een voorspeller	8
	Denken over het lichaam	9
	Samenvatting	10
	Literatuur	11
2	**De geschiedenis van het lichaam in de psychotherapie**	13
	Inleiding	15
	Hysterie en Hippocrates	15
	Het scenario van de negentiende-eeuwse hysterie	16
	Hysterie en het 'vrouwelijke'	17
	Freud en de hysterie	22
	Kritiek op het hysteriebegrip	22
	Gender en het lichaam	23
	De lotgevallen van het lichaam in de psychoanalyse	24
	Ferenczi	25
	Reich	26
	Gillieron en Davanloo	27
	De Franse school	28
	Marty, De M'Uzan, Fain en David	28
	Bucci, Lemma, Ferrari en Lombardi	28
	Gendlin en focussen	29
	Sensorimotorpsychotherapie en sensory experiencing	29
	Pessopsychotherapie	30
	Lichaamsgerichte psychotherapie	30
	Conclusie	31
	Literatuur	32
3	**Het lichaam beleefd: de linker- en de rechterhemisfeer**	35
	De rechterhemisfeer	37
	Wat is nu de wijze van in de wereld zijn van de rechterhersenhelft?	40
	Emotieregulatie	41
	Non-verbale communicatie	42
	Literatuur	43

4 Grenzen ... 45
Aanraking: van huid en haar ... 46
De rol van aanraking ... 47
Sociale aanraking in de ontwikkeling ... 48
Aanraking in de psychotherapie ... 50
De grens tussen het zelf en de buitenwereld ... 51
Literatuur ... 52

5 Neuroceptie en trauma: alarm en geruststelling ... 55
Inleiding ... 56
Het alarm: het polyvagale systeem ... 56
Het sociale-engagementsysteem ... 59
Het onbewoonbare lichaam ... 62
Hoe leer je jezelf belichamen zonder contact? ... 63
Literatuur ... 66

6 Interoceptie: het lichaam van binnenuit ... 69
Inleiding ... 70
Interoceptie ... 70
Het affectieve systeem ... 71
Van affect naar emotie ... 72
Het stadium van de taal ... 74
Interoceptie en homeostase ... 76
De wortels van interoceptie ... 76
Winnicott ... 79
Interoceptie en alexithymie ... 80
Primaire en secundaire alexithymie ... 81
De herkenning van emoties bij jezelf en bij anderen ... 82
Handelingsvermogen en lichaamseigenaarschap ... 83
Literatuur ... 85

7 Het lichaam in de spiegel ... 87
Inleiding ... 88
Het lichaam via de spiegel ... 89
Lichaamsbeeld en lichaamsschema ... 89
De spiegel in de psychoanalyse ... 90
De symbolische ander in de spiegel ... 93
Het spiegelinterview ... 93
Wat zie je nu eigenlijk in die spiegel? ... 95
Wat niet gespiegeld wordt ... 95
De spiegel en het gevoel van eigenwaarde ... 96
De symbolische spiegel: het lichaam in culturele zin ... 97
Stoornissen in de spiegel ... 100
Literatuur ... 103

8	**Hoofd op pootjes: het niet-beleefde lichaam**	105
	Inleiding	106
	Het uitgeputte lichaam	108
	Het concrete lichaam	110
	Secundaire gehechtheidsstrategieën	111
	Wat te doen met het lichaam in een psychotherapie met een patiënte die alleen maar concreet kan antwoorden op elke vraag naar een beleving of emotie?	113
	Het gezicht en het concrete niveau spiegelen	114
	Een menuutje	115
	Literatuur	117
9	**Het verwarde lichaam**	119
	Inleiding	120
	Van wie is het lichaam?	120
	Separatie en zelf-anderonderscheiding	122
	Ambivalent-gepreoccupeerde en gedesorganiseerde gehechtheidsstijlen	123
	Het Ideale Ouder Protocol	126
	Opzet IOP	128
	Empirische ondersteuning	132
	Literatuur	133
10	**Het lichaam in de therapiekamer: somatische resonantie en somatische tegenoverdracht**	135
	Overdracht en tegenoverdracht	136
	De somatische tegenoverdracht	137
	De somatische tegenoverdracht als instrument en communicatie	139
	Somatische resonantie I	140
	Somatische resonantie II	142
	Enactments en collusies	144
	Collusies	145
	De praktijk	146
	Tot slot	147
	Literatuur	148
	Bijlage	151
	Register	153

Het lichaam in de psychiatrie, psychotherapie en filosofie

Het lichaam in de psychotherapie – 2

Lichaam en geest: een of twee of een en twee – 3

Het lichaam in de filosofie – 4

De fenomenologie – 5

De centrale stellingen van het enactivisme – 6

Somatische kaarten – 7

Het brein in evolutie: een voorspeller – 8

Denken over het lichaam – 9

Samenvatting – 10

Literatuur – 11

© Bohn Stafleu van Loghum is een imprint van Springer Media B.V., onderdeel van Springer Nature 2020
N. Nicolai, *In levende lijve: het lichaam in de psychotherapie*,
https://doi.org/10.1007/978-90-368-2499-6_1

> The body is our general medium for having a world. – Maurice Merleau-Ponty, Phenomenology of Perception

In de psychiatrie lijkt het lichaam soms niet te bestaan, maar dat is schijn. Het is er zeker wel, maar voornamelijk in de zin van het medisch object: het derdepersoonsperspectief. Ik leerde in de opleiding patiënten lichamelijk te onderzoeken, te herkennen wanneer een lichamelijke aandoening een psychische stoornis ten gevolge had, zoals bij een tekort of teveel aan schildklierhormoon, bij een overmaat aan corticosteroïden, bijvoorbeeld door een tumor in de bijnieren, of wanneer een tumor in de hersenen tot gedragsveranderingen leidde. Het ervarende, eerstepersoonsperspectief op het lichaam kreeg alleen een plek in vragen die je geacht werd te stellen: naar klachten, naar pijn, naar gevoelens. 'Subjectief' heette dat, en het werd de taak van de medische wetenschap dit zo snel mogelijk te objectiveren met onderzoek en markers. Anders was het niet 'objectief' en dus niet te behandelen. Het probleem van de psychiatrie is dat het geen objectiveerbare maten kent voor de fenomenologische ervaringen van de patiënt. Hoe kunnen wij de emotionele of mentale staat van de ander kennen? Vragenlijsten helpen maar een beetje, ook al worden ze voorzien van vragen waarmee sociaal wenselijke antwoorden of leugens kunnen worden bespeurd. De mate van depressie kun je uitvragen, maar je weet nooit helemaal zeker of de moeheid die of het gebrek aan energie en zin dat jij concludeert uit de antwoorden overeenkomt met de ervaring van de patiënt.

De ggz draagt nog de erfenis van haar geschiedenis in de negentiende eeuw, toen verschijnselen als hysterie en neurasthenie de artsen bezighielden. Hysterie is zo lichamelijk als het maar zijn kan: het verlamde been, de angstwekkende hartkloppingen, maar de kwalen zijn niet anatomisch correct weergegeven of een lichamelijke 'oorzaak' is niet aan te tonen. Deze erfenis is in DSM-termen vertaald in vele aandoeningen waarbij pijnlijk duidelijk wordt dat we daarbij verstrikt zijn geraakt in het cartesiaanse denken dat lichaam en geest strikt gescheiden wil houden. 'Het zit tussen mijn oren', zegt de tweede man smalend. Dat heeft hij van zijn huisarts gehoord. Hij voelt zich daardoor diep gekwetst. Zijn angsten en zorgen, maar ook zijn lichamelijke symptomen zijn zo echt als het maar zijn kan.

Het lichaam in de psychotherapie

Laten we ervan uitgaan, zoals de meeste geschiedkundigen doen, dat de psychotherapie begon met Freud. Freud begon zijn onderzoek met het verschijnsel hysterie. Zoals bekend liep hij stage in Parijs bij Charcot, die destijds onderzocht wat hysterie deed ontstaan en betekende: aanvallen, verlammingen en gedragingen die niet voldeden aan de kersverse beschrijvingen van zenuwbanen. Maar die evenmin voldeden aan de beschrijvingen van tot dan toe bekende psychiatrische ziektebeelden als dementia praecox (later schizofrenie), zwakzinnigheid of de dementia paralytica, de gevolgen van neurosyfilis, die de psychiatrische inrichting bevolkten. Freud stelde in zijn *Project for a scientific psychology* (1895) dat het zijn doel was de neurofysiologische onderbouwing te geven voor zijn theorie. Neuronen waren net ontdekt; er was wel bekend dat neuronen een elektrische stroom genereerden, maar nog niet hoe ze samenwerkten (via de synapsen en neurotransmitters). Freud gaf dit project later op. Ernest Jones bepreekt in zijn voorwoord van de *Standard Edition of the Complete Psychological Works of Sigmund Freud* (Strachey 1948) dat het werk niet deugt, want het was niet analytisch genoeg. In de neuropsychoanalyse is dit werk weer terug op de agenda gezet. Freud kon destijds niet verder, omdat de werking van de hersenen en het zenuwstelsel nog grotendeels onbekend was. In elk geval was voor Freud het lichaam belangrijk. Het was zijn oogmerk te verklaren hoe lichamelijke excitaties zich op het mentale vlak vertaalden. Hij begon zijn onderzoeken met Breuer vanuit de gedachte dat de neurose een poging was om het conflict tussen lichamelijk geconstitueerde driften en de eisen van de samenleving op te heffen. Hij probeerde een taal te vinden die voorbij het denken in elkaar uitsluitende entiteiten ging. 'Het ego is in de eerste plaats een lichaamsego', schreef hij in 1923. Het lichaam is niet het paard dat in platoonse zin bereden wordt door een ruiter, het ik, maar lichaam en geest zijn onverbrekelijk met elkaar verknoopt.

Toen de cognitieve psychologie opkwam, verdween het lichaam uit de theorievorming. Emoties werden gezien als het gevolg van een cognitieve evaluatie van wat zich in de omgeving voordeed. Emoties zoals angst waren aangeleerde, geconditioneerde reacties, dus konden zij ook afgeleerd worden: het succes van de cognitieve gedragstherapie lijkt het gelijk van deze theorie te bevestigen. Op basis van nieuw neurowetenschappelijk onderzoek blijkt dat affecten – dus ook de grondstof voor emoties – al verankerd zijn in onze hersenstam: we kunnen er niet omheen dat het subjectieve en fenomenale gevoel van angst gepaard gaat met, voortkomt uit of bewustzijn is van de droge mond, de knikkende knieën, het kloppende hart, de natte handen, die wij samen angst noemen.

Ook al is het lichaam uit de psychologie 'verdwenen', in de psychiatrie is het blijven bestaan, maar dan vooral het lichaam als object; dat leidt tot een zeker ambivalentie in de psychiatrie.

Deze ambivalentie geeft mijns inziens weer hoe ingewikkeld de relatie tussen lichaam en geest is. Het is onmogelijk het ene tot het andere te herleiden. Neuronen denken niet, maar zonder neuronen kun je niet denken. Er is dan ook een hele tak van wetenschap – ik zou bijna willen schrijven 'sport' – die zich met deze vraagstukken bezighoudt: de *philosophy of mind*. Het is niet mijn intentie een hele verhandeling daarover te geven – ik ben geen filosoof –, maar wel kort de verschillende posities aan te geven. Heel simpel komt het neer op verschillende antwoorden op een aantal vragen. Is de mens een machine? Is het lichaam een machine zoals De La Mettrie (1748) stelde? Of is de mens geen machine, maar een bezield iets? Of is het zoals filosoof Maxim Februari stelde in het tv-programma *Zomergasten*: 'De mens is een dier én een ding.'

Deze vragen spelen des te sterker nu we steeds meer te maken krijgen met steeds geavanceerdere computers en algoritmes, robots en kunstmatige intelligentie. Krijgen robots op den duur ook een bewustzijn? Of emoties, zoals Data in 'Startrek' zo wanhopig begeerde? Kunnen zij pijn gaan voelen als er iets mis is in hun bedrading? Of is de mens iets geheel unieks, want begiftigd met een bewustzijn, een geest, of een ziel zou je ouderwets kunnen zeggen? Dat komt in essentie neer op de vraag of lichaam en geest aparte zaken zijn of een en hetzelfde, dus naar dualisme of monisme.

Lichaam en geest: een of twee of een en twee

De psychiater en neurofilosoof Johan de Boer (2003) geeft een prachtig overzicht over de monistische en dualistische visies op de menselijke geest. Dualistisch is bijvoorbeeld de theorie van Descartes, maar ook het dualistisch interactionisme, dat door Karl Popper werd aangehangen. Dan zijn er wel twee substanties, lichaam en geest, maar die hebben een sterke interactie. Spinoza met zijn theorie over de passies is een monist. Andere metafysische opvattingen stellen dat geest en lichaam twee verschillende, synchroon lopende entiteiten zijn. Weer anderen zijn epifenomenalist en zijn van mening dat mentale toestanden zoals gevoelens, gedachten of intenties geen causale invloed kunnen hebben op het lichaam. De geest is volgens hen als het ware een bijverschijnsel van neuronale processen, maar kan op haar beurt die processen niet sturen. Alle recent gevoerde discussies over de vrije wil verwijzen naar deze theorie. Hoe het kan dat niet alleen je stemming daalt, maar ook je lichaamshouding verandert en zelfs je immuunsysteem, als je denkt aan verdrietige gebeurtenissen, blijft dan buiten beschouwing. Een test die aantoont dat je een erfelijke ziekte hebt, verandert – zo blijkt uit onderzoek in Stanford – niet alleen de geest, maar ook het DNA.[1]

Monistische theorieën gaan uit van de gedachte dat mentale processen identiek zijn aan gebeurtenissen in de hersenen. Dit is een veelgehoorde opvatting in de media, gevoed door de mooie plaatjes van de beeldvormende technieken als de MRI- en de PET-scan. Daartegenover staat een ander monistische theorie dat alles in ons brein bestaat uit representaties. Een voorbeeld van deze opvatting vinden we in *De egotunnel* van de Duitse filosoof Thomas Metzinger (2009). Voor hem is het zelf een illusie die we in stand houden, ook om niet gek te worden. Het in stand houden van die illusie noemt hij 'transparantie'. Die illusie bestaat eruit dat er buiten ons geen zichtbare wereld is bestaand uit vormen en kleuren, maar een van golven en elektronen, energie en beweging die wij met onze hersenen ordenen in representaties van die wereld.

Andere filosofen, zoals Daniel Dennet, baseren zich op het brein-in-het-vatexperiment. Stel je voor dat een brein opgesloten zit in een vat voorzien van bloed en voedingsstoffen, en vanuit de buitenwereld (bijvoorbeeld door een computer gegenereerd) alle informatie en een programma krijgt; dus een brein zonder lichaam. Kunnen we dan nog voelen? Dennet stelt van wel en met hem vele cognitieve wetenschappers: bewustzijn is een emergente eigenschap van processen in het brein: een lichaam is niet nodig. Zelfs hersenen zijn niet nodig. Anderen stellen daartegenover dat zo'n brein niets kan doen. Voor ruiken bijvoorbeeld is een limbisch systeem nodig: geur passeert de hersenschors en beïnvloedt regelrecht de ervaring. Computers ruiken niet.

Een ander voorbeeld van een modernere monistische theorie is het eliminatief materialisme van Paul en Patricia Churchland. Zij stellen dat alles terug te voeren is tot neuronale processen en dat de psychiatrie eigenlijk niet meer zou moeten spreken over gevoelens. Nogmaals: het is hier niet de plaats om uitgebreid in te gaan op de verschillende opvattingen en discussies die in het veld van de philosophy of mind spelen, als wel om de positie waarvan ik uitga duidelijk te maken, en dat is het duaal-aspectmonisme. Geest en lichaam zijn niet te onderscheiden. Zoals een munt twee kanten heeft, zijn geest en lichaam twee kanten van een organisme met een brein en een lichaam in een bepaalde omgeving.

Het lichaam in de filosofie

Maurice Merleau-Ponty, een filosoof die mij tijdens mijn opleiding erg inspireerde, is een goed voorbeeld van dit uitgangspunt. Volgens deze fenomenoloog ervaren wij de wereld in eerste instantie niet via het bewustzijn, dus niet 'ik denk, dus ik ben', maar als *perceptie*,

---

1   Stanford News service, 10 december 2018.

waarneming; pas vanuit de waarneming ontstaat bewustzijn (Merleau-Ponty 1962). En in die waarneming speelt het lichaam een centrale rol, een lichaam dat zich in de ruimte en tijd bevindt en dat intentionaliteit heeft, dat wil zeggen dat het lichaam kan anticiperen, kan handelen en zich kan bewegen. Hier is intentionaliteit niet het hebben van bedoelingen, maar het betekent dat ons bewustzijn altijd ergens *over* gaat. Als je denkt, denk je iets. Als je kijkt, kijk je naar 'iets' met een vorm, kleur, beweging en een hoedanigheid. Als je iets voelt, ervaar je iets met een emotionele inhoud, kleur en vorm, en ook met een hele geschiedenis. Daarbij speelt ook de temporaliteit een rol, want we leven in een geschiedenis: we hebben een geheugen. Temporaliteit betekent in de fenomenologie dat er in het bewustzijn een spanning bestaat tussen datgene wat al voorbij is en datgene wat nog moet komen. Er is dus altijd een moment van 'nu', voortkomend uit een 'zonet' en gericht op 'straks'. In Heideggers filosofie wordt dat verder uitgewerkt, in de zin dat het leven gekenmerkt wordt door het feit van de geboorte en het feit van de dood. Dit geeft een andere dimensie aan de ontwikkeling, die in dit boek centraal staat. Het geeft ook een richting aan emoties; die komen op, bereiken een hoogtepunt en doven weer uit.

In de filosofie van Merleau-Ponty (1962) staat het lichaam dus centraal. De oorsprong van de kennis van de wereld ligt dus niet in ons cognitieve bewustzijn, maar in de ervaring van ons lichaam in de wereld. Met een boven en onder, een achter en voor ons, een ruimte en een diepte. We lopen en hebben twee helften: links en rechts. Er is dus een boven en een onder, een voor en een achter vanuit de positie van ons lichaam in de ruimte. Uit het werk van de taalfilosofen Lakoff en Johnson (1980) blijkt dat alle metaforen gegrond zijn in ons lichaam. Een voorbeeld is hoe metaforen over emoties vrijwel allemaal een lichamelijke basis kennen; iets ligt zwaar op de maag, ik voel me down (met bijbehorende in elkaar geklapte houding), ik heb er een zwaar hoofd in, ik heb er mijn buik van vol, mijn hart doet pijn bij de emoties van verlies en verdriet. Emoties van blijdschap, vrolijkheid en geluk gaan gepaard met het lichamelijk gevoel van oplichten en in de hoogte strekken: met mijn hoofd in de wolken lopen, ik voel me opgelucht, ik loop op veertjes. Je ziet in de psychotherapie iemand letterlijk van houding veranderen als iets hem of haar 'raakt'. De ademhaling wordt dieper, de rug strekt zich een beetje, en de patient beschrijft een ervaring van ruimte, meestal in de borstkas.

De fenomenologie

Merleau-Ponty behoorde tot de school van de fenomenologie: de school die uitgaat van een directe en intuïtieve ervaring van fenomenen; het gaat om de essentie van wat men ervaart. De fenomenologie is onder andere gebaseerd op het werk van Brentano (1838-1917) en Husserl (1859-1938), maar heeft sinds de vorige eeuw een enorme verandering ondergaan. De intentionaliteit, namelijk dat denken en ervaren altijd ergens over gaan, is gebleven. Een belangrijke wijziging is het denken van Heidegger, die naast de intentionaliteit ook het 'in-de-wereld-zijn' benadrukte. En Merleau-Ponty stelde dat het lichaam geen ding is, geen object, niet zomaar iets in de wereld, maar essentieel voor ons bewustzijn in en van de wereld.

Naast en vanuit de fenomenologie is de laatste twintig jaar een andere cognitieve stroming belangrijk geworden voor het denken over lichaam en geest, namelijk het *enactivisme*. Dit noemt men wel de vierde cognitieve revolutie. Deze stroming is deels ontstaan vanuit de toepassing van de fenomenologie op de psychopathologie. Tegenover de nogal dorre classificaties van de *Diagnostic and Statistical Manual* (DSM) (APA 2013), het handboek van de psychiatrie, dat een derdepersoonsperspectief inneemt, zet de fenomenologie de aanpak van de levende ervaring in interviews vanuit het tweedepersoonsperspectief, gericht op de samenspraak tussen onderzoeker en patiënt en gericht op het zoeken naar betekenis. Het zal geen verbazing wekken dat deze benadering de psychoanalyse – mijn vak – het dichtst benadert. Belangrijke voorstanders van deze stroming zijn Thomas Fuchs, Hanne de Jaegher, Shaun Gallagher en Alva Noë (2014), en in Nederland Sanneke de Haan (2013). *Embodied cognition* vond zijn oorsprong in het werk van Varela et al. (1991), dat werd herzien in 2016.

Enactivisme heeft een aantal inzichten die voor dit boek belangrijk zijn en die samengevat worden in het werk van Shaun Gallagher (2017). Enactivisme betekent het begrijpen van onze mentale vermogens in samenhang met onze ervaringen, ons lichaam en onze interacties met de wereld. Varela stelt het als volgt:

> By using the term embodied we mean to highlight two points. First that cognition depends upon the kinds of experience that come from having a body with various sensorimotor capacities, and second that these sensorimotor capacities are themselves embedded in a more encompassing biological, psychological and cultural context (Varela et al. 2016, pag. 173).

De centrale stellingen van het enactivisme

- Cognitie ontstaat uit processen in het brein-lichaam-omgevingssysteem.
- De wereld wordt gestructureerd door cognitie (en cognitie is meer dan denken) en handelen.
- Cognitieve processen zijn betekenisvol in hun relatie met handelen.
- Enactivisme baseert zich op de dynamische systeemtheorie. De dynamische systeemtheorie stelt dat processen gestuurd worden door feedback- en feed-forwardloops, waarbij effecten optreden die meer zijn dan de optelsom van de samenstellende delen en zich ontvouwen in toenemende mate van complexiteit.
- Wat we denken ontstaat in relatie met de sociale omgeving. 'De omgeving van de mens is de medemens', zoals de Rotterdamse dichter Jules Deelder stelde en dus is cognitie in essentie intersubjectief.
- 'Hogere' cognitieve functies, zoals plannen, uitvoeren en reflecteren, zijn niet alleen uit te leggen met het model van perceptie-actie (zoals Merleau-Ponty dacht) maar ontstaan vanuit een autonome en affectieve kern. Dit is wat we later terug zullen zien bij de theorie van de affectieve neurowetenschappen van Jaak Panksepp.
- Ten slotte zijn de 'hogere' cognitieve functies vooral vormen van vaardigheden, gebruik van instrumenten, weten hoe te handelen en weten hoe te doen. Denk aan autorijden, een schroef in het boorgat draaien, een computer bedienen, maar ook ingewikkelder handelingen zoals de verzorging van een baby (flesjes maken, verluieren, oppakken, weten wanneer dat wel en hoe dat niet te doen). Als zodanig zijn ze geautomatiseerd en onbewust: opgeslagen in het procedurele geheugen.

Enactivisme tracht het mentale te begrijpen in relatie met onze ervaringen, ons lichaam en onze interacties met de wereld. In steno: de geest is *embodied, embedded, enacted* en *extensive*. *Embodied* betekent dus belichaamd, ontstaan in de ervaring van het lichaam. *Embedded* betekent dat het mentale ontstaat in relatie met anderen in een specifieke omgeving. *Enacted* betekent dat de geest via het lichaam handelt in die wereld. Je loopt, pakt iets, grijpt iets, beweegt naar iemand toe, gebruikt hulpmiddelen, handelt om een probleem op te lossen. '*Environments are not perceived as neutral spaces, but as possibility for actions*', stellen Uithol en Gallese (2015). *Extended* is het gegeven dat we hulpmiddelen gebruiken die deel van ons worden, zoals brillen, gehoorapparaten, kunsthanden of -benen, en zelfs de auto waarin we rijden die we vanzelfsprekend in een klein gaatje kunnen parkeren omdat de ervaring van onszelf in de auto intussen tot ons extended of uitgebreide lichaamsbeeld (zie ▶ H. 8) is gaan behoren. Een ander voorbeeld is de smartphone, die ons repertoire van handelen in de wereld uitbreidt.

Het enactivisme staat tegenover het representationalisme. Daarmee wordt bedoeld dat we niet in onze geest al vooraf gegeven representaties hebben van de wereld buiten ons. Representaties ontstaan wel vanuit de ontwikkeling in de vorm van patronen van herhaling en voorspellingen. Het is dan ook belangrijk aan het lijstje van centrale uitgangspunten van het enactivisme twee concepten toe te voegen, en dat zijn de evolutie en de individuele ontwikkeling van de mens. De mens is een zich ontwikkelend wezen. Zelfs op hoge leeftijd vindt nog ontwikkeling plaats: men noemt dat neotenie, zoals dat begrip wordt gebruikt in de de psychologie, de ethologie en de neurowetenschappen. Daar betekent neotenie dat de mens een zich ontwikkelend vermogen heeft en houdt: het gaat bijvoorbeeld ook om het vermogen tot spelen, dat tot op hoge leeftijd behouden blijft (zie Panksepp 1998, pag. 287). Maar de mens begint ook ten opzichte van alle zoogdieren uiterst kwetsbaar en afhankelijk, met een veel grotere ruimte voor sociale en affectieve leerprocessen, en dus ook een groot venster waarin het mis kan gaan.

Tot slot van deze paragraaf over de filosofische inspiratie voor het denken over het lichaam in de psychotherapie, nog een ander belangrijk onderscheid, gemaakt door Edward Baggs en Anthony Chemero (2018). De omgeving van de mens, waar men in al die filosofieën over spreekt, dient te worden onderscheiden in de fysieke wereld, een habitat en een umwelt. De *fysieke wereld* delen we met elkaar, met alle levende wezens. Deze bestaat uit zuurstof en CO_2, temperatuur, bergen en zee, bebouwbaar oppervlak en woestijnen, het is kortom de *fysieke* wereld waar de mens het mee te doen heeft. De *habitat* refereert aan de hulpbronnen in die fysieke wereld die het leven van een soort mogelijk maken. Voor mensen zijn dat bijvoorbeeld huizen, voedsel, vervoer, water, andere mensen en een cultuur. De *umwelt* ten slotte is de betekenisvolle, geleefde omgeving van een individu. Het is de kamer waarin het portret van je ouders staat, maar ook het bed waarin je je veilig voelt en de aardige buurvrouw die je katten te eten geeft in je afwezigheid.

Somatische kaarten

In de neurowetenschappen is een nieuwe aanpak ontstaan om te verklaren hoe lichaam en geest verknoopt zijn in de hersenen, waar we met behoud van het primaat van het lichaam op terug kunnen grijpen. De belangrijkste neurobioloog in dat opzicht is Damasio (2000), die met zijn werk over de hersenen in feite zorgde voor een kleine copernicaanse revolutie in de neurobiologie. Hij stelt dat lichaam, gevoel en bewustzijn onscheidbaar zijn.

Bij Damasio staat anders dan bij Freud de omgeving centraal. De omgeving heeft namelijk onmiddellijke impact op het lichaam, ook de andere lichamen. Denk aan aanraking en huid-op-huidcontact in de eerste levensjaren, maar ook aan de geur van je moeder en de aard en vorm van je moeders lichaam. De zelfervaring wordt volgens hem bepaald door de omgeving. Bewustzijn begint niet als een cognitief verbaal vermogen, maar als zelfbewustzijn. Dit ontstaat al in het eerste levensjaar als kernzelf (*core self*) en blijft gedurende ons hele leven actief, behalve bij ernstige dementie of hersenbeschadigingen. Het verschijnt als een non-verbaal gevoelde beleving van de veranderingen die een interactie met de omgeving in ons lichaam teweegbrengt. Deze beleving werkt als een soort beeldverhaal en leidt tot achtergrondgevoelens (een grondstemming, als in: ben je alert, vrolijk, teruggetrokken of kalm; die zie je al bij baby's) in het lichaam. Het gaat om sensaties die zich ontwikkelen als beelden, zoals het bekende fenomeen dat mensen voor het slapengaan weleens de sensatie hebben van iets zachts en ronds dat zich over hen heen buigt. Dromen werken ook als beeldverhaal. Die achtergrondgevoelens zijn hetzelfde als de *vitality affects* van Daniel Stern (1995), die bestaan uit de beweging, de dynamiek en de voortgang in de tijd van interacties tussen een baby en zijn ouders: het opkomen, versnellen, vertragen, tot uitbarsting komen van de affectieve dans tussen een baby en zijn of haar verzorgers. Deze affecten zijn dus onderdeel van een beweging, een proces, en worden als ritme en synchronie opgeslagen.

Damasio's protozelf is nog basaler en bestaat uit de onbewuste representatie in het brein van de staat van het interne milieu, de ingewanden en het spierskeletsysteem. Dat is volgens hem een primaire waarneming die zich uit in een beweging: bij honger naar voedsel (happen, zuigen, slikken), bij koude naar rillen en een beweging naar iets warms.

De waarneming van een object leidt tot een soort tweede-orderepresentatie – Damasio noemt het een 'kaart' – van het lichaam: het waargenomen object én het lichaam dat door de waarneming is beïnvloed.

Het verbaal-reflectieve zelf is de derde vorm van het zelf. Het is gebaseerd op het kernzelf en een functie van de neocortex: het veronderstelt geheugen, intelligentie en taal. Het betreft de verhalen die je over jezelf kunt vertellen en ontstaat vanuit de interactie met anderen. Merk op dat Damasio het wel over representaties heeft, terwijl dat voor de fenomenologen niet evident is. In dit boek ga ik verder niet in op deze discussie. Ik ga ervan uit dat gedurende de ontwikkeling zich herhalende patronen modellen worden en dat deze worden vastgelegd in het impliciete geheugen.

Het brein in evolutie: een voorspeller

De hersenen blijken geen passief orgaan dat sensaties van buiten verwerkt, maar genereren voortdurend beelden of fantasieën die getest worden ten opzichte van de 'bewijzen' uit de buitenwereld. Dat verloopt geheel onbewust. In de neurobiologie is het idee van het bayesiaanse brein algemeen geaccepteerd. 'Bayesiaans' betekent dat het brein werkt op grond van kansberekening. Een bayesiaanse analyse gaat uit van een eerste ruwe modellering, waarna op basis van ervaring, plausibele veronderstellingen en bekende feiten de ordes van grootte van parameters geschat worden en daarmee een a-priori-kansverdeling opgesteld wordt.

De hersenen zijn dus een specialistisch orgaan van het lichaam dat volgens nieuwe opvattingen in de neurowetenschappen in feite een *inferentiemachine* is. Daarmee wordt bedoeld dat de hersenen voortdurend voorspellingen doen over hoe zich te verhouden tot de omgeving en tot de anderen voor het in stand houden van een evenwicht, een homeostase, die ons in staat stelt te overleven. Hoe ingewikkelder de omgeving, des te ingewikkelder de voorspellingen en hoe groter het beslag op het metabolisme van het lichaam. De omgeving kan dus in fysieke zin gezien worden als habitat (hulpbronnen, of een gebrek daaraan) maar ook de umwelt betreffen.

De voorspelmachine is gebaseerd op het idee van Helmholtz dat wij voortdurend informatie die van buiten af op ons afkomt, zoals een auto in de verte, onbewust aanvullen met eerdere concepten of preconcepten tot die een betekenis krijgt: 'Hé, die auto gaat niet remmen.' De hersenen zijn voortdurend bezig foute voorspellingen (*prediction errors*) te voorkomen. Een foute voorspelling roept verbazing op, of schrik, met alle gedrag dat daarbij hoort. Je zou het ervaren van een foute voorspelling ook cognitieve dissonantie kunnen noemen, ware het niet dat juist de lichamelijke aspecten van de verbazing of verrassing zo op de voorgrond staan. Verbazing kost energie, energie die je liever aan andere zaken wilt besteden, dus om energie te besparen probeer je de kloof tussen sensorische informatie en je voorspelling zo klein mogelijk te houden. Alles wat vanzelfsprekend is, wordt vervolgens geautomatiseerd opgeslagen in het impliciete geheugen.

Predictive coding verklaart hoe neuronen boodschappen overbrengen: neuronale representaties van de hersenschors in 'hogere' circuits worden getoetst aan die van beneden af, het deel van het brein waar sensorische ervaringen binnenkomen. Denk aan een vage hoeveelheid pixels op je scherm, waaruit omdat je dat verwacht (het is immers een foto op je smartphone, en wel een foto van een geliefd persoon) een herkenbaar gezicht opdoemt. En stel je voor als je in plaats van de verwachte geliefde ineens het gezicht van Trump ziet.

Daarnaast is het vrije-energieprincipe (Friston 2009) van belang. De informatie verloopt in steeds complexere loops in de gang van de thalamus – het relaisstation tussen hersenstam, limbisch systeem en cortex – naar de primaire sensorische cortex, de associatiecortex: dus van perceptie naar concept. Het is dus een hiërarchische structuur. Top-downstructuren (corticaal) remmen de lagere structuren; dat is een breinwet. Wanneer die niet 'gebonden' worden, dat wil zeggen als de vrije energie geen vorm krijgt in gedachten, emoties en beelden met een betekenis in relatie met een ander, dan ontstaat een barrage van beangstigende ervaringen, zoals paniek, visuele hallucinaties, visuele vervormingen, déjà-vuverschijnselen of het gevoel jezelf te verliezen. Dit komt overeen met wat Freud het primaire proces noemde: het terrein van associaties, dromen, magie en mystiek.

Denken over het lichaam

Om het nog ingewikkelder te maken dienen we ook te bedenken hóé we denken over het lichaam en hoe dat denken zich juist wel of juist niet afgrenst van ons lichaam.

Ons denken over het lichaam is gevormd door de taal en de menselijke neiging om absolute scheidingen te maken: tussen goed en kwaad, zwart en wit, lichaam en geest. Het denken over het lichaam wordt ook gevoed door de cultuur. We leven niet alleen in een cultuur waarin het beeld van het lichaam de overhand heeft over de ervaring van het lichaam. Maar we doen in de westerse wereld ook steeds veel minder lichamelijke arbeid, waardoor de functie van ons lichaam in ons beleven verandert. We moeten het onderhouden door beweging en sport, anders worden we te dik en krijgen suikerziekte, en dat wordt een gezondheidszorgprobleem. Het lichaam wordt dus een project, niet iets waarmee je in de wereld staat en waarmee je handelt, dingen fabriceert, danst, zingt en speelt. Daarom grijpt men in de vormen van psychotherapie die het lichaam centraal stellen vaak terug op kennis en gebruiken uit de oosterse filosofie, zoals het boeddhisme in de vorm van mindfulness en meditatie, ademhalingsoefeningen en yoga, zoals in het werk van Bessel van der Kolk (2014), Pat Ogden (Ogden et al. 2006) en Peter Levine (2011). De nadruk ligt daarbij vooral op het spierskeletsysteem, de ademhaling en het autonome zenuwstelsel. Het viscerale, endocrinologische, gefantaseerde lichaam, het effect van ritme en synchronie, de neerslag van impliciete processen die vroeg in de ontwikkeling plaatsvinden krijgen daarin naar mijn mening te weinig aandacht.

In het volgende hoofdstuk geef ik weer hoe het lichaam in de psychotherapie geconceptualiseerd is. Maar laat ik eerst even samenvatten hoe we vanuit deze exercitie in filosofie en psychiatrie nu in de volgende hoofdstukken naar het lichaam kunnen kijken:

Samenvatting

Het lichaam
- is de bron van het zelf en het bewustzijn;
- bestaat uit impliciete, lees: onbewuste, processen;
- de hersenen zijn onderdeel van het lichaam;
- de hersenen dienen als voorspellers van wat uit de omgeving verwacht kan worden (prediction coding);
- het lichaam uit zich in handelen;
- de processen in de hersenen zijn in feedback- en feedforwardloops op hiërarchische wijze geconstrueerd. Wat niet gebonden is, dus in vrije energie verkeert, veroorzaakt onzekerheid en verbazing;
- het lichaam is gericht op het in stand houden van een evenwicht;
- het vormt zich in relatie met andere lichamen: umwelt, habitat en fysieke omgeving;
- de impliciete neerslag van het lichaam in relatie met de omgeving wordt een representatie.

Volgens neurowetenschappelijke theorieën over de relatie tussen lichaam en hersenen (hoewel de hersenen natuurlijk ook het lichaam zijn) wordt het lichaam op twee manieren gerepresenteerd: in de vorm van informatie vanuit onze ingewanden (het interne lichaam), en vanuit het sensomotorische lichaam zoals dat geprojecteerd is op de schors van de pariëtale kwab: het bekende mannetje in het hoofd of de homunculus. Dat is het externe lichaam dat kan bewegen. Beide lichaamsrepresentaties dienen in een lichaamsgeoriënteerde kijk op de psychotherapie aandacht te krijgen.

Lichaamsgeoriënteerd betekent niet dat ik hier lichaamsgerichte therapie beschrijf; daarvoor verwijs ik de lezer naar uitstekende boeken als die van Ogden et al. (2006), Bessel van der Kolk (2014) of Peter Levine (2011). Mijn streven is een ander: de bewustwording van een belichaamd zelf in de psychotherapie, een psychotherapie waarbij wij elk moment letten op, rekening houden met, oog hebben voor de lichamelijke processen die in de spreekkamer plaatsvinden. Dat begint al met de vraag waarom iemand komt, waar iemand zit, hoe iemand zit, hoe iemand spreekt en welke pijn zich uit in het veld dat ontstaat tussen patiënt en psychotherapeut. Ik ga uit van het ontstaan van een intersubjectief veld, waarin de verschillende emoties, affecten en lichamelijke sensaties in de kamer komen.

Maar laten we eerst een blik werpen op de geschiedenis van het lichaam in de psychotherapie.

Literatuur

American Psychiatric Association (2013). *Diagnostic and statistical manual of mental disorders* (5th ed.). Washington: American Psychiatric Association.
Baggs, E., & Chemero, A. (2018). Radical embodiment in two directions. ▶ https://doi.org/10.1007/s11229-018-02020-9.
Damasio, A. (2000). *The feeling of what happens*. Londen: William Heinemann.
De Boer, J. A. (2003). *Neurofilosofie*. Amsterdam: Boom.
De Haan, S. (2013). De existentiële dimensie van de psychiatrie: Een activistische benadering. *Psyche en Geloof, 2*, 130–140.
Freud, S. (1895). *Project for a scientific psychology* (Vol. 1). Londen: Standard Vintage.
Friston, K. (2009). The free-energy principle: A rough guide to the brain. *Trends in Cognitive Science*. ▶ https://doi.org/10.1016/tics.2009.04.005.
Gallagher, S. (2017). *Enactivist interventions. Rethinking the mind*. Oxford: Oxford University Press.
Lakoff, G., & Johnson, M. (1980). *Leven in metaforen*. Nijmegen: SUN.
Levine, P. (2011). *De stem van je lichaam*. Haarlem: Altamira.
Merleau-Ponty, M. (1962). *Phenomenology of perception*. Londen: Routledge & Kegan Paul (Eng vert. van *Phénoménologie de la perception*, Gallimard, 1954).
Metzinger, T. (2009). *De egotunnel. Hersenonderzoek en de mythe van het zelf*. Amsterdam: Arbeiderspers.
Noë, A. (2014). *We zijn toch geen brein?* (2e druk). Rotterdam: Lemniscaat.
Offray de La Mettrie, J. (1748). *De mens een machine* (Ned. vertaling Hans Bakx). Amsterdam: Boom.
Ogden, P., Minton, K., & Pain, C. (2006). *Trauma and the body. A sensorimotor approach to psychotherapy*. New York: Norton.
Panksepp, J. (1998). *Affective neuroscience*. New York/Oxford: Oxford University Press.
Stern, D. (1995). *The interpersonal world of the infant*. New York: Basic Books.
Strachey, J. (Ed.). (1948). *Standard edition of the complete psychological works of Sigmund Freud*. Londen: Hogarth.
Uithol, S., & Gallese, V. (2015). The role of the body in social cognition. *Wiley Interdisciplinary Reviews: Cognitive Science*. ▶ https://doi.org/10.1002/wcs.1357.
Van der Kolk, B. A. (2014). *The body keeps the score*. New York: Viking Press.
Varela, F., Thompson, E., & Rosch, E. (2016). *The embodied mind. Cognitive science and human experience*. Cambridge MA: MITpress.

Geraadpleegde literatuur

Carhart-Harris, R., & Friston, K. (2010). The default mode, ego-functions and free-energy: A neurobiological account of Freudian Ideas. *Brain, 133*, 1265–1283.
De Jaegher, H., Di Paolo, E., & Gallagher, S. (2010). Can social interaction constitute social cognition? *Trends in Cognitive Science, 14*, 441–447.
Freud, S. (1923). *The ego and the Id*. (Standard ed., no. 19). Londen: Vintage.
Fuchs, T., & Koch, S. (2014). Embodied affectivity: On moving and being moved. *Frontiers in Psychology, 5*(508), 1–10.
Merleau-Ponty, M. (1945). *Phenomenology of perception* (Eng. vert. Colin Smith, 1962). Londen: Routledge.

De geschiedenis van het lichaam in de psychotherapie

Inleiding – 15

Hysterie en Hippocrates – 15

Het scenario van de negentiende-eeuwse hysterie – 16

Hysterie en het 'vrouwelijke' – 17

Freud en de hysterie – 22

Kritiek op het hysteriebegrip – 22

Gender en het lichaam – 23

De lotgevallen van het lichaam in de psychoanalyse – 24

Ferenczi – 25

Reich – 26

Gillieron en Davanloo – 27

De Franse school – 28

Marty, De M'Uzan, Fain en David – 28

Bucci, Lemma, Ferrari en Lombardi – 28

Gendlin en focussen – 29

Sensorimotorpsychotherapie en sensory experiencing – 29

© Bohn Stafleu van Loghum is een imprint van Springer Media B.V., onderdeel van Springer Nature 2020
N. Nicolai, *In levende lijve: het lichaam in de psychotherapie*,
https://doi.org/10.1007/978-90-368-2499-6_2

Pessopsychotherapie – 30

Lichaamsgerichte psychotherapie – 30

Conclusie – 31

Literatuur – 32

Inleiding

Het lichaam maakt zich kenbaar in de spreekkamer in motoriek en mimiek: in gebaren, houding en beweging. Elke emotie is, zoals al blijkt uit de Latijnse etymologie van het woord, een actie, een beweging naar buiten: *e* (uit) *movere* (bewegen). De motoriek, de mimiek en de houding zijn te zien vanuit het derdepersoonsperspectief: er is dan sprake van een beschouwer en een object van beschouwing. In het beleefde lichaam is het eerstepersoonsperspectief: subjectief. In de intersubjectieve ruimte van de ontmoeting of dialoog is er een gedeeld perspectief. Dat is een veld van wederzijdse beïnvloeding. De geschiedenis van het lichaam in de psychotherapie beweegt zich van dat derdepersoonsperspectief naar het eerste- en tweedepersoonsperspectief.

De wortels van de psychoanalyse en dus ook de psychotherapie liggen in de verbazing over het lichaam in de vorm van hysterie, de hysterie uit de negentiende eeuw wel te verstaan. Om deze wortels beter te begrijpen is het zinvol even terug te gaan in de tijd en de geschiedenis van dit begrip, dat tegenwoordig geheel is verdwenen uit de ggz, nader te bekijken. Lezers die meer geïnteresseerd zijn in de praktijk kunnen dit deel eventueel overslaan.

Hysterie en Hippocrates

Tot aan het midden van de vorige eeuw is hysterie voornamelijk aan vrouwen toegeschreven (Chodoff 1982; Micale 1995; Showalter 1993). Dat lijkt op het eerste gezicht voort te vloeien uit de veronderstelde oorzaak. Het woord hysterie zou immers voortkomen uit *ustera*, het Griekse woord voor baarmoeder.

Maar is het eigenlijk zo dat alleen vrouwen aan hysterie lijden?

Helen King, een Engelse filologe en historica (1993), beschrijft dat hysterie in de oudheid een totaal andere betekenis had dan wij nu kennen. Hippocrates beschreef in de weinige van hem overgeleverde teksten een symptoom *husterike pnix*. Dit symptoom werd gekenmerkt door ademnood, soms tot schijndood aan toe. Letterlijk betekent het de verstikking van de baarmoeder en daaruit volgend de met de baarmoeder samenhangende ademnood of benauwdheid.

Veel aandacht werd in de oudheid besteed aan de remedie – het opwekken van niezen – en heel weinig aan de beschrijving van het ziektebeeld. Het zijn vooral latere schrijvers als Galenus en Soranus, die met een beroep op Hippocrates' autoriteit, de verschillende ziekten van de baarmoeder beschreven onder de titel 'usterika'.

De usterike pnix werd veroorzaakt door het opstijgen van de baarmoeder naar het middenrif. Dit beeld past in de opvatting dat het vrouwelijke lichaam van nature vochtig was, losser van textuur en zachter, en dat het sedentaire bestaan van vrouwen het noodzakelijk maakte dat zij meer vocht verloren, door onder andere de menstruatie. In sommige gevallen was de baarmoeder echter te droog en te licht, bijvoorbeeld door gebrek aan seks of in de menopauze, en dan kon de baarmoeder gaan stijgen. Een beschrijving van symptomen zoals wij die nu onder hysterie samenvatten, is echter nooit gegeven. Het was geen syndroom. Het was een lichamelijke beleving.

Over de oorzaken werd verschillend gedacht, en het symptoom kan niet los gezien worden van de destijds geldende theorieën over het menselijk lichaam, over warmte en kou, vocht en droogte en later de vier *humores*.

Pas in de negentiende eeuw werden de teksten van Hippocrates vertaald en werd het symptoom beschreven – of liever gezegd ingeschreven (in de canon van psychiatrische ziekten, die dus voor medische belangstelling en behandeling in aanmerking kwamen) – in het toen heersende idioom van de hysterie. Als we ons de vraag stellen of hysterie een ziekte-entiteit is die in de gehele geschiedenis hetzelfde is gebleven, moeten we daar volmondig 'nee' op zeggen. Helen King stelt dat er twee problemen zijn met de definitie van hysterie: 'First, hysteria is in no way a clearly defined disease entity for which most medical practitioners in our society would draw up the same list of symptoms. The second, that an integral part of the definition of hysteria often consists in its supposed ability to mimic symptoms of other diseases' (King 1993, pag. 9).

Van hysterie is in de negentiende eeuw met terugwerkende kracht een universele ziekte gemaakt, en aan het eind van de twintigste eeuw is zij verdwenen. Behalve dan in de dagelijkse taal: we zeggen 'doe niet zo hysterisch' als iemand zich overdreven emotioneel gedraagt. Deze geschiedenis maant ons wel tot bescheidenheid over alle nieuwe diagnoses en ziektes in onze tijd. Hele classificaties verschijnen en verdwijnen op de golven van de tijd, en daaruit blijkt ook hoe cultureel bepaald onze opvattingen over ziekte en gezondheid zijn.

Het scenario van de negentiende-eeuwse hysterie

De beschrijving van hysterie in de negentiende eeuw past in een bepaald scenario. Dit scenario heeft als plot de redding, de verlichting. Bij dit plot treden steeds dezelfde elementen op: er is een duistere praktijk, gehuld in wat in de termen van toen bijgeloof heet. Dit kunnen lichaamssappen zijn, stijgende baarmoeders, demonen. Er is voorts een held, die op de vleugels van wetenschap de zieken en zwakken bevrijdt van dit bijgeloof en hen voert in de heldere regionen van de wetenschap. De zieken en zwakken zijn meestal (maar niet altijd) van het vrouwelijk geslacht en sommigen van hen zijn beter in staat om hun rol als object van wetenschappelijk onderzoek te spelen dan anderen. Het is een wetenschappelijke heruitgave van de 'Damsel in distress'. Het object van onderzoek is ook het object van fascinatie.

Steeds spelen twee zaken in dit scenario. De ene vraag is of de ziekte in morele categorieën beoordeeld moet worden: als teken van het kwaad, of als karaktertekortkomingen of als teken van ziekte? De andere vraag betreft de zaak van de waarheid: aanstellerij, nagebootste stoornissen, aandachttrekken? Of is het "echt". Dit scenario zien we momenteel rond de vraag of dissociatieve identiteitsstoornissen wel of niet waar zijn.

In het verleden kenden we enkele helden die in dit scenario passen. De grote held van de hysterie in de vorige eeuw was Charcot.

In 1862 hervormde Charcot de Salpétriere, het grootste gesticht van Frankrijk alleen voor vrouwen, van een asiel van de armen, de zwak- en krankzinnigen tot een belangwekkend wetenschappelijk instituut. Zijn levenswerk was geheel gewijd aan de beschrijving en de bestudering van de hysterie. Ondanks het feit dat Charcot de hysterie niet beperkte tot vrouwen, zijn de meeste van zijn beschrijvingen toch aan vrouwen gewijd. Logisch, want dat waren zijn patiënten. De grote heldinnen van de Salpétriere zijn voornamelijk vrouwen.

Zodra we het over vrouwen hebben rijst er een probleem, want het gaat hier niet om vrouwen als categorie.

Hysterie en het 'vrouwelijke'

In de negentiende-eeuwse hysterie staat zowel bij mannen als bij vrouwen de verhouding tot het lichamelijke en de verhouding tot het 'vrouwelijke' centraal (Chodoff 1982; Micale 1995; Showalter 1993). Ik zet dit adjectief tussen aanhalingstekens. Want het vrouwelijke ontsnapt per definitie aan een omschrijving. Het kan zich alleen maar vormen in relatie met andere termen uit een bepaald tijdperk, in een bepaald vertoog, en dan zet het zich vooral af ten opzichte van dat wat 'mannelijk' genoemd wordt. De filosoof en historicus Laqueur (1990) stelt dat het denken over sekse en gender tot aan het eind van de achttiende eeuw gevormd werd door het 'één-seksemodel'. Vrouwen werden beschouwd als een imperfecte versie van de man, en hun anatomie en fysiologie werden dienovereenkomstig verklaard. Zo was de vagina een naar binnen gevouwen penis, de uterus leek zelfs op anatomische tekeningen op het scrotum, en de ovaria werden voorgesteld als testikels en ook zo genoemd: de vrouwelijke zaadballen.

De ontdekking van het Graafse follikel in 1672 luidde een ander tijdperk in. Door de ontdekking van het proces van bevruchting en zwangerschap werden seksuele lust en het vrouwelijke orgasme – tot dan toe gezien als voorwaarde voor zwangerschap – gescheiden van de voortplanting. Immers, het eitje sprong toch wel, ook al bleef een orgasme achterwege. Dit leidde niet alleen tot een model van de vrouwelijke seksualiteit als passief en 'ontvangend', maar ook tot wat Laqueur de 'twee-seksentheorie' noemt.

Deze theorie, die stelt dat er twee seksen zijn die biologisch, psychologisch, moreel, anatomisch en fysiologisch volkomen van elkaar verschillen, heeft sinds de achttiende eeuw veld gewonnen. Het twee-seksenmodel leeft vrolijk voort naast het één-seksemodel. Wie er een beetje gevoelig voor is, ziet deze strijd tussen twee modellen terug in het debat over gelijkheid en verschil, pensioenrechten en kinderopvang, en infertiliteit en criminaliteit, maar ook in het denken over psychopathologie, sekse en gender. Zonder dat twee-seksenmodel kunnen we niet goed begrijpen hoe de hysterie zoals die in de negentiende eeuw werd beschreven en onderzocht zo'n hoge vlucht kon nemen. Het werk van Charcot is volgens mij niet los te zien van de cultuur van het twee-seksenmodel.

Zoals een verhaal een held heeft, heeft dit ook een heldin. De jongste patiënte van Charcot verdient het om uit de vergetelheid gehaald te worden. Haar verhaal is illustratief voor wat Laplanche (1974) 'de scènes van de hysterie' noemt (◘ fig. 1).

Dit begrip 'scène' heeft drie betekenissen. De eerste is die zoals in mise-en-scène, waar een scène gemaakt wordt of iets in scène gezet is om iets te communiceren en tegelijkertijd te verhullen. Daarbij hoort dan ook 'een scène schoppen' of een 'scène maken'. De tweede betekenis is die van het toneelspel, de scène, die per definitie triangulair is omdat zij altijd een toeschouwer en minstens twee actoren impliceert. Ten slotte kan scène opgevat worden als een scenario: een stappenplan, een beschrijving van hoe iets dient te gebeuren, als een programma dus (Didi-Huberman 1982). De patiënte op de foto in ◘ fig. 1 heette Augustine. Bij opname was Augustine vijftien jaar en drie maanden. Didi-Huberman noemt haar 'Charcots meesterwerk'. Haar aanmeldingsklacht was het optreden van aanvallen. Bij onderzoek bleek een gevoelloosheid van de hand. In de loop van de opname ontwikkelde zij contracturen en pseudo-epileptische aanvallen, had zij visuele hallucinaties en hoorde stemmen. Tijdens de delieren vertoonde zij verschillende gezichtsuitdrukkingen en haar handen schoten in een tetanische kramp. Haar aanvallen

Figuur 1 Jong meisje in gesprek met iemand die er niet is: een gedeeltelijke amnesie (verlaagd bewustzijn)

werden minutieus gefotografeerd door een fotograaf van de L'Iconografie de Salpétriere, die een atelier had vlak bij de ziekenzalen van de psychiatrische inrichting. Zodra een patiënte een aanval kreeg, snelde hij toe met zijn zware platen (🔵 fig. 2 en 3).

In normale staat was zij een groot, goedgebouwd, fris meisje, dat wel graag aandacht aan haar uiterlijk besteedde. Bij opname menstrueerde zij nog niet, en de artsen laten later niet na te vermelden wanneer haar normale menstruatie optrad: *'elle est bien reglée'.* We moeten niet vergeten dat dit de tijd was waarin de medische wereld zich vanuit het twee-seksenmodel massaal met het 'anders-zijn' van de vrouwelijke onderbuik, psyche en natuur bezig ging houden. De fascinatie strekte zich zover uit, dat we kunnen spreken van een soort collusie. De beroemde litho van Brouillet (🔵 fig. 4) maakt dat – zoals al vaak is aangehaald – duidelijk. De scène van de patiënte, in dit geval Blanche Witteman, wordt aan Blanche voorgespeeld door de prent links achter op de muur. De stappen van de scènes van Augustine zijn als in een filmscenario, en de benaming van de verschillende stadia en houdingen is ontleend aan de beelden van de vrouwelijke extase en het vrouwelijk lijden. Het verhaal van Augustine moeten we tussen de regels lezen: het beeld overheerst.

Over haar jeugd wordt weinig geschreven. Bekend is wel dat zij op de leeftijd van dertien en een half jaar werd verkracht door de minnaar van haar moeder. Hij probeerde haar eerst om te kopen met mooie kleren. Toen dat niet lukte, bedreigde hij haar met een scheermes, dwong haar alcohol te drinken en verkrachtte haar. De volgende ochtend bloedde zij en had zij pijn in haar buik. Ze kon daardoor niet goed lopen. De daaropvolgende dagen namen de klachten toe. De dokter dacht dat haar menstruatie gekomen was. Enkele dagen later kreeg zij een hallucinatie van kattenogen en een neusbloeding. De dag erop ontstonden de aanvallen. Zowel Bourneville, die haar verhaal optekende, als Charcot – en later Freud in reactie op Dora's walging over de omhelzing van de heer K. – werd voor de vraag gesteld: 'Is het nu waar of niet waar, dit verhaal van aanranding en verkrachting?' En zo het waar is, is de heftige reactie dan niet een omkering, een uiting van verdringing van vrouwelijke seksualiteit? Zij twijfelden dus aan de effecten van ongewenste intimiteiten, die 'eigenlijk' gewenst zouden moeten zijn, aangezien elke vrouw vanuit haar oedipale wensen haar affectie naar een andere man dient te verschuiven.

Deze vraag blijft bij de hysterie voortdurend cruciaal. Het heeft tot de waterscheiding geleid tussen de posttraumatische oorsprong van dissociatieve stoornissen en de 'andere' hysterie, zoals de angsthysterie en de hysterische karakterstructuur.

Charcot verklaarde hysterie ook vanuit traumatische oorzaken. Alleen was er een verschil in gender. De hysterie bij vrouwen werd volgens hem veroorzaakt door hun kwetsbare emotionele natuur en hun onvermogen hun gevoelens onder controle te houden. Bij vrouwen was hun natuur dus verantwoordelijk, en deze vrouwelijke natuur zetelde in de hysterogene zone bij uitstek, de ovaria. Druk op de ovaria coupeerde aanvallen meteen. Mannen werden echter ziek door hun werk of door te veel drank en seks.

Er waren dus twee vormen van hysterie, die verschillende oorzaken, maar gelijke uitkomsten hadden: de viriele hysterie of 'hysterie traumatique' en de vrouwelijke hysterie. Charcot legde in tegenstelling tot zijn collega's de nadruk op de viriliteit van deze hysterische mannen, die veelal arbeiders of handwerkers waren. De oorzaak van hun symptomen waren ongelukken op het werk, een treinongeval en dergelijke. Na de Eerste Wereldoorlog zien we dit terug in het begrip van de shellshock, de oorlogsneurose of de traumatische neurose.

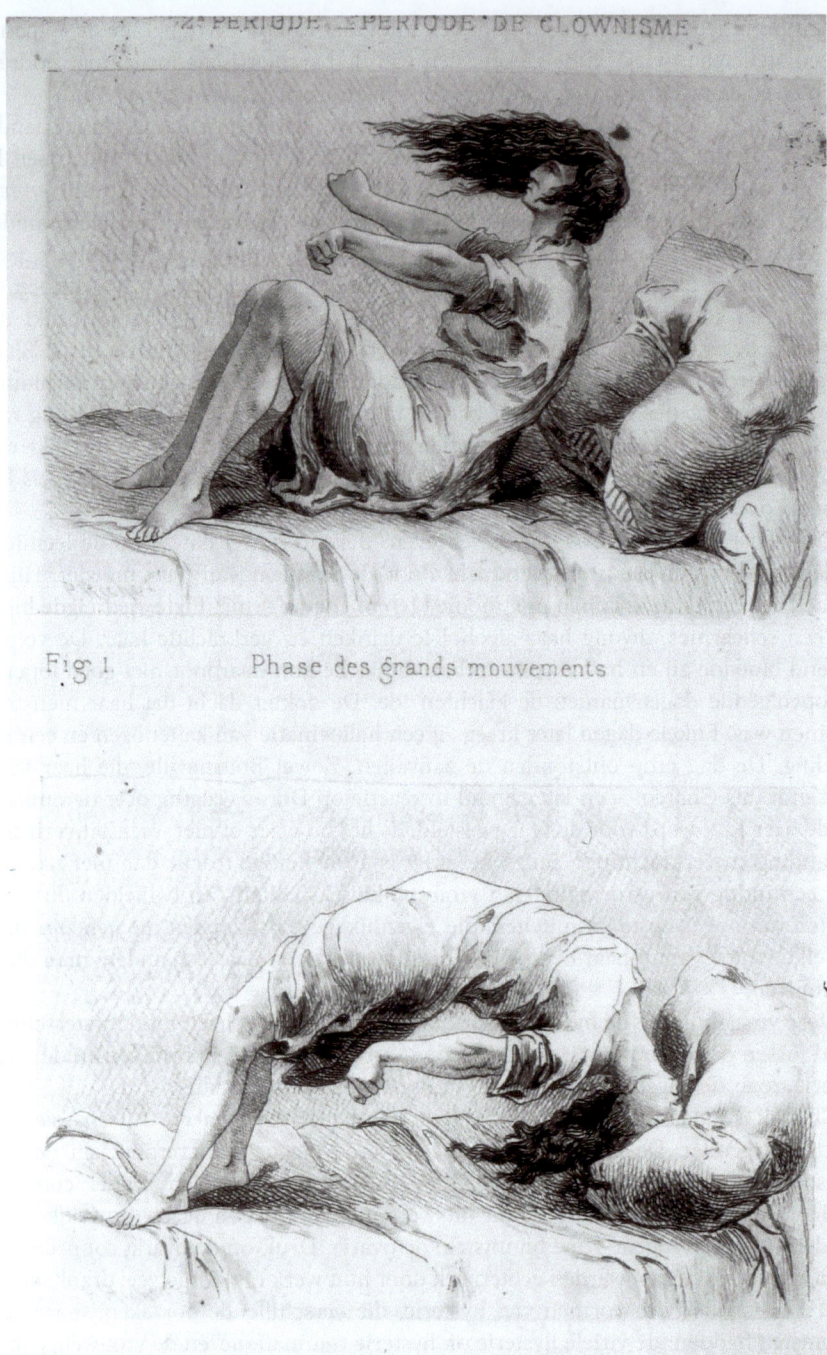

Figuur 2 Hysterische aanval met *arc de cercle*

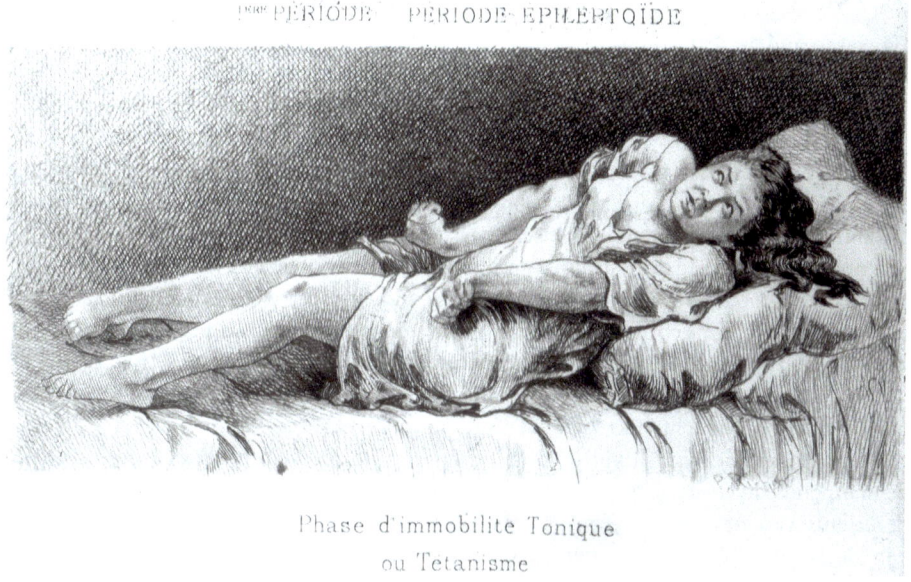

◘ **Figuur 3** Hysterische aanval, lijkend op epilepsie met verkrampte handen en voeten

◘ **Figuur 4** Charcot geeft college met Blanche

Charcot stond in deze opvatting betrekkelijk alleen. Zijn voorgangers en tijdgenoten waren andere gedachten toegedaan. Voor hen was de aanwezigheid van hysterie een teken van *vervrouwelijking* bij de man.

We zien hier dus de volgende cirkelredenering optreden: hysterie hoort bij vrouwen, dus als het bij een man voorkomt moet dat wel een teken zijn van vervrouwelijking. Dat ging zover dat tekenen van gendercrossing of -verwarring, zoals bij homoseksualiteit of travestie, als hysterisch werden beschouwd. Batault, een leerling van Charcot, merkte op dat zijn collega's vonden dat 'hysterische mannen bevreesd en angstig zijn … en koket en excentriek de voorkeur aan sjaaltjes en linten boven handwerk geven' (Showalter 1993). Hoewel Charcot dus een mannelijke hysterie onderkende, werd echter de hysterie bij mannen in verband gebracht met dezelfde hysterogene zones als bij vrouwen, de plek waar bij vrouwen het ovarium zit, in het lichaam dus.

Na Charcot werd de hysterie weer puur een vrouwenaangelegenheid. Wanneer mannen vergelijkbare klachten kregen, werden die toegeschreven aan nieuwe 'ziekten', zoals de neurasthenie of hypochondrie, of de *railway spine*. Ook nu nog wordt in leerboeken de mannelijke hysterie gekoppeld aan zwakheid, passiviteit en overdreven emotionaliteit, de erfenis van negentiende-eeuwse karikaturen van vrouwelijkheid. Deze karikaturen zijn deels gebaseerd op het twee-seksenmodel. Daardoor wordt het vrouwelijke het 'andere', het volstrekt tegengestelde van het mannelijke en vice versa, waarmee de dichotomisering van de seksen in psychische zin haar toppunt bereikt.

Freud en de hysterie

Zoals bekend is Freud een tijd in de leer geweest bij Charcot. Freud was aanvankelijk vooral een neuroloog en wetenschappelijk onderzoeker. Hij leerde bij Charcot hypnose toepassen, en dat is wat hij eerst deed bij zijn patiënten met lichamelijke klachten als een lamme arm, een kuchje, een verstopte neus, kortom al die klachten die toen als hysterisch werden beschouwd. Hij kreeg al snel genoeg van de hypnose, omdat niet iedereen er gevoelig voor was, en ten tweede omdat veel patiënten weerstand vertoonden. Daarmee werd het concept 'weerstand' ontdekt, later gevolgd door dat van de 'overdracht', de vrucht van een mislukte behandeling, namelijk die van Dora. Freud onderscheidde positieve bewuste ('mijn dokter is geweldig'), onbewuste positieve ('mijn dokter is mijn grote liefde') en negatieve overdracht ('mijn dokter is een zak').

Toen Freud in 1895 samen met Breuer zijn *Studien über hysterie* (Freud en Breuer 1895) publiceerde, vonden daarmee twee omwentelingen plaats. Ten eerste werd het domein van het visuele, dat door Charcot werd geregeerd, vervangen door dat van het gehoor en het verhaal. Ten tweede werd een psychologische biseksualiteit gepostuleerd, die in conflict met moraal, geweten en vrouwelijke rollen en beperkingen tot een somatische symbolische expressie van dat conflict kon leiden. De laatste jaren zijn veel kanttekeningen gezet bij de diagnose hysterie, zoals beschreven in die ziektegeschiedenissen.

Kritiek op het hysteriebegrip

De feministische kritiek is grofweg onder te verdelen in twee stromingen: een Angelsaksische (Showalter 1993) en een Franse (David-Menard 1989). Het verklaringsmodel in de jaren zeventig van de vorige eeuw in Angelsaksische landen was vooral sociogeen. Het legde de oorzaak van hysterie vooral in de beperkende vrouwenrollen en de macht van de medische wereld over vrouwenlevens. Men zag de klachten van vrouwen als reëel. Hysterie was het resultaat van een conflict, een conflict tussen een vrouwelijk ideaal, dat vrouwen als zwak, passief en delicaat zag, en een vrouwelijke dagelijkse werkelijkheid: het hardwerkende, in ontbering verkerende, zelfopoffering eisende echtgenote- en moederschap.

De Franse, meer psychoanalytische, literaire en linguïstische, stroming legde vooral de nadruk op het vrouwelijke spreken, dat wil zeggen: het niet-spreken, waardoor het lichaam een rol krijgt in het uiten van het genot en de lust. In lacaniaanse termen is Dora's hysterie een terugkeer van een primaire en lichamelijke wijze van communicatie vanuit een mannelijke identificatie. Want alleen vanuit de mannelijke identificatie is een terugkeer naar het lichaam van de moeder en vrouwen mogelijk. Lacan stelt zelf dat Dora's probleem is dat zij fundamenteel zichzelf niet accepteert als object van verlangen van een man. Zij wil subject zijn (en bemint Mw. K) en ontkent daarmee haar eigen vrouwelijkheid. En dat betekent per definitie een object zijn.

Helene Cixous (1976) pakte deze lacaniaanse opvatting op een andere wijze op: de geschiedenis van Dora werd voor vrouwen in het feminisme een ingang om de *beeldvorming* over vrouwen in patriarchale wetenschappelijke en medische vertogen te bestuderen. En zo werd hysterie aan het eind van de jaren zeventig, begin jaren tachtig van de vorige eeuw een geuzennaam en Dora de al eerder beschreven heldin. Cixous schrijft: 'We kunnen zeggen dat de Absolute Vrouw, de vrouw die het meest vrouwelijkheid representeert, als vrouwelijkheid die ten prooi valt aan mannelijkheid, in feit de hysterica is.' Het idee van slachtofferschap, vrouwelijkheid als victimisatie, blijft door het debat over hysterie spoken: het beeld van 'de vrouw' als slachtoffer, de 'echte' victimisatie of traumatisering, het ontkennen van trauma's door de alwetende arts. Luce Irigaray (1977) stelde in diezelfde tijd in reactie op Lacan dat het vrouwelijke in de theoretische structuur van de westerse geneeskunde en filosofie per definitie als pathologie beschouwd werd.

Terwijl deze debatten velen in universitaire en literaire kringen in de greep hielden, verdween het begrip hysterie stilletjes uit de geestelijke gezondheidszorg. Ik leerde nog in mijn opleiding in de jaren zeventig van de vorige eeuw dat elke vrouw die haar haren blondeerde, per definitie hysterisch was. Dit zei de sociaalpsychiatrisch verpleegkundige die mij inwijdde in de sociale psychiatrie. Maar na de invoering van de DSM-III, de eerste DSM die classificeerde op groepen symptomen zonder theoretisch kader, was hysterie de theatrale-persoonlijkheidsstoornis geworden en was het lichamelijke verschoven naar de psychosomatische hoek en de bewustzijnsdalingen naar de dissociatieve pathologie.

Gender en het lichaam

De reden dat ik dit onderwerp zo uitgebreid bespreek, is om duidelijk te maken dat wij bij elke beschouwing over het lichaam niet om gender heen kunnen. Gender, het geheel van sociale en culturele kenmerken van een sekse, is tegenwoordig onderwerp van de nodige controverses en is deels gekaapt door identitaire bewegingen, waardoor de belangrijke rol die het speelt in de beoordeling van wat normaal en niet normaal is, en wat ziek en wat gezond is, een beetje uit beeld is geraakt. Gender is geen vaststaand construct: het is niet alleen maatschappelijk en cultureel bepaald, en het is ook niet alleen en kwestie van identiteit en lichaam, maar het bevindt zich op het *snijvlak* tussen deze gebieden. Gender beïnvloedt de kijk van artsen en kleurt de verwachtingen over gedrag. Gender bepaalt de identificaties van mannen en vrouwen. Gender legt bijvoorbeeld associatieve verbanden tussen mannelijkheid en kracht, en ziet zwakte en ziekte als niet-mannelijk, dus vrouwelijk – zowel bij mannen als bij vrouwen. Gender bepaalt de wijze waarop wij verschillend met ons lichaam omgaan. Het mannelijke articuleert en benoemt zich, het vrouwelijke lichaam wordt als verborgen beschouwd. Deze onwetendheid van meisjes over hoe hun lichaam in elkaar zit – omdat er geen namen aan gegeven worden en vroeg-kinderlijke lichaams- (vaginale) sensaties stelselmatig onderdrukt worden – wordt als oorzaak genoemd van het feit dat vrouwen vaker hysterische symptomatologie zouden vertonen. Vrouwen ervaren hun lichaam vaker als geheimzinnig, onkenbaar. In de jaren zeventig was ik betrokken bij vrouwengezondheidszorgprojecten, waarin wij vrouwen leerden hoe hun lichaam in elkaar zat. Veel vrouwen hadden geen flauw idee hoe hun voortplantingsorganen werkten; de beelden van seksuele voorlichting op school hadden geen enkele relatie gekregen met hun eigen lichamelijke belevingen. Een vrouw die een baarmoederoperatie had ondergaan, had het idee dat haar hele buik nu leeg was. Een andere meende dat baby's door de navel naar buiten zouden komen tot ze moest bevallen en tot haar schrik ervaarde dat ze uit een geheel andere opening kwamen. En dit is niet oud en achterhaald: als het om seksuele organen gaat, is de kennis over het eigen lichaam bij heel veel vrouwen nog steeds gering. Veel vrouwen hebben geen idee waar hun clitoris voor dient. Het eigen lichaam zit voor veel vrouwen nog in de taboesfeer; het is iets waar je niet over spreekt, ook niet met je therapeut. Zoals ik al in de Inleiding schreef, valt het mij als supervisor overigens op dat vragen naar seksualiteit, maar ook naar zaken rond zwangerschap, bevallingen, miskramen en cycli vermeden worden. Alsof wij ons als samenleving als geheel preuts afwenden van dat onderdeel van het lichaam.

Gender bepaalt de ervaring van mensen doordat het sommige ervaringen tot taboe verklaart en andere uitlicht. Maar gender is niet het enige wat psychische en lichamelijke klachten bepaalt. Ten eerste is het niet helder op welk niveau gender speelt. In de beelden van mannen over vrouwen, de sociale constructie dus van het verschil? De wijze waarop vrouwen tot de ander, tot object gemaakt worden? Of op niveau van de lichaamsbeleving zelf? Er is immers een duidelijk verschil tussen de maatschappelijke genderrollen en de genderidentiteit die mensen beleven als hun zelf en die voor een deel ook berust op vroegkinderlijke, lichamelijke ervaringen. Ook blijft in de beschrijving en ordening van ziektebeelden in de gezondheidszorg buiten beschouwing dat machteloosheid en machtsverschil een wezenlijke rol spelen. Alle groeperingen die gekenmerkt worden door een gebrek aan sociale mogelijkheden, of het nu de eerstegeneratiegastarbeiders, vluchtelingen of politiek vervolgden zijn, verschuiven vaak hun gevoelens naar somatische symptomen en heftig zelfdestructief gedrag. Bekend is dat over de gehele wereld burn-out, angststoornissen, depressie, zelfmoord en verslavingen toenemen. Deze toename betreft niet alleen vrouwen, maar ook mannen. Klachten, zowel psychische als lichamelijke, constitueren zich namelijk in een interactie en in een sociale context. De uitingsvorm van de klachten zal hierdoor beïnvloed worden, de benoeming is hiervan afhankelijk en de etiologie wordt gekleurd door heersende opvattingen, maar dat er sprake is van reële angst, bewustzijnsverschuivingen en lijden lijkt me onomstotelijk.

De lotgevallen van het lichaam in de psychoanalyse

Zoals bekend is de psychoanalyse geworteld in lichamelijke verschijnselen: de kuchjes, de flauwtes, de verdwenen stemmen, de verstopte neuzen, de verlamde armen en benen. Kortom: de psychoanalyse is geboren uit de hysterie. Waar Charcot nog zijn patiënten fotografeerde, begon Freud naar hun verhalen te luisteren. Vooral de verhalen over wat die klachten had ontlokt, 'getriggerd' zouden we nu zeggen.

Freud begon dus bij het lichaam, maar al snel kwam hij tot de hypothese van het onbewuste met zijn driften en erogene zones, *eros*, *thanatos*, de ik-driften die zich op de grens bevonden tussen lichaam en geest. In 1895 had hij nog de hoop dat hij een fysiologische of organische basis kon vinden voor het psychisch functioneren. Maar zijn aandacht verschoof naar de tussengebieden, de overgang tussen lichamelijke sensaties en driften, en naar de psychische uitwerking daarvan, vooral in het geval van de seksualiteit. Bij seksualiteit zijn zoals we weten altijd én een lichamelijke én een psychische activiteit betrokken. Driften worden dan het verbindingsgebied tussen lichaam en geest in het onbewuste, een onbewuste dat geen lokalisatie heeft en ook niet te verwoorden is. Het onbewuste behoort niet tot de logische, rationele, bewuste geest. Hier is dus sprake van een duaal-aspectmonisme, dat filosofisch gezien aan de psychoanalyse ten grondslag ligt. We zien dat niet alleen bij seksualiteit, maar ook bij een andere primaire drift: honger. Freud legde vanaf 1915, toen de psychoanalyse succes begon te krijgen, meer de nadruk op het psychische, al bleef hij tot zijn dood bezig met het vraagstuk van lichaam en geest. In het jaar voor zijn dood schrijft hij nog:

> Van datgene wat wij onze psyche noemen zijn twee dingen bekend, enerzijds het lichamelijke orgaan en schouwtoneel ervan, de hersenen (het zenuwstelsel), en anderzijds ons bewustzijn dat zich onmiddellijk aan ons voordoet en waarvan geen enkele beschrijving ons een duidelijker beeld kan geven (Freud 1940, pag. 77).

In het begin van de psychoanalyse waren het lichaam en zijn lotgevallen dus nog volledig aanwezig, en sommigen van de eerste generatie psychoanalytici maakten daar ook vanzelfsprekend gebruik van, zoals Otto Fenichel, Sándor Ferenczi en Karl Abraham. Abraham benadrukte de relatie tussen het lichaam en vooral de erogene zones in relatie tot de karakterontwikkeling. Hij beschreef bijvoorbeeld hoe angst kan leiden tot fysieke stijfheid en rigiditeit, 'een rigiditeit die zij [de patiënten] spanning noemen'. Spanning, zo weten we van onze patiënten, verwijst zowel naar psychische als somatische belevingen. Otto Fenichel (1897-1946) is de auteur van het standaardwerk van de psychoanalyse van de jaren vijftig, *The psychoanalytic theory of neurosis* (1946). Hij was daarnaast ook door zijn huwelijk met een heilgymnaste (de voorloper van de fysiotherapie) geïnteresseerd in de lichamelijke aspecten van neurotische conflicten.

Ferenczi is een geval apart, omdat hij door zijn artikelen over trauma, de therapeutische relatie en de tegenoverdracht een diepgaande invloed uitoefent op het psychoanalytisch denken in een tweepersoonspsychologie, dat wil zeggen: van een eenpersoonspsychologie, die bestond uit een patiënt en een (alwetende) therapeut, naar een model waarin interactie en cocreatie centraal staan.

Ferenczi

Sándor Ferenczi leefde van 1873-1933; hij overleed aan pernicieuze anemie, een ziekte die nu gewoon behandelbaar zou zijn. Hij is bekend door zijn nadruk op de vroege moeder-kindrelatie, de realiteit van seksueel trauma en zijn aandacht voor tegenoverdrachtsgevoelens in de behandeling. Hij werkte met zeer moeilijke mensen en kwam er via de getuigenissen van familieleden achter dat vele verhalen over seksueel misbruik niet verzonnen waren maar op waarheid berustten. In 1924 schreef hij samen met Otto Rank een boek over de ontwikkeling van de psychoanalyse, waarin zij een actievere houding van de psychoanalyticus bepleitten. Ferenczi ontwikkelde zelf een actieve vorm van wederkerige therapie. Hij viel ook terug op Freuds verlaten verleidingstheorie. Dat viel niet in goede aarde en leidde tot een grote controverse, in elk geval met Anna Freud en Ernest Jones, die hem er ook van betichtte psychisch ziek te zijn. Ferenczi, die eerst bijna als opvolger van Freud werd gezien, werd daarna dus verguisd. Hij schreef in 1932 het voor Freud zeer ongewenste artikel 'The confusion of tongues' (Ferenczi 1949), dat later een onmisbare bron was voor het begrijpen van vroegkinderlijk trauma. Ferenczi probeerde – hij was toen al ziek – Freuds waardering te krijgen voor het artikel, dat hij op een congres in Wiesbaden wilde voorlezen. Maar Freud was er woedend over. Ferenzci droeg het artikel voor, maar het werd ijzig ontvangen en jarenlang niet in het Engels gepubliceerd. Jeffrey Moussaieff Masson (1984), bekend van zijn onderzoeken in de Freud-archieven, heeft het weer onder de aandacht gebracht.

Ferenczi wordt beschreven als een zachtaardige, naar erkenning en liefde hunkerende leerling en vriend, maar ook als iemand bij wie deze afhankelijkheid kon omslaan in kritiek en boosheid op Freud (Aron en Harris 2010; Carignani 2012; Gay 1989). Hij bestudeerde de lotgevallen van de psyche in het geval van ernstige ziekten en benadrukte de rol van de relatie tussen het lichaam en de symbolen op een manier die aan het denken van Friston met zijn theorie van *predictive coding* voorafgaat.

Er ontstaan dus intieme verbindingen, die door het hele leven blijven bestaan, tussen het menselijk lichaam en de objectieve wereld die we symbolisch noemen. Aan de ene kant ziet een kind in de buitenwereld niets anders dan beelden van zijn eigen lichamelijkheid, aan de andere kant leert hij via zijn lichaam de hele wereld buiten hem te representeren.

Ferenczi heeft veel invloed gehad op de ontwikkeling van de relationele school in de psychoanalyse en via Rank ook op de theorie van Carl Rogers.

Reich

Wilhelm Reich (1897–1957) was aanvankelijk ook een dierbare leerling van Freud. Hij behoorde tot de tweede generatie psychoanalytici, die in de jaren twintig van de vorige eeuw het psychoanalytische gedachtegoed uitbreidden en versterkten. Hij was een briljant denker, maar ook een doorgedraaide goeroe. Hij werd in de Verenigde Staten bekend door zijn orgoncabines. Orgon was volgens hem de primaire seksuele energie, die 'gevangen' kon worden in zogenoemde orgonaccumulatoren, een soort kast of kist waarin iemand orgonernergie kon opladen. Zijn handelwijze was de autoriteiten niet welgevallig. Hij werd officieel verdacht van ongeoorloofd transport van orgonenaccumulatoren. Naast een gevangenisstraf werd op last van de rechter zijn gehele productie aan publicaties vernietigd: een geval van censuur dat zijn weerga niet kent. Hij stierf arm en vergeten aan hartfalen in de gevangenis.

Toch begon het allemaal heel anders. Reich was aanvankelijk een grote belofte in psychoanalytische kringen. Hij schreef meerdere goed ontvangen boeken, waaronder *Character analysis* (1933), waarin hij ontvouwde hoe defensieve patronen het lichaam, door chronische spierpatronen en spanning, beschermen tegen het ervaren van angst en pijn. Hij beïnvloedde daarmee het werk van zijn leerling Alexander Lowen, die de bio-energetica stichtte, Fritz Perls met zijn gestalttherapie en de *primal-scream*-therapie van Arthur Janov. Ook zijn Noorse leerling Gerda Boyesen, stichter van de biodynamische therapie, verdient vermelding, omdat zij de aandacht verlegde van de spieren, het bewegingsapparaat en hun tonus naar de *gutfeelings*: de peristaltische beweging in de darmen.

Nadat Reich zich ontpopte tot rebel heeft de mainstreampsychoanalyse zich altijd verre gehouden van Wilhelm Reich. Hij deed ook ongeoorloofde dingen zoals de patiënten aanraken. Maar hij moet ook erkend worden als een belangrijke pionier. Hij richtte in de jaren twintig van de vorige eeuw in Wenen een kliniek op waarin ook mindergefortuneerde patiënten behandelingen konden krijgen. Daar merkte hij tot zijn verbazing dat neuroses niet voorbehouden waren aan de rijke en welvarende patiënten van de andere analytici, maar overal voorkwamen. Hij zag ook hoe armoede en ontbering bijdroegen aan psychisch lijden, en dat greep hem zo aan, dat hij zich bezig ging houden met de politiek en in 1928 lid van de communistische partij werd. In de jaren dertig werd hij daar weer uitgezet, omdat de communistische partij helemaal niets ophad met het onbewuste en de nadruk die Reich legde op vrije seksualiteit afwees.

In die tijd ontwikkelde hij zijn theorie van de analyse van de weerstand tegen het ervaren van emoties en driften door het aanspannen van de spieren. In *Karakteranalyse* beschreef hij vijf persoonlijkheidsprofielen: de schizoïde, de orale, de psychopathische, de masochistische en de rigide structuur. In de neo-reichiaanse therapievormen wordt hier nog mee gewerkt, maar sinds de DSM zijn de begrippen schizoïde, psychopathische et cetera zo anders gedefinieerd dat we er in de praktijk van de psychotherapie niet veel mee kunnen.

In 1934 werd hij ook geroyeerd uit de International Psychoanalytical Association (IPA), na een lezing over het masochistische karakter (Rubin 2003). Daarin bestreed hij Freuds theorie over de doodsdrift. Hij vluchtte daarna voor de nazi's naar Noorwegen, waar hij grote invloed had op de psychotherapie. De Noorse Vereniging voor Psychoanalyse is sterk beïnvloed door het gedachtegoed van Reich, en tot op de dag van vandaag is zijn invloed merkbaar. Maar ook de Noorse Vereniging werd uit de IPA gezet (Sletvold 2014). Reich vluchtte naar de VS en richtte zich daar op de orgontherapie.

Reich was geen gemakkelijk mens. Als hij ergens uitgezet werd, richtte hij een nieuwe groep op met nieuwe bewonderaars, die hem door dik en dun verdedigden. Totdat hij daar ook ruzie kreeg. Volgens Sletvold (2014) en Cornell (2015) had Reich een tamelijk autoritaire aanpak: hij richtte zich op het doorbreken van de weerstand, die zich manifesteerde als een harnas van spierspanning en houding, net zo lang tot de patiënt boos werd en ging bewegen. Hij probeerde vervolgens de onderliggende behoeftes bewust te maken.

Gillieron en Davanloo

Reichiaanse begrippen komen terug in het werk van Gillieron en Habib Davanloo (Cornell 2015). Bij de laatste, die de *intensive short term psychoadynamic* psychotherapie ontwikkelde, wordt expliciet de weerstand in de spieren 'doorbroken' tot de negatieve overdracht doorbreekt en de patiënt in contact kan komen met afgeweerde behoeftes en emoties. Bij de Zwitserse analyticus Gillieron zien we een differentiatie in de manier waarop de afweer zich lichamelijk uit: in spierspanning (dan heeft psychotherapie een gunstige prognose), in lichamelijke reacties (wat minder gunstig is, want somatiserend) en in bewustzijnsverlagingen en dissociatie (minder gunstig en eigenlijk volgens hem niet geschikt voor inzichtgevende psychotherapie).

Maar er zijn ook andere stromingen in de psychoanalyse die nagedacht hebben over de betekenis van het psychosomatische lichaam.

De Franse school

Zo werd het lichaam een bron van overdenking en onderzoek in de Franse psychoanalyse met het werk van Joyce McDougall en Didier Anzieu (1985), die een klassiek werk schreef over de huid. Joyce McDougall, een Nieuw-Zeelandse psychoanalyticus die haar hele leven in Parijs doorbracht is bekend van haar heldere *Theatres of the body: a psychoanalytical approach to psychosomatic illness* (1989), waarin zij beschrijft hoe te heftige affecten 'weggewerkt' kunnen worden in somatische symptomen. Zij noemt dit proces *disaffectatie*. Belangrijk is dat zij stelt dat dit iedereen kan overkomen: niet alleen mensen die 'alexithym' (zie ▶ H. 6) zijn. Inzichtgevend is haar beschrijving hoe het lichaam de uitingsvorm wordt van primitieve angsten die niet 'gedroomd' of gesymboliseerd kunnen worden. Dit zijn angsten van doodgaan, uit elkaar vallen, opgegeten worden, geen eigen lichaam mogen hebben, verdwijnen in de moeder en in de steek gelaten worden door de moeder. Bion (1967) noemde dat bèta-elementen, die door de rêverie van de moeder omgezet kunnen worden in alfa-elementen: gedachten waarover gedacht kan worden. Bèta-elementen zijn dus heftige, angstige lichamelijke ervaringen. Met *rêverie* wordt bedoeld de vanzelfsprekende manier waarop een jonge moeder aanvoelt dat haar baby honger heeft of juist in paniek is. Zonder veel woorden. In termen van de huidige opvattingen over spiegelneuronen en de primaire moederlijke preoccupatie in de maanden na de bevalling zou je kunnen zeggen dat een moeder gevoeliger is voor 'empathische besmetting': het intuïtief aanvoelen van wat er in haar baby leeft.

Marty, De M'Uzan, Fain en David

In de jaren zestig van de vorige eeuw ontstond in Frankrijk een psychosomatische school waarin de taal van het lichaam in klachten en stoornissen als huidklachten, chronische vermoeidheid en maag- en darmklachten werd onderzocht (Aisenstein 2006, 2008; Jaeger 2019; Marty et al. 1994). Dit zijn de klachten die we nu in de DSM-5 'functionele klachten' noemen. De vertegenwoordigers van de Parijse psychosomatische school, Pierre Marty, Michel De M'Uzan, Michel Fain en Christian David, zagen dit als ongementaliseerde affecten: gevoelens en sensorische ervaringen die niet het bewustzijn konden bereiken als gevoelens en gedachten. De term 'mentaliseren' is dus van hen afkomstig en later overgenomen door de Britten, zoals Peter Fonagy en Mary Target. Het onvermogen tot mentaliseren van herinneringen, affecten en sensorische ervaringen ontstaat als deze te traumatisch of te ontregelend zijn, als die met andere woorden de angst oproepen om in elkaar te storten of uit elkaar te vallen. Zij gaan er dus van uit dat het lichamelijke een 'mindere' soort is dan het psychische; dat wil zeggen dat er sprake is van regressie en een onvermogen. Een vergelijkbare opvatting zien we bij de theorie van het mentaliseren van Fonagy, Target en Howard en Miriam Steele, die later is uitgewerkt tot een werkzame vorm van psychotherapie door Bateman: de mentaliseren bevorderende therapie (MBT).

Bucci, Lemma, Ferrari en Lombardi

Anderen hebben daar weer heel andere ideeën over, zoals de Amerikaanse Wilma Bucci (1997, 2011) met haar *multiple coding theory*, die stelt dat de psyche verschillende symbolische en subsymbolische emotieschema's heeft. De ervaring van het lichaam dient in subsymbolische termen begrepen te worden, dus in feite als een *andere* taal in plaats van als geen of een minder soort taal. Het gaat dus niet om een regressie, maar om een ander discours: de taal van het lichaam. In Groot-Brittannië schrijft Alessandra Lemma (2010, 2015) indringend en leesbaar over de lotgevallen van het lichaam van binnenuit: beleefd als niet-eigen. Daarbij gaat het haar om de vraag van wie het lichaam eigenlijk is. Hier wordt het lichaam een object: object van de ander. Door tatoeages en cosmetische operaties kan het lichaam-als-object zich weer toegeëigend worden.

De Italiaanse antropoloog en psychoanalyticus Armando Ferrari (1922–2006) gaat ervan uit dat het lichaam het concrete oorspronkelijke object is: het eerst object en de eerste realiteit voor de zich ontwikkelende geest, de primaire kern van sensaties, metabolische functies, fysiologische veranderingen en sensorische percepties, Het voert helaas nu te ver om dieper op Ferrari (2004) in te gaan (Carignani 2012; Carvalho 2012). Een belangrijke denker over het lichaam en vooral de lichaam-geestdissociatie is de Italiaanse analyticus Riccardo Lombardi (2017). Hij beschrijft hoe juist in een tijd waarin mensen zich meer en meer bezighouden met smartphones en andere technische hulpmiddelen de relatie met de lichamelijk beleefde binnenwereld verloren gaat. Dat leidt tot een toenemende dissociatie en verlies van interoceptief vermogen.

Gendlin en focussen

In de door Carl Rogers ontwikkelde cliëntgerichte of experiëntiële psychotherapie is het lichaam geïntegreerd door het werk van filosoof en psychotherapeut Eugene Gendlin (1926–2017). Zijn werk heeft een hoge vlucht genomen in de zogenoemde focussen-beweging. *Focussing* is een integraal onderdeel van de experiëntiële psychotherapie. Belangrijke begrippen bij het focussen zijn de lichamelijke ervaring, de *felt sense* als je stilstaat bij wat er in je lichaam gebeurt. Gendlin ging evenals andere lichaamsgerichte psychotherapeuten uit van de intuïtieve wijsheid van het lichaam. Kort gezegd komt focussen neer op de ervaring van een lichamelijke sensatie en het daarbij stilstaan tot zich een *felt sense* ontvouwt. De vraag die men zich daarbij kan stellen is: waarom maak ik me hier zo druk over? Of wat zegt dat over mij? De concentratie op het lichaam gaat net zo lang door tot spontane beelden en woorden naar boven komen. De volgende stap is of deze woorden passen bij het gevoel en jezelf de vraag stellen: wat betekent dit? Dat doe je net zo lang tot er een fysieke reactie van erkenning, een aha-erlebnis of een fysiek gevoel van opluchting ervaren wordt. De laatste stap is het erkennen van dit nieuwe inzicht: wat is er zo belangrijk? Voor meer informatie verwijs ik graag naar het uitstekende hoofdstuk in het handboek voor gesprekstherapie van Ton Coffeng en Erwin Vlerick (2008) en naar de vele films van Gene Gendlin zelf.

Sensorimotorpsychotherapie en sensory experiencing

Sensorimotorpsychotherapie (SP) is aanvankelijk ontwikkeld voor de behandeling van trauma's door Pat Ogden, leerling van Ron Kurtz. Tegenwoordig is deze therapie uitgebreid tot de behandeling van hechtingsproblematiek. De bekende traumaspecialist Bessel van der Kolk (2014) schreef in de jaren negentig van de vorige eeuw al dat voor psychotrauma geldt: '*The body keeps the score*.' Dat houdt in dat er geen effectieve verwerking van trauma mogelijk is als het lichaam daar niet bij betrokken is. Peter Levine (2011) gaat van dezelfde principes uit, maar laat het lichaam zich uiten in schudden, trillen en andere vormen van lichamelijke expressie. Pat Ogden (Ogden en Fischer 2015; Ogden et al. 2006) gaat in mijn optiek een stap verder naar de integratie tussen lichaam en geest. Pat Ogden beschrijft dat trauma de patiënt gevangenhoudt in een lichaam dat voortdurend in een staat is van vechten, vluchten, verstijven of dissociatieve ineenstorting. Als je lichaam in een dergelijke staat van arousal is kun je niet denken. Het leidt tot een permanent gevoel van onveiligheid, waarvan je jezelf niet kunt bevrijden door te praten of te denken. De eerste stap in welke vorm van psychotherapie dan ook is vaststellen of het lichaam zich veilig kan voelen, letterlijk in de spreekkamer. De therapeut dient vanuit een niet-stigmatiserende instelling, met compassie, ruimte te geven aan de gedachte dat het lichaam zijn intelligentie heeft, 'zijn eigen wijsheid'. De tweede stap is het bewust worden van de overtuiging dat elk levend wezen het vermogen tot verandering en groei bezit. SP is dan ook ontwikkeld om lichamelijke processen te integreren met verbale expressie, symbolisering en verschuiving van betekenis. De vraag die aan de patiënt wordt gesteld is: 'Kun je in je lichaam voelen wat het zou willen doen?' Het blijkt zo te zijn dat er een beweging ontstaat als je aandacht besteedt aan wat je in je lichaam ervaart en stilstaat bij wat dat lichaam voor bewegingsimpuls heeft. Dat is namelijk de kern van e-motie: de beweging. Als de beweging die ontstaat als je gevraagd wordt wat het lichaam zou willen doen (bijv. weglopen, vuistenballen, etc.) zich in het hier en nu ontvouwt, kan het lichaam zich bevrijden van impliciet opgeslagen overtuigingen, zoals: 'Ik ben schuldig, ik ben niets waard, ik verdien niet te leven, ik hoor niet te bestaan.' In de SP kan de therapeut voorstellen een beweging te versterken maar ook te veranderen. In beide gevallen wordt onderzocht wat dit teweegbrengt. Belangrijk is dat de therapeut geen interpretaties geeft, maar de patiënte zijn of haar eigen gedachten laat formuleren. Voor meer informatie verwijs ik graag naar de boeken van Pat Ogden (Ogden en Fischer 2015; Ogden et al. 2006), Peter Levine (2011) en Bessel van der Kolk (2014). Het boek van Ogden et al. (2006) verschijnt binnenkort in een Nederlandse vertaling.

Pessopsychotherapie

Pesso Boyden System Psychomotor Psychotherapy (PBSP) werd in 1961 gecreëerd door de uit de danswereld afkomstige Albert Pesso en zijn vrouw Diana Boyden. In Nederland bestaat een Vereniging voor Pesso-Psychotherapie, die is opgericht door de Nederlandse psychiater Lowijs Perquin (1950–2016). Pesso-psychotherapie is een individuele therapie in een groep, waarbij degene die de 'beurt' heeft (een *structure*) de andere groepsleden kan inzetten voor het vervullen van bepaalde rollen, zoals de ideale ouders. *Microtracking* is het zorgvuldig volgen van lichamelijke sensaties. Belangrijk is het lichamelijk herleven van emotionele tekorten en conflicten die symbolisch veranderd kunnen worden door nieuwe ervaringen in het nu (Perquin en van Campen 2014; van Attekum 1997).

Lichaamsgerichte psychotherapie

Neo-reichianen en andere lichaamsgerichte psychotherapeuten maken nog veel gebruik van Reichs model, dat door Reichs leerling Alexander Lowen (1958) is verfijnd en uitgebreid tot de bio-energetica. Naast de bio-energetica zijn vele en zeer diverse vormen van lichaamspsychotherapie ontwikkeld. Deze lichaamsgerichte praktijken borduurden daarop voort of verlegden het accent naar onder andere aanraking. Voorbeelden zijn *postural integration*, *rolfing* en *primal scream*. Zij worden gekenmerkt door het directe werk aan en met het lichaam. Dit ter onderscheid van de ontwikkelingen in de psychotherapie waarin het lichaam niet gemanipuleerd wordt, maar de patiënt gevraagd wordt zich bewust te worden van wat er zich in hem of haar aan lichamelijke sensaties voordoet.

Ik maak dan ook een onderscheid tussen een lichaamsgerichte aanpak die het lichaam aanraakt, manipuleert of 'neerzet', en de lichaamsgerichte aanpak die de patiente richt op wat in hem of haar leeft en ontsnapt aan bewustwording. De Vlaamse psycholoog en filosoof Joeri Calsius (2017, pag. 31) geeft een aardig overzicht van het psychosomatische-therapielandschap, met een spectrum waarin aan de linkerkant de puur lichamelijke benaderingen staan, zoals fysiotherapie, manuele therapie, massage en rolfing, en aan de uiterste rechterkant de 'gewone' (cognitieve en psychodynamische) psychotherapie en psychoanalyse, beide benaderingen waarin het verbale de boventoon voert. In het midden bevinden zich de psychomotore therapie, de lichaamsgerichte psychotherapie, de reichiaanse therapie, de gestalttherapie, de bio-energetica en de haptotherapie (Plooij 2005).

In Vlaanderen en Nederland is lichaamsgerichte psychotherapie onderdeel van de klinische psychologie, in Nederland bij het NIP. Maar er bestaat ook een Nederlandse Vereniging voor Lichaamsgerichte Psychotherapie, die zich baseert op het werk van Reich, Boyesen en Lowen. In Europa zijn deze verenigingen en bewegingen onderdeel van de European Association for Body Psychotherapy. De linkerkant van het spectrum van Calsius (2017) hanteert geen psychotherapeutisch referentiekader, zoals de lichaamsgerichte psychotherapie wel doet. Pat Ogdens SP valt dus in het midden, evenals de *somatic-experiencing* (SE)-methode van Peter Levine (2011). De haptotherapie, waarbij patiënten worden aangeraakt, bevindt zich links van het midden, de focussing van Gendlin rechts. Deze indeling is ook anders te ordenen met de zes assen van Marlock en Weiss (2015).
1. Gaat het om leren of behandelen?
2. Gaat het om een energetisch lichaam of een wetend lichaam (impliciet relationeel weten)?
3. Gaat het om inzicht of ontwikkelingsgericht werken?
4. Gaat het om een focus op non-verbale processen of een dialogische relatie?
5. Wordt er wel of niet aangeraakt?
6. Gaat het om regressie of werken in het hier en nu?

Vanuit mijn psychoanalytische achtergrond bevind ik mij in dit assenstelsel in het domein van de behandeling van het wetende lichaam met een focus op de dialogische relatie, waarin aanraking geen plaats heeft en er wordt gewerkt op zowel het terrein van de regressie (onvermijdelijk in mijn ogen) als in het hier en nu.

Conclusie

We zien in de geschiedenis drie bewegingen: de beweging van het derdepersoonsperspectief van het lichaam in het oog van de beschouwer naar het eerstepersoonsperspectief, waarin het lichaam van binnenuit beleefd wordt. De tweede beweging betreft de relatie tussen emoties en het lichaam. Vanaf het midden van de negentiende eeuw is in toenemende mate duidelijk dat lichaam en geest op het gebied van affecten, emoties en gevoelens niet te onderscheiden zijn. Emoties worden lichamelijk ervaren, maar krijgen pas zin en betekenis als ze gedeeld en in woorden omgezet kunnen worden. De derde beweging is die van de eenvoudige uitdrukking van emoties naar de integratie tussen lichaam en geest. Daarbij is het lichamelijke niet ondergeschikt ('preverbaal', somatiserend of regressief), maar wordt gezien als een eigen taal, die onverbrekelijk met onze geest is verbonden. Belichaamd mentaliseren en belichaamde affectiviteit zijn daarbij belangrijke begrippen. Men spreekt ook wel van *right brain psychotherapy* of rechts-hemisferische psychotherapie (Schore 2019). Hoe dat neurofysiologisch en neuroanatomisch in elkaar zit, komt aan de orde in het volgende hoofdstuk.

Literatuur

Anzieu, D. (1985). *The skin ego*. New Haven: Yale University Press.
Aron, L., & Harris, A. (2010). Sándor Ferenczi. Discovery and rediscovery. *Psychoanalytic Perspectives, 7*, 5–42.
Aisenstein, M. (2006). The indissociable unity of psyche and soma: A view from the Paris psychosomatic school. *International Journal of Psychoanalysis, 87*, 667–680.
Aisenstein, M. (2008). Beyond the dualism of psyche and soma. *Journal of the American Academy of Psychoanalysis and dynamic psychiatry, 36*, 103–123.
Bion, W. R. (1967). *Second thoughts*. Londen: Heinemann.
Bucci, W. (1997). Symptoms and symbols: A multiple code theory of somatization. *Psychoanalytic Inquiry, 17*, 151–172.
Bucci, W. (2011). The role of subjectivity and intersubjectivity in the reconstruction of dissociated schemas. Converging perspectives from psychoanalysis, cognitive science and affective neuroscience. *Psychoanalytic Psychology, 28*, 247–266.
Calsius, J. (2017). *Werken aan een lichaam dat moeilijk doet. Een andere kijk op het psychosomatische lichaam in therapie*. Leuven: Acco.
Carignani, P. (2012). The body in psychoanalysis. *British Journal of Psychotherapy, 28*, 288–318.
Carvalho, R. (2012). II. A brief introduction to the thought of Armando B. Ferrari. *British Journal of Psychotherapy, 28*, 413–434.
Chodoff, P. (1982). Hysteria and women. *American Journal of Psychiatry, 139*, 545–551.
Cixous, H. (1976). *Portrait de Dora*. Parijs: Éditions des femmes.
Coffeng, A., & Vlerick, E. (2008). Focusing en de experiëntiële aspecten van psychotherapie. In G. Lietaer, G. Vanaerschot, H. Snijders & R. J. Takens (red.), *Handboek Gesprekstherapie*. Utrecht: De Tijdstroom.
Cornell, W. (2015). *Somatic experiencing in psychoanalysis and psychotherapy*. New York: Routledge.
David-Ménard, M. (1989). *Hysteria from Freud to Lacan. Body and language in psychoanalysis* (vert. Catherine Porter). Ithaca: Cornell University Press.
Didi-Huberman, G. (1982). *Invention de l'Hysterie. Charcot et l'iconographie photographique de la Salpetriere*. Parijs: Macula.
Fenichel, O. (1946). *The psychoanalytic theopry of neuroses*. Londen: Routledge.
Ferenczi, S. (1949). Confusion of tongues between adults and the child. *International Journal of Psychoanalysis, 30*, 225–230.
Ferrari, A. B. (2004). *From the eclipse of the body to the dawn of thought*. Londen: Free Association Books.
Freud, S. (1940). *Hoofdlijnen van de psychoanalyse. Inleiding in de psychoanalyse 4* (vertaling Thomas Grafdtijk, 1991) (pag. 73–150). Meppel: Boom.
Freud, S., & Breuer, J. (1895). *Studies over hysterie* (vertaling van *Studien über hysterie* door Wilfred van Oranje). *Klinische beschouwingen deel 5*. Amsterdam: Boom.
Gay, P. (1989). *Freud: A life of our time* (pp. 577–585). New York: Doubleday.
Irigaray, L. (1977). *Ce sexe qui n'en est pas un*. Parijs: Editions de Minuit.
Jaeger, Ph. (2019). The ideas of the Paris psychosomatic school. *International Journal of Psychoanalysis, 100*, 754–768.
King, H. (1993). Once upon a text. Hysteria from Hippocrates. In S. Gilman, H. King, R. Porter, G. S. Rousseau & E. Showalter (Eds.), *Hysteria beyond Freud* (pp. 3–90). Berkeley: University of California Press.
King, H., Porter, R., Rousseau, G. S., & Showalter, E. (1993). *Hysteria beyond Freud* (pp. 3–90). Berkeley: University of California Press.
Laplanche, J. (1974). Panel on hysteria today. *International Journal of Psychoanalysis, 55*, 459–469.

Literatuur

Laqueur, T. (1990). *Making sex, body and gender from the Greeks to Freud*. Cambridge (MA): Harvard University Press.
Lemma, A. (2010). *Under the skin. A psychoanalytic study of body modification*. New York: Routledge.
Lemma, A. (2015). *Minding the body*. New York: Routledge.
Levine, P. (2011). *De stem van je lichaam*. Haarlem: Altamira.
Lombardi, R. (2017). *Body-mind dissociation in psychoanalysis*. New York: Routledge.
Lowen, A. (1958). *The language of the body. Physical dynamics of character structure*. New York: MacMillan.
Marlock, G., & Weiss, H. (2015). The field of body psychotherapy. In G. Marlock & H. Weiss (red.), *The handbook of body psychotherapy and somatic psychology*. Berkeley (CA): North Atlantic Books.
Marty, P., De M'Uzan, M., & David, C. (1994). *L'ínvestigation psychosomatique: Sept observations cliniques*. Parijs: PUF.
McDougall, J. (1989). *Theatres of the body: A psychoanalytical approach to psychosomatic diseases*. Londen: Free Association books.
Micale, M. S. (1995). *Approaching Hysteria. Disease and its interpretations*. New Jersey: Princeton University Press.
Moussaieff Masson, J. (1984). *The assault on truth*. New York: Farrar Strauss & Giroux.
Ogden, P., & Fisher, J. (2015). *Sensorimotor psychotherapy*. New York: Norton.
Ogden, P., Minton, K., & Pain, C. (2006). *Trauma and the body: A sensorimotor approach to psychotherapy*. New York: Norton.
Plooij, E. (2005). Haptotherapie. *Praktijk en theorie*. Amsterdam: Harcourt.
Reich, W. (1933). *Character analysis* (Eng. vert van Character Analyse). New York: Farrar, Strauss & Giroux.
Rubin, L. R. (2003). Wilhelm Reich and Anna Freud: His expulsion from psychoanalysis. *International Forum of Psychoanalysis, 12*, 109–117.
Schore, A. N. (2019). *Right brain Psychotherapy*. New York: Norton.
Showalter, E. (1993). *Hysteria beyond Freud* (pp. 286–344). Berkeley: University of California Press.
Sletvold, J. (2014). *The embodied analyst. From Freud and Reich to relationality*. New York: Routledge.
Van der Kolk, B. (2014). *The body keeps the score*. New York: Viking.

Geraadpleegde literatuur

Perquin, L., & Van Campen, L. (2014). Heel worden: terugvinden wat verloren ging. *Tijdschrift voor Pesso-psychotherapie*, 21–41.
Van Attekum, M. (1997). *Aan den lijve*. Lisse: Swets & Zeitlinger.

Het lichaam beleefd: de linker- en de rechterhemisfeer

De rechterhemisfeer – 37

Wat is nu de wijze van in de wereld zijn van de rechterhersenhelft? – 40

Emotieregulatie – 41

Non-verbale communicatie – 42

Literatuur – 43

© Bohn Stafleu van Loghum is een imprint van Springer Media B.V., onderdeel van Springer Nature 2020
N. Nicolai, *In levende lijve: het lichaam in de psychotherapie*,
https://doi.org/10.1007/978-90-368-2499-6_3

> [...] the *unrepressed unconscious* may find in the implicit memory its own organization, promoted by the activation of the amygdala which presides over the emotions (...).
> It seems to be located in the posterior associative cortical areas (temporal–occipital–parietal) of the right hemisphere, as well as in the basal ganglia and in the cerebellum (Mauro Mancia 2006, pag. 89).

Het lichaam is gevangen in verschillende denkkaders: het medische, het juridische, het sociologische. Het medische, fysiologische en anatomische denkkader betreft het lichaam als objectief geheel, waarin zich een hart en longen, spieren, zenuwen, hersenen en ingewanden bevinden. In het juridische denkkader gaat het over het recht op lichamelijke integriteit, maar ook over genetische afkomst, autonomie en verantwoordelijkheid. In het sociologische denkkader is het lichaam mannelijk of vrouwelijk en volwassen of dat van een kind. Het lichaam maakt deel uit van een sociaal geheel: een gezin, een familie, een volk, een staat of een werelddeel. Het lichaam is gevangen in de taal, namelijk de taal die je als kind wel of niet leert spreken. Zo leer je dat buikpijn wel of geen aandacht wekt en dat koorts betekent dat je naar bed moet met een *Donald Duck* en limonade op je nachtkastje. Je lichaam is een ding, een instrument om de wereld mee te veroveren, om mee te zien, te horen, te ruiken en te voelen. Het is een instrument om mee te spelen en te rennen, je kunt je handen gebruiken, je kunt er brommer mee rijden of seks mee hebben. Het is een instrument om mee te strelen of mee in iemands armen te liggen, een instrument om te omhelzen en in slaap te wiegen.

Maar het lichaam is ook een plaats waar je in beleeft wat je denkt, voelt en droomt. Voor sommige mensen is het lichaam een vijandelijk terrein vol mijnen en valkuilen, gevaren en angst. De angst om uit elkaar te vallen. De angst voor een invasie van vreemde elementen: bacteriën of kankercellen. Deze angst wordt vormgegeven in films als *Alien* of *The invasion of the body snatchers*. De angst kan ook over vergiftiging gaan: de angst door iemand vergiftigd te worden. Of besmet, wat kan leiden tot smetvrees. Het lichaam kan veel voelen, veel angst en allerlei lichamelijke verschijnselen die een mens niet kan plaatsen. Dat kan leiden tot tobberij en gepieker over al of niet vermeende kwalen: hypochondrie. Het lichaam is dus bij uitstek de plek voor gevoelens. Emoties maken zich in de eerste plaats lichamelijk kenbaar, in de vorm van knikkende knieën, hartkloppingen, een gevoel van lichtheid, zweven of duizeligheid. Zoals ik al eerder aangaf, is het opvallend dat 'positieve' emoties zich letterlijk uiten als lichter of luchtiger worden ('opgelucht'), terwijl 'negatieve' emoties met een gevoel van zwaarte gepaard gaan: 'Mijn hart zinkt in mijn schoenen.'

Hoe we emoties beleven is in de eerste plaats een functie van de rechterhemisfeer. Volgens de huidige affectieve neurowetenschap (Panksepp 1998; Panksepp en Biven 2012) komen emoties voort uit de hersenstam. Zij vervolgen hun weg door het limbisch systeem en bereiken dan de neocortex, het deel van het brein waarmee wij betekenis kunnen geven. De 'affecten' of primaire emoties zijn zoals men dat noemt 'subcorticaal'. Zij werken onbewust, wat wil zeggen dat ze opkomen zonder dat we het willen of in de gaten hebben. De affecten zijn echter volgens Mark Solms (2015) wel bewust in hun lichamelijke effecten, zoals huilen, lachen, wegrennen, gebalde vuisten en dergelijke. Ze komen en gaan; je kunt er alleen niet over denken. En ze maken lichamelijk deel uit van onze evolutionaire erfenis van ingebouwde systemen.

De zeven systemen die Panksepp beschrijft, delen wij met alle zoogdieren. Het betreft hier ZOEKEN, ANGST, WOEDE, LUST, (BROED)ZORG/HECHTING, SEPARATIE/PANIEK en SPELEN (de termen staan in hoofdletters om aan te geven dat het om een systeem gaat en niet om gedrag). Deze zijn in ons brein verankerd. Ze komen terug in ▶ H. 6.

> ZOEKEN: aandacht, appetijt, motivatie en beloning
> ANGST: vrees, makkelijk te conditioneren
> WOEDE: bij frustratie van basale behoeften
> LUST: seksuele drift
> (BROED)ZORG/HECHTING: ouderzorg
> SEPARATIE/PANIEK: verdriet en gehechtheid
> SPELEN: stoeien, creatie, dominantie, competentie

De rechterhemisfeer

Volgens vele denkers, onder wie McGilchrist (2009) en Allan Schore (1994), is de voornaamste functie van de rechterhemisfeer de beleving van het lichaam en affecten. In de jaren tachtig van de vorige eeuw was het gebruikelijk links en rechts scherp te onderscheiden; links was verantwoordelijk voor logica en redeneren en rechts voor emoties en globale, intuïtieve kennis. Het is niet verwonderlijk dat daaraan seksestereotiepe conclusies verbonden werden. Maar zo simpel is het niet. McGilchrist (2009) wijst op de enorme hoeveelheid verbindingen links en rechts, verbonden door een dikke vezelbundel: het corpus callosum. Je kunt niet zo makkelijk stellen dat er geen informatiestromen door alle delen van de hersenen gaan. Toch is hij ervan overtuigd dat er grote verschillen tussen beide hersenhelften bestaan, niet in functie, maar in hun wijze van 'in de wereld staan'. Dat wordt ondersteund door ervaringen zoals die van Jill Bolte Taylor, een neuroanatome die op jonge leeftijd werd getroffen door een hersenbloeding in haar linkerhersenhelft. In haar boek *A stroke of insight* (2009) beschrijft ze hoe ze na het uitvallen van haar taalvermogen overgeleverd was aan een vredige staat van contact met zichzelf en de wereld die zij alleen kende van meditatie. Na haar herstel heeft ze overal ter wereld lezingen gehouden om haar ervaringen uit te leggen. McGilchrist (2009) stelt dat het de functie van de linkerhemisfeer is om die van de rechterhemisfeer te remmen. Vandaar dat hij de rechterhemisfeer de 'Master', de meester, noemt en de linker de 'Emissary', de afgezant. De linkerhemisfeer is soms te veel geneigd het over te nemen. In het tweede deel van zijn boek bespreekt McGilchrist (2009) periodes in de geschiedenis waarin 'links' het te veel overneemt van 'rechts'. De industrialisatie en de huidige technologische revolutie leggen het zwaartepunt bij een 'linkszijdige' kijk op de wereld. De romantiek vertegenwoordigde een meer emotionele, rechtszijdige wijze van zijn.

> Hier volgt enige uitleg voor degenen die hun kennis van de hersenen graag even willen opfrissen. De hersenen zijn verdeeld in twee helften, links en rechts, verbonden door een stevig middenstuk. Functioneel zijn de hersenen te onderscheiden in vier delen: de grote hersenen, de kleine hersenen, de hersenstam en het diencephalon of de tussenhersenen. De grote hersenen, het cerebrum of het telencephalon, zijn wat je het eerst opvalt aan de hersenen: een walnootachtig geheel, met vele groeven en windingen. Dit gedeelte regelt gedachtes en controleert bewegingen en emoties, planning, spreken, ruiken, zien, horen en proeven. Het staat dus in direct contact met de zintuigen, die zich op de tast na goeddeels in het gezicht bevinden. De kleine hersenen of het cerebellum – die verantwoordelijk zijn voor de integratie en soepelheid van bewegingen in relatie tot evenwicht – zitten als het ware achter onderop.

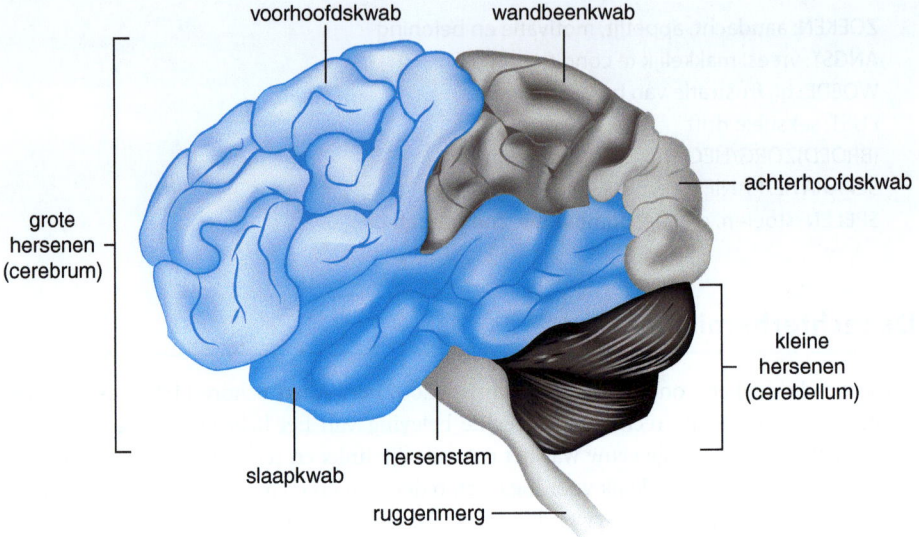

▪ Figuur 1   Een overzicht van de hersenen

Onder de kleine hersenen zit de hersenstam. Dit is het onderste stukje van de hersenen, dat het ruggenmerg met de hersenen verbindt. De hersenstam regelt lichamelijke processen als de spijsvertering, ademhaling, bloedsomloop, slapen en wakker worden, bewustzijn en de reflexen. Beschadigingen daar geven bewustzijnsstoringen. Het diencephalon of de tussenhersenen kun je niet direct zien, maar dit primitievere deel van de hersenen ligt tussen de hersenstam en de grote hersenen. De regelcentra zijn de thalamus en de hypothalamus. De thalamus verbindt het ruggenmerg met de grote hersenen en filtert prikkels daartussen. Hij is het belangrijkste schakelstation voor impulsen uit de zintuigen. Zo kan de thalamus er bij concentratie op een specifieke bezigheid voor zorgen dat je andere impulsen minder bewust waarneemt. De hypothalamus bestaat uit een aantal centra voor het regelen van de homeostase (o.a. bloeddruk, temperatuur, honger en dorst). Hij verbindt het zenuwstelsel met het hormoonstelsel van de mens. Hij staat in contact met de hypofyse, een belangrijk orgaan onder aan de hersenen, die hormonen aanmaakt en andere hormooncentra afremt of stimuleert, en dus in direct contact staat met het lichaam via het bloed (▪ fig. 1).

De grote hersenen of het cerebrum hebben verschillende delen, met verschillende functies.

De zijkanten van de hersenen bestaan deels uit schors die direct verantwoordelijk is voor de verwerking van zintuiglijke informatie en van sensorische en motorische informatie uit het lichaam. Deze hersendelen zijn ook verantwoordelijk voor lezen, rekenen en ruimtelijk inzicht.

De zijkant van de voorhoofdskwab in de helft die niet dominant is (dus links bij rechtshandige mensen), bevat de taalcentra: het gebied van Broca en het gebied van Wernicke. Ook bij de meeste linkshandige mensen zitten de taalcentra links.

De voorhoofdskwabben of de frontale cortex zijn het grootst: ze zijn als het ware geplooid rondom de rest van de hersenen. Deze zijn verantwoordelijk voor de controle over emoties, gedachten en gedrag, en voor inzicht, reflectie en concepten. De achterste of de occipitale kwab is verantwoordelijk voor het zien.

De slaapkwab speelt een rol bij het onthouden en herkennen van mensen en het terughalen van herinneringen. Beschadigingen daar geven ook een gevoel van religieuze inspiratie. Temporale epilepsie geeft een gevoel van depersonalisatie, en in het kleine stukje schors dat binnen in de windingen zit tussen de temporaalkwab en de grote hersenen zit de *insula*, het 'eilandje' dat belangrijk is bij de informatieverwerking van het innerlijke lichaam.

Het *limbisch systeem* is het centrale deel van de hersenen dat aan het eind van de hersenstam ligt, onder de grote hersenen. Het bestaat uit een aantal onderling verbonden gebieden die betrokken zijn bij emotioneel gedrag, stemmingen en onbewust en instinctief gedrag.

Onderdeel van het limbisch systeem zijn:

- De amygdala: belangrijk bij de ervaring van angst. De amygdala krijgt informatie vanuit het lichaam en vanuit de buitenwereld, en stuurt informatie naar de insula, waar twee zaken kunnen gebeuren:
  1. er is gevaar, dat leidt tot remming van het vermogen tot symboliseren of mentaliseren en zet de amygdala aan om over te gaan tot de snelle *quick-and-dirty* reactie van vechten, vluchten of verstijven;
  2. er is geen signaal van gevaar, en de insula zendt de informatie naar de frontale hersenschors, de cortex, waar zij wordt bewerkt, overdacht, in relatie met de – remmende – prefrontale cortex, en wordt gekoppeld aan herinneringen, verbeelding en aan taal.
- De cingulaire cortex: de cingulaire cortex (of cingulaire hersenschors, of cortex singularis anterior) is betrokken bij de verwerking van pijn en emoties en bij leren. Hij maakt deel uit van de gyrus cinguli (*gordelwinding*), die om de hersenbalk heen ligt. De cingulaire cortex ontvangt informatie van onder andere de thalamus en de neocortex en let specifiek op gebeurtenissen die een reactie vereisen. Het gebied integreert de aandacht, het geheugen en de keuze van reacties.
- De fornix: dit is een gebogen bundel zenuwvezels die twee richtingsverkeer heeft met de corpora mamillaria en de hippocampus. Ze spelen een rol bij gevoelens, leren en motivering.
- De hippocampus: deze regelt het autobiografisch geheugen.
- De hypothalamus en de thalamus.

Belangrijk is dat de hersenen bestaan uit zenuwvezels en ondersteunende cellen, de gliacellen. De zenuwvezels of neuronen hebben uitlopers die verbinding maken met (de uitlopers van) andere zenuwvezels. Een zenuwvezel kan behoorlijk lang zijn; het aantal verbindingen loopt in de miljarden. De verbinding verloopt met neurotransmitters via de ruimte tussen de zenuwuiteindes, waardoor een elektrisch stroompje wordt gegenereerd, wat te meten is. De hersenen zijn een dynamisch systeem dat voortdurend in beweging is, een zoemend, geladen geheel. De ruststand, de *default mode*, is wat in de psychoanalyse het primaire proces wordt genoemd. In de moderne neurowetenschappen ziet men, zoals ik al eerder aangaf, de hersenen als een voorspellende machine, een inferentiemachine. Het brein

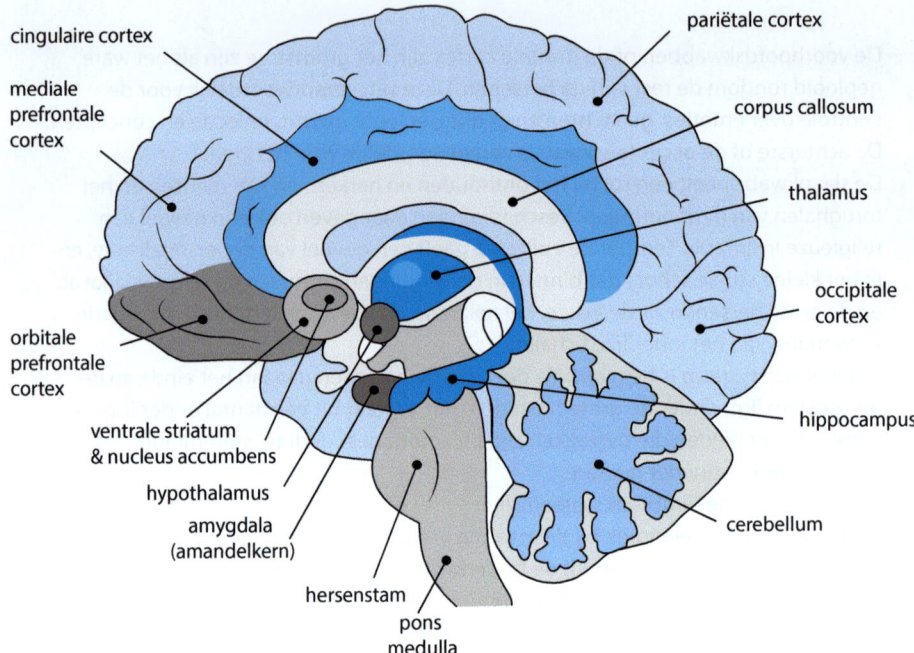

Figuur 2 Structuren van de rechterhersenhelft

is voortdurend bezig voorspellingen te doen over wat er zich buiten én binnen afspeelt. Dit wordt het theorema van Bayes genoemd. Het brein gebruikt modellen om de input van buiten te voorspellen en probeert de kans op missers, dus foutieve voorspellingen, zo veel mogelijk te verkleinen en dus de vrije energie zo laag mogelijk te houden. De vrije energie is de verrassing of de verbazing als een voorspelling niet uitkomt (Friston 2009; Carhart-Haris en Friston 2010). Friston en Frith (2015; zie ook ▶ H. 1) beschrijft het brein als een voortdurend kansen berekenende en voorspellende eenheid (Friston 2009). Een voorbeeld: je ziet iets vliegen in de lucht, het is zwart en landt in een boom. De kans dat dit een vogel is, is groter dan de kans dat dit een zwarte ballon is. Als je goed kijkt en waarneemt dat het wel een zwarte ballon is, dan is je voorspelling fout geweest en moet je die dus bijstellen.

Wat is nu de wijze van in de wereld zijn van de rechterhersenhelft?

De rechterhemisfeer heeft meer neuronen, meer netwerken en meer connectiviteit, de linkerhemisfeer heeft meer cellen. Links zit het spraakcentrum, meestal ook bij linkshandigen. Links heeft de neiging te analyseren en bij een focaal probleem te blijven stilstaan. Rechts is flexibeler, meer gericht op mogelijkheden, creatiever en meer gericht op de integratie van percepties en ervaringen. Rechts is gevoeliger voor testosteron en psychofarmaca. Wat de aandacht betreft is rechts *on the look-out*: globaal en breed, alerter en waakzaam wat betreft alles wat er in de periferie kan gebeuren. Links is meer gecentreerd en gefocust (◘ fig. 2).

De rechterhemisfeer is dus verantwoordelijk voor alle aandachtsfuncties, behalve die van de focale, geconcentreerde aandacht. Links ziet meer deelobjecten, rechts meer het geheel. Rechts is de *presentie* van de ervaring, de onmiddellijke ervaring. Links zorgt voor de representatie. Rechts is in staat complexe patronen te onderscheiden in de context. Hoewel het taalvermogen linkszijdig is, is het vermogen om de ironie, de context, de metaforiek en de toonhoogte en zinsmelodie te onderkennen een functie van de rechterhersenhelft. Rechts is dus bijvoorbeeld nodig om een cabaretier te waarderen. Rechts is ook belangrijk om metaforen te begrijpen en te kunnen symboliseren, in samenwerking met links. Links alleen heeft de neiging heel concreet te blijven, te denken in concrete ervaringen en in termen van handelingen. We komen op het onderscheid concreet en symbolisch nog terug.

Links is nodig om een spreadsheet te kunnen lezen. Rechts is gericht op het persoonlijke, het unieke, en rechts is gevoeliger voor de persoonlijke herinneringen (de rechter temporaalkwab), terwijl links meer gericht is op publieke herinneringen, zoals – klassiek – de dood van Kennedy of de aanslag op de Twin Towers. Links is grijpen; ook bij linkshandigen wordt de linkerhemisfeer geactiveerd als de hand zich uitstrekt om iets vast te pakken. Links is meer gericht op het gebruik van instrumenten: (hamer, schroevendraaier, auto's). Links gebruikt ook taal als instrument en is meer gericht op logica en inhoud dan op het betrekkingsaspect. Links heeft ook een mechanistische visie op het lichaam. Vanuit de linkerhemisfeer beschouwt de mens het lichaam als een machine met aparte onderdelen. Die mechanistische visie zie je terug bij mensen die heel concreet denken, zoals bij mensen met een autismespectrumstoornis of alexithymie. Rechts is meer gericht op de onderlinge relaties, ook tussen lichaamsdelen. Zonder de activiteit van de rechterhemisfeer zou er geen dans, geen muziek en geen poëzie zijn. Rechts is gevoelig voor muziek en emoties die opgewekt worden door timbre, harmonie en melodie. De filosofe Suzanne Langer schrijft (1942): 'Muziek heeft het vermogen om emoties en stemmingen op te roepen die we nooit eerder voelden, passies die we nooit eerder kenden.' Ritme is aanvankelijk meer linkszijdig. Musici leren later in hun muzikale opvoeding links en rechts in evenwicht met elkaar te brengen.

Emotieregulatie

De rechterhemisfeer is geneigd de 'negatieve' emoties sterker waar te nemen. Verdrietige, wanhopige, pessimistische aspecten worden door de rechterhemisfeer krachtiger beleefd dan de positieve affecten. Dat blijkt uit onderzoek naar patiënten met een laesie, respectievelijk in de linker- en in de rechterhemisfeer. Patiënten met een laesie links, bij wie dus de rechterhemisfeer overheerst, zijn realistisch, maar ook pessimistischer. Andersom is de stemming en de affectieve kleur van iemand met een laesie rechts overmatig positief, met ontkenning van wat er eigenlijk aan de hand is.

Zowel empathie als de theory of mind is rechtshemisferisch. De rechterhemisfeer wordt geactiveerd als we een mens iets zien doen, niet als we een robot iets zien doen. De rechter orbitofrontale cortex is betrokken bij emotieregulatie: deze heeft meer connecties met het rechter limbisch systeem. De hypothalamus-hypofyse-bijnier-as (HPA-as) wordt gereguleerd door de rechter frontale pool, dat wil zeggen de voorste delen van de cortex. De rechter frontotemporale cortex remt een teveel aan arousal. Rechts is dus betrokken bij de onbewuste, impliciete regulering van lichamelijke ervaringen. Rechts leest emoties van anderen af aan de ogen, terwijl links dat aan de mond doet.

Alle emoties worden ervaren en uitgedrukt door de rechterhemisfeer, behalve woede, die links frontaal actief is. Agressie is namelijk motivatie en actie, en daarin speelt dopamine een centrale rol.

Gezichtsherkenning verloopt via de rechter superieure temporale sulcus (STS). Ook de expressie van lachen en huilen (met tranen) is rechtshemisferisch. Baby's liggen bij voorkeur in de rechterarm met hun gezichtjes naar links, zodat zij meer zicht hebben op de expressievere linkerkant van het gezicht van de ander (die door de rechterhemisfeer geactiveerd wordt). Gezichtsherkenning is een functie van de rechter middelste fusiforme gyrus. Als daar een belemmering in is, ontstaat *prosopagnosie*: het onvermogen gezichten te onderscheiden. Zoals we al eerder zagen is de rechterhemisfeer belangrijk voor de regulering van emoties,

'Emotion is inseparable from the body in which it is felt and emotion is also the basis for our engagement with the world', schrijft McGilchrist (2009, pag. 66). Maar de ervaring van het belichaamd zijn is bij uitstek een rechtshemisferisch gebeuren. De rechterhemisfeer heeft meer contact met wat er fysiologisch in het lichaam gebeurt, de veranderingen die bij emoties horen, in het bijzonder het sympathische zenuwstelsel. Dat is het deel van het autonome zenuwstelsel dat ons ertoe aanzet te vluchten, te vechten of te verstijven. Maar rechts is ook gevoeliger voor aanraking, dus in de linker lichaamshelft. De parasympathische kant van het autonome zenuwstelsel, die tot rust en reparatie beweegt, is meer onder invloed van de linkerhemisfeer. We zien deze kanten terug in het volgende hoofdstuk.

Het belichaamde zelf wordt geïntegreerd in de rechter insula: een levend beeld, intiem verbonden met onze activiteit in de wereld, een affectieve ervaring.

Interoceptie – het voelen wat je lichaam voelt, waarover verderop meer – is een rechtszijdige activiteit. Juist deze verbinding is verbroken bij anorexie en bij de ingebeelde lelijkheid, de stoornis van de lichaamsbeleving (*body dismorphic disorder*). McGilchrist (2009) beschrijft een patiënte met een langdurige en ernstige anorexia nervosa, die een linkszijdige beroerte kreeg met uitval van de sensorische en motorische functies van de rechterkant van haar lichaam en daardoor herstelde van de anorexie. Hij stelt dat bij sommige stoornissen van het lichaamsgevoel, links de rechterkant te veel overheerst en straft. Datzelfde geldt voor zelfbeschadiging en dissociatieve stoornissen.

Op een iets andere wijze is er ook bij autismespectrumstoornissen een disbalans tussen de linker- en de rechterhemisfeer. Deze hypothese komt verderop terug.

Non-verbale communicatie

Ook de non-verbale communicatie komt van rechts. Het onbewust lezen van gezichtsuitdrukkingen van anderen is ook rechtshemisferisch (Schore 1994). Binnen 300–400 milliseconden worden de gezichtsuitdrukkingen van de een en de ander gesynchroniseerd en gematcht. Er is veel onderzoek waaruit blijkt dat de spieren in je gezicht, of je het nu wilt of niet, dezelfde patronen hebben als die in het gezicht van degene naar wie je kijkt. Dat is te meten met sensoren die minuscule spierbewegingen meten, bijvoorbeeld in de M. frontalis, de voorhoofdsspier. Dat proces is niet bewust; we hebben het niet in de gaten en noemen het een 'wij'-gevoel. Het is ook niet voor niets dat in de hele vroege jeugd de rechterhemisfeer het hardst groeit en bloeit. Rechts vuren de neuronen van kleine baby's synchroon met die van hun moeder, terwijl ze kijken naar haar ogen, haar geur ruiken, haar melk proeven en haar huid betasten. Soms gebruiken jonge kinderen alle zintuigen om hun moeder letterlijk te incorporeren: je ziet ze soms kleine hapjes nemen uit haar vel. De eerste lichaamssensaties en -verkenningen ontstaan uit een zee van patronen die aan het ontstaan zijn; de moeder is daarin een boei, tot de aangeboren behoefte aan patroonherkenning van een mensenbaby voldoende houvast heeft. Een pasgeboren baby is een wezen dat patronen probeert te herkennen. Men neemt aan dat deze patronen in het begin nog ongevormd zijn en dat er in de loop van de eerste weken patronen ontstaan. Dat is onder meer te merken aan het ontstaan van een dag-nachtritme, een honger- en verteringspatroon (hoeveel tijd tussen de voedingen) en aan het eerste lachje met vier weken.

Rechts is in ieder geval beter in het interpreteren van subliminale prikkels, die we impliciet noemen. Links neigt tot confabuleren: een verhaal maken uit de aanwezige informatie en 'doen of dat de waarheid is'. Links schematiseert, ziet geen diepte, ziet eendimensionaal, terwijl rechts meer diepte in de ruimte ziet.

Over het algemeen kun je zeggen dat rechts informatie uit de buitenwereld oppikt tot die bekend is en terug kan zakken naar het onbewuste, automatische en impliciete onbewuste. Links neemt het dan over, met een theorie en de neiging al het ambigue uit te sluiten. Links onderdrukt ook de ambigue en 'negatieve' emoties.

Samengevat kun je stellen dat de linker- en de rechterhemisfeer twee verschillende wijzen van zijn vertegenwoordigen: de een is de presentie, de ander is de representatie die wij nodig hebben om met de wereld om ons heen om te gaan en deze te vormen. De hersenen zijn dynamisch en plastisch, en de delen staan voortdurend in verbinding met elkaar; je mag niet zomaar stellen dat rechts en links anders 'denken'. Het zijn twee aanvullende wijzen van in de wereld zijn. Idealiter is er een evenwicht. Maar omdat de wereld in zekere mate een linkszijdige technologische en instrumentele wijze van denken bevoorrecht, delft de rechter wijze van in de wereld staan vaak het onderspit. Dat veel mensen intuïtief aanvoelen dat dat aan de gang is, bewijst de groeiende behoefte aan yoga, meditatie en spirituele ontwikkeling in onze samenleving. Een tekort aan connectie tussen links en rechts leidt tot een zekere mate van concreet en niet beeldend of symbolisch denken en tot verlies van contact met wat er in het lichaam speelt. Een teveel aan linkshemisferische activiteit remt, inhibeert de ervaring van lichamelijke sensaties en affecten, maar maakt het ook moeilijk om deze te incorporeren als belangrijk voor het gevoel een zelf te zijn.

Literatuur

Carhart-Harris, R. L., & Friston, K. (2010). The default mode, ego-functions and free energy: A neurobiological account of Freudian ideas. *Brain, 133*(4), 1265-1283.
Friston, K. (2009). The free energy principle: A rough guide to the brain. *Trends in Cognitive Science, 13,* 293-301.
Friston, K., & Frith, C. (2015). A duet for one. *Consciousness and Cognition.* ▶ https://doi.org/10.1016/jconcog.2014.12.03.
Langer, S. (1942). *Philosophy in a new key. A study in the symbolism of reason, rote and art.* Cambridge (MA): Harvard University Press.
Mancia, M. (2006). Implicit memory and early repressed unconscious: Their role in the therapeutic process (how the neurosciences can contribute to psychoanalysis). *International Journal of Psychoanalysis, 87,* 83-103.

McGilchrist, I. (2009). *The master and his emissary. The divided brain and the making of the western world.* New Haven: Yale University Press.
Panksepp, J. (1998). *Affective neuroscience.* Oxford: Oxford University Press.
Panksepp, J., & Biven, L. (2012). *The archaeology of mind.* New York: Norton.
Schore, A. N. (1994). *Affect regulation and the origin of the self.* New York: Norton.
Solms, M. (2015). *The feeling brain.* Londen: Karnac.
Taylor, J. B. (2009). *A stroke of insight.* Londen: Hodder & Stoughton.

Grenzen

Aanraking: van huid en haar – 46

De rol van aanraking – 47

Sociale aanraking in de ontwikkeling – 48

Aanraking in de psychotherapie – 50

De grens tussen het zelf en de buitenwereld – 51

Literatuur – 52

Social touch is a powerful force in human development, shaping social reward, attachment, cognitive, communication and emotional regulation from infancy and throughout life (Cascio et al. 2019, pag. 5)

Aanraking: van huid en haar

Een klein meisje legt uit dat ze vroeger altijd een dier was, bedekt met haren.

> Wat ik dan een dergelijk beetje voelde, dat deed ik met mijn vel, mijn huid en haar, stel je voor die duizenden, scherpe, glanzende dennennaaldachtige of wollige, veerkrachtige en onbeschrijflijk fijne, al die haren waarschuwen mij als achter mij iets zou gaan gebeuren. Mijn lichaam wist gewoon alles. Ik hoefde helemaal nergens over na te denken! Mijn vel deed dat voor mij door middel van al dat bont.
> (Fritzi Harmsen van Beek in een brief, vermeld in de biografie van Maaike Meijer (2018, pag. 357))

Aanraking gebeurt via de huid. Aanraking blijkt veel belangrijker te zijn voor ons gevoel van lichamelijke en psychische integriteit dan we ons meestal realiseren. Zonder aanrakingen krijg je geen gevoel van lichaamseigenaarschap, het gevoel dat jij de eigenaar bent van dit lichaam dat je bent én bewoont. Het gevoel dat jij je lichaam *bent*, lijkt heel vanzelfsprekend, maar bij allerlei vormen van psychopathologie en neurologie is dit gevoel verstoord. Zo kennen we bij schizofrenie het probleem dat mensen zichzelf ervaren alsof *een ander* hun lichaam bestuurt. Bij depersonalisatie – vervreemding van jezelf – worden de eigen lichaamsdelen als vreemd en niet-eigen ervaren. Mensen zeggen: 'Ik weet dat het mijn hand is, maar het ziet eruit als een vreemd voorwerp. Niet van mij.' In de neurologie is bekend dat door beroertes en herseninfarcten in de rechterhersenhelft een specifiek symptoom ontstaat dat *neglect* heet. Alles wat zich links van de persoon afspeelt, wordt niet meer waargenomen, althans niet meer bewust. Want mensen botsen niet tegen de deurpost die zich links van hen bevindt. De beroemde neuroloog en schrijver Oliver Sacks (2010) beschrijft hoe een vrouw die hij met een speld in haar gevoelloze linkerhand had geprikt om haar te onderzoeken hem vervolgens vermeed. Ze had geen idee waarom. Ze brouwde er een verhaaltje van: dat hij leek op iemand anders. Dat noemen we een confabulatie, een typisch voorbeeld hoe de linkerhemisfeer ons voor de gek kan houden. Maar haar impliciete geheugen herkende de associatie met de prik die hij haar gaf.

Het merkwaardige is nu dat de linkerarm of het linkerbeen soms ervaren wordt als vreemd, als van *een ander*. Patiënten beschrijven bijvoorbeeld: 'Dat is het been van mijn broer; het is een eng been: het moet eruit. Uit het bed.' Soms gooien ze met kracht het vreemde lichaamsdeel uit bed. Maar ze gaan er natuurlijk zelf achteraan, en dat is uiterst lastig voor de verpleging. In een Londens laboratorium, het KatLab, vonden de Grieks-Britse neurowetenschapper Aikaterini Fotopoulou en haar medewerkers dat door affectieve streling van die linkerarm, met een bepaalde kracht en frequentie, de arm weer als eigen werd beleefd. Ze onderzochten ook bij andere groepen patiënten wat de affectieve aanraking deed.

De vrouw met anorexie ervaart haar lichaam als een instrument, als een vreemd en onwillig voorwerp. Wie als kind seksueel misbruikt is en daarvoor uit haar lichaam trad, voelt haar lichaam niet meer, noch als zij zichzelf aanraakt, noch als een ander haar aanraakt. Dat heeft natuurlijk als winst dat ze geen pijn en angst of verwarring voelt, maar als verlies dat ze niet meer weet wie zij is. Het besef dat je eigenaar van je lichaam bent en weet wat het je vertelt, draagt bij aan het zelfvertrouwen. We leven in een tijd van grote nadruk op het visuele en cognitieve. In de psychologie hebben we het over cognities en mentaliseren, maar de rol van aanraking in de ontwikkeling van kinderen blijft dan onderbelicht.

In dit 'scopisch universum' waarin wij leven met beelden van sociale media, Instagram en YouTube is de aanraking ondergeschoffeld, en het verbaast niet dat wij daardoor een toename zien van stoornissen die te maken hebben met 'niet meer lekker in je vel zitten', zoals burn-out, overmatige stress, lichamelijke klachten en een verstoord lichaamsbeeld.

De rol van aanraking

» Zelfs de meest minimale aspecten van het Zelf, namelijk de gevoelens die horen bij een belichaamd subject, worden fundamenteel gevormd door de belichamende interacties met anderen in de vroege kindertijd en daarna (Fotopoulou en Tsakiris 2017, pag. 3).

Affectieve aanraking is dus een strelen van de (behaarde) huid. Deze aanraking maakt gebruik van een apart zenuwvezelsysteem, de C-tactiele afferente vezels, die aanwezig zijn op de huid, zoals die van gezicht, haar, armen, rug, benen, handen en voeten. Deze vezels lopen via de thalamus, het relaisstation in de hersenen, naar het achterste deel van de insula. De insula is, zoals we in ▶ H. 3 zagen, een deel van de hersenschors tussen slaapkwab en wandkwab, diep verscholen onder beide kwabben en het deel van de hersenen, dat verantwoordelijk is voor de beleving een lichaam te zijn.

De optimale snelheid van het strelen kan liggen tussen een en tien centimeter per seconde. De activering van deze C-afferente vezels loopt in de pas met ervaren prettige gevoelens. We moeten dit onderscheiden van wat *discriminatieve aanraking* wordt genoemd: de tast die kan onderscheiden of iets heet of koud, scherp of glad is, of je gestoken bent door een mug of door een brandnetel, de jeuk die je voelt van eczeem en de ruwheid van een pas gewassen handdoek. Dit wordt verzorgd door de gemyeliniseerde A-bèta- en A-delta-vezels, die vanuit de huid en het ruggenmerg naar de sensomotorische schors gaan. Waar we het nu over hebben is het rijk van de affectieve of sociale aanraking.

Volgens Fotopoulou en Tsakiris (2017) is een affectieve aanraking de beste manier om eigen affecten en die van degene die streelt te leren herkennen. Je leert dus door aanraking wat fijn en niet fijn is en wat schade aanricht en wat zorgend is. Aanraking is ook bij machte om pijn te verminderen. Het laten vasthouden van je hand bij een pijnlijke ingreep helpt de pijn draaglijk te maken, vertelt Tania Singer (Singer en Frith 2005).

Aanraking helpt bij het verdragen van sociale uitsluiting. Het geeft verbetering bij reumatoïde artritis en fibriomyalgie; het verandert namelijk de pijnmodulatie, door toename van mu-opioïden. Ook helpt affectieve aanraking teleurstellingen te verdragen, beter dan een verbale uiting van steun (Von Mohr et al. 2017). Aanraking leidt tot een verhoging van de oxytocinespiegel en tot een veilige gehechtheid.

De conclusie is dus dat ons lichaamsbeeld van jongs af aan gevoed, gevuld en geraakt wordt door de affectieve relatie met de zorgende ander en dat dat lichaamsbeeld stoelt op het letterlijk geraakt en aangeraakt worden. Het zelf is dus zowel lichamelijk als sociaal: het ontstaat vanuit een vroege interactie.

Affectieve aanraking is de laatste jaren uitgebreid onderzocht, niet alleen door Fotopoulou en Tsakiris, maar ook door Scandinaviërs als Hakan Olausson (Olausson et al. 2010). De laatste deed veel onderzoek naar de wijze waarop het prettige van een affectieve aanraking verweven is met de context, namelijk wie je aanraakt, wanneer dat gebeurt en hoe die ander gestemd is en of die ander wel of geen goede bedoelingen heeft. Dat is het #MeToo-terrein van de zogenoemde vaderlijke arm om de schouder van de jonge stagiaire. Jonge mannen die aangeraakt dachten te worden door een vrouw vonden dat prettig, maar niet als ze in de gaten kregen dat de streler een man was. Men vindt strelen fijn als het gezicht van de streler prettig en vrolijk is, niet als die persoon gemelijk kijkt, zelfs als het gaat om foto's en men weet dat degene die streelt een ander is dan op de foto's (Ellingsen et al. 2016). Affectieve aanraking is een uitstekend medium om de emoties van een ander te ervaren: je 'voelt' dat iemand het goed met je voorheeft. Mensen betalen meer fooi als de serveerster even hun hand of schouder aanraakt.

Aanraking kan pijn doen verminderen, maar het is ook zo dat pijn en negatieve emoties het plezier van een aanraking kunnen verminderen, zelfs zo dat een aanraking als pijn wordt ervaren en de emotie walging optreedt. Verwachtingen kleuren de wijze waarop je de streling ervaart, als prettig of juist onprettig, en dat heeft te maken met de remmende, sturende invloed van 'hogere' corticale functies. Deze verwachtingen zijn zelfs te sturen: proefpersonen die dachten een neusspray te krijgen die aanraking prettiger zou maken en pijn zou verminderen ervoeren ook dat dat het geval was. Op MRI-scans bleek de activiteit van de somatosensorische schors en de ventromediale prefontale cortex toe te nemen. De activiteit van de meer emotionele subcorticale delen van de hersenen, zoals de anterieure cingulaire cortex (ACC) – dat is de singel van hersenweefsel die de binnenkant van het brein bekleedt – en verder de nucleus accumbens, de amygdala en het periaqueductaal grijs (PAG), neemt bij zachte aanraking toe (Ellingsen et al. 2016). Mensen bij wie het placebo-effect het sterkst was, vertoonden in die gebieden de sterkste activiteit.

Fanny heeft chronische pijn door fibromyalgie. Ze ervaart ook zachte aanrakingen als brandend en pijnlijk.

Marcel heeft een ontsteking van de huid, waardoor zijn huid er rood en gezwollen uitziet. Hij verdraagt geen aanraking meer.

Nienke heeft een gescheurde spier: ze verdraagt het niet dat haar vriend haar aanraakt.

Pijn heeft net als sociale affectieve aanraking een interactionele betekenis. Het plezierige van een sociale aanraking is dus afhankelijk van de context en de geschiedenis.

Sociale aanraking in de ontwikkeling

Sociale aanraking is belangrijk aan het begin van ons leven, zelfs als we nog in de baarmoeder verkeren. De lange haartjes die een nog ongeboren kind heeft, het lanugohaar, worden hoogstwaarschijnlijk door beweging in het vruchtwater geraakt. Een hand op de buik door de moeder geeft al een verlaging van de hartslag bij de ongeboren baby. Huid-op-huidcontact kalmeert pasgeboren baby's, en we weten dat de meeste baby's het heerlijk vinden om gemasseerd te worden. Het plezierige van aangeraakt worden hangt niet alleen van de context af, maar ook van de kwaliteit van de aanraking en van de emotionele staat van degene die aanraakt.

De huid is een van de belangrijkste organen aan het begin van het bestaan van een baby: de zachtheid van de aanraking, de manier waarop een baby vastgehouden wordt of aanligt, de interactie tussen sensorische, kinesthetische ervaring en de houding is naast de blik, de glimlach tussen moeder en kind en de synchronisatie van het ritme van beweging, blikken en aandacht de voedingsbodem voor een veilige hechting, maar deze hechting is zowel lichamelijk als mentaal. Op dit moment in het leven zijn die nog niet te onderscheiden. Winnicott (1960) schrijft dat de psyche in het lichaam woont als een potentialiteit, een mogelijkheid. De centrale taak van de moeder c.q. de omgeving is *holding*, waarmee niet alleen letterlijk 'vasthouden' wordt bedoeld, maar ook een symbolisch 'vasthouden in de geest' van de ouder die de ontwikkelingsmogelijkheden de ruimte geeft. De huid is in deze fase de primaire grens tussen 'mij' en 'niet-mij'.

Aanraking troost en vermindert pijn, en niet alleen bij baby's trouwens, maar ook bij volwassenen.

Laura Crucianelli, een onderzoekster van het KatLab van Aikaterini Fotopoulou, vond (Crucianelli et al. 2019) dat kinderen van moeders die *mind-minded* waren en beter bij hen aansloten veiliger gehecht waren en ook meer lichamelijk contact met hun moeder zochten. *Mindmindedness* betekent dat iemand in staat is om mentale toestanden bij het eigen kind waar te nemen ('O, hij is verdrietig, want hij huilt nu') en tegelijkertijd te zien dat het kind andere gevoelens, wensen en perspectieven heeft dan hij of zij, dat het een eigen individuutje is en geen wezentje met behoeftes die vervuld moeten worden. Het eerste kenmerk van mindmindedness lijkt op mentaliseren (Fonagy et al. 2002). Het tweede – het herkennen van de individualiteit van je kind – ligt dicht bij de ontwikkeling van effectieve emotieregulatie, omdat de herkenning en spiegeling van de emotionele uitingen van een kind tot synchronie leiden. Mindminded moeders deden het beter dan moeders die niet aansloten bij de emoties van hun kinderen en aanraking vooral gebruikten om hun kinderen tot de orde te roepen. De kinderen van die laatste moeders vermeden hun moeder ook, wat een aardig voorbeeld is van wat Winnicott *impingement* noemde (zie ▶ H. 6). Aanraking heeft meerdere aspecten. Zij kan troosten, zij kan opwinden (denk aan kietelen), en zij kan ook niet contingent zijn met wat het kind doet: een kind rechtzetten, iets uit de handjes pakken, met een doekje het gezichtje poetsen, een truitje rechttrekken.

Het wezenlijke van aanraking is dat je altijd dicht bij elkaar moet zijn. Zij gaat dan ook gepaard met andere sensorische ervaringen: geuren, blikken en de woorden horen die met de aanraking gepaard gaan. De oorspronkelijke relatie tussen woorden en aanraking horen we nog terug in de uitdrukking dat wat iemand zegt, je kan 'raken'. Aanraking vindt dus plaats in een multisensorische context en wordt gekleurd door verwachtingen, maar leidt ook van onderaf, dus heel lichamelijk, tot een 'beter in je vel zitten'. Het is dus niet voor niets dat deze uitdrukking zoveel zeggingskracht heeft.

Aanraking blijkt een fundamentele component te zijn van de homeostatische regulatie die een ouder een kind verschaft. Moeders tillen hun kinderen op, zetten hen rechtop als ze kunnen zitten, dragen hen en gebruiken een aanraking om op iets te wijzen. Moeders raken kinderen aan, maar kinderen ook hun moeder. Kinderen raken haar gezicht aan, klimmen op schoot, lachen als ze een kusje krijgen, glimlachen als ze over hun wang worden geaaid. Kortom, in de aanraking vindt een hele serie gebeurtenissen plaats.

Maar als een moeder een kind aanraakt als het net aan het spelen is of door een post-partumdepressie niet aansluit bij de emoties van het kind, gaat een kind de moeder minder aanraken en opzoeken. Wanneer de emotionele toestand van een kind niet gespiegeld wordt, kan het leren dat het oorspronkelijke gevoel niet goed was. Vandaar uit kan het gaan voorspellen dat bepaalde mentale toestanden ongeoorloofd of gevaarlijk zijn. Dat weerspiegelt zich in de houding van het kind: het verstijft, trekt zich terug of draait weg. We zullen later zien dat dit wegdraaien, deze verankering in het lichaam, ook een ingang kan zijn voor bewustwording. Elke keer dat een patiënte in psychotherapie verstijft of wegdraait, blijkt een halfbewuste emotie te zijn ontstaan die nooit gespiegeld, beleefd en verwoord is en tot een affectfobische reactie heeft geleid.

Na de peutertijd krijgt de aanraking vorm in het stoeien, onderdeel van het SPELEN-systeem. Stoeien is van wezenlijk belang voor de ontwikkeling van de eigen kracht en eigen grenzen, maar geeft ook een positief gevoel, dat gepaard gaat met activering van het endogene opioïdensysteem. Moeders zijn in deze tijd eerder bezig met aanraking in het spel, maar ook met wat in de dierenwereld vlooien of *grooming* heet: huidonderhoud. De haren kammen, het gezicht poetsen, baden, afdrogen: aanraking blijft steeds gepaard gaan met positieve emoties. Naarmate een kind de latentieleeftijd bereikt, wordt aanraking thuis minder, maar neemt die onder leeftijdgenoten toe in het spelen en stoeien. Andere volwassenen dan de ouders raken het kind nu ook vaker aan: leerkrachten die een kind steunend aanraken, zorgen voor een betere taakopvatting, zo blijkt uit onderzoek (Cascio et al. 2019). Het is op die leeftijd belangrijk dat een kind leert om gewenste aanraking te zoeken en ongewenste te vermijden.

In de adolescentie wordt aanraking geërotiseerd of geseksualiseerd. Er begint nu een scheiding te ontstaan tussen de geslachten. Jongens raken vaker meisjes aan dan meisjes jongens. De werking van C-afferente aanraking, dus sociale aanraking op de behaarde huid, blijft als prettig ervaren worden, mits er keuzevrijheid blijft. Uit onderzoek blijkt dat het strelen van de huid tot op zeer hoge leeftijd prettig en betekenisvol blijft, ook al neemt de tast- en temperatuurzin af.

Dit geldt niet voor mensen met een subklinische vorm van autisme, die aanraking als zeer onplezierig ervaren. Dat speelt nog sterker bij jongeren met een autismespectrumstoornis (ASS); bij hen is een veranderde reactie aangetroffen. Kinderen en jongeren met ASS reageren bijzonder heftig en defensief op aanraking, vooral van hun gezicht en armen, met een verminderde respons, ten opzichte van die bij kinderen zonder ASS, in de hersengebieden die bij sociale aanraking betrokken zijn en een verhoogde reactie in de primaire somatosensorische schors. De huid is in de woorden van Winnicott en Didier Anzieu (1989) de eerste 'envelop' die zelf en ander scheidt en verbindt. Deze 'envelop' ontbreekt vaak bij mensen met ASS; zij leven als het ware zonder psychische opperhuid en zijn daarom extreem gevoelig voor prikkels van buitenaf.

Aanraking in de psychotherapie

Wij raken onze patiënten niet aan. Dat hoort niet, en dat mag niet. We hebben in de psychotherapie nu eenmaal te maken met een terechte angst voor grensoverschrijding, gezien de impliciete machtsongelijkheid. Er ontstaat nu eenmaal afhankelijkheid als een persoon zijn diepste gevoelens voorlegt aan een ander, die dat niet doet. Een heel enkele keer kunnen we misschien – met toestemming van de patiënt – een hand vasthouden als er erg veel verdriet geuit wordt. Het hele gebied van aanraking is niet ons terrein. Dat ligt misschien anders in de haptotherapie, maar die is niet het onderwerp van dit boek.

Wat wij er wel mee kunnen is onderzoeken of er voldoende aanraking is én was in het leven van onze patiënten, en of er sprake is geweest van ongewenste of grensoverschrijdende aanrakingen. Veel mensen – in elk geval in mijn praktijk – worden in hun volwassen leven zelden meer vastgehouden, gestreeld of geknuffeld, en dat wreekt zich in hun lichaamsgevoel. Wij stabiliseren door aanraking, en ons lichaam wordt daarmee van ons. Wij hebben plezier in aangeraakt worden; er worden endogene opioïden geactiveerd. De oxytocine die daarmee vrijkomt, maakt ons rustiger. Dat geldt overigens niet voor mensen met een borderlinestoornis. Bij hen werkt oxytocine averechts. Dat heeft hoogstwaarschijnlijk te maken met hun onderliggende gedesorganiseerde gehechtheidsstijl (Luyten en Fonagy 2015). Op desorganisatie kom ik nog terug.

De grens tussen het zelf en de buitenwereld

Er zijn nog twee andere grenzen tussen het zelf en de buitenwereld. Ons immuunsysteem is het eerste systeem, het tweede is de symbiose tussen onze darmbekleding – de epitheelcellen met hun vingervormige uitstulpsels die villi heten – en de bacteriën die onze darmen bevolken. De belangrijke vraag die beide subsystemen van het systeem van het gehele organisme stellen is welk 'goeds' binnenblijft en welk 'slechts' eruit gaat: 'pathogene' en 'toxische' substanties. De grens is epitheel, net als de huid, gevormd door complexe eiwitten die het verkeer tussen binnen en buiten regelen: complexe membraanproteïnen. De darmbacteriën hebben een belangrijke rol in de ontwikkeling en instandhouding van die grens. Voor een normale ontwikkeling van de HPA-as – hypothalamische-pituïtaire-adrenale as of de stressas tussen hypothalamus, hypofyse en bijnieren – blijken bacteriën nodig te zijn. Stress, en in het bijzonder chronische stress, heeft een grote invloed op de grens tussen binnen en buiten in de darmen, met als resultaat een grotere doordringbaarheid of permeabiliteit van de darmen. En die leidt tot hypergevoeligheid van de darmen. 'Mijn buik huilt', zei een patiënte. Dat blijkt niet ver van de waarheid. Door stress ontstaan cytokines en chemokines, stoffen die vrijkomen bij weefselschade. Deze leiden tot een onstekingsreactie, die ook de hersenen beïnvloedt via een immuunreactie op die bacteriën die de bloedbaan bereiken. Men vermoedt nu dat dat een begin kan zijn van een depressie. De relatie tussen darmen, stress en de HPA-as beïnvloedt de nervus vagus, dus het autonome zenuwstelsel, dat in ▶ H. 5 aan de orde komt. De nervus vagus is immers een zenuw met miljoenen uitlopers door het gehele darmstelsel.

Er zijn ook verschillende neurotransmitters betrokken bij veranderingen in de darm-bloedbarrière. Dat zijn serotonine en korteketenvetzuren, zoals butyraat, acetaat en propionaat, die op hun beurt weer neurohormonale signaalstoffen maken. Een daarvan – acetaat – kan door de bloed-hersenbarrière heen en verandert daar de genexpressie.

In de hersenen zijn er ook aparte immuuncellen: de microglia. Deze reageren op weefselschade waar dan ook in het lichaam en ondergaan dan functionele veranderingen. De microglia reageren daarop met vrijmaking van tumornecrosefactor (TNF). Ook andere stoffen kunnen door deze bloed-hersenbarrière, zoals glucose, CO_2, O_2, cholecystokinine, een stof die in de darmen aangemaakt wordt en een grote rol speelt bij angst, maar ook glucagon-like peptide-1, een verzadigingsfactor die een gevoel van voldaanheid bewerkstelligt.

De conclusie is dat op elk niveau van het interne lichaam verbindingen bestaan met de hersenen: direct via zenuwvezels, via hormonen, neurotransmitters en stoffen die door de darmen aangemaakt worden. Critchley en Harrison (2013) aan wie ik onder andere deze gegevens ontleen, stellen: 'At the most basic level physiological health dictates the environment for efficient brain function' (pag. 629).

Neem bijvoorbeeld hoe je voelt dat je voldoende hebt gegeten. De nervus vagus signaleert dat je maag vergroot is. Er wordt cholecystokinine en serotonine vrijgemaakt; die geven een gevoel van lekkere verzadiging. Je voelt je voldaan. Een vol gevoel in je maag door uitzetting hoeft helemaal niets met voedsel te maken te hebben. Er zijn verschillende anorectische darmpeptides die een vagovagale reflex stimuleren: dat vermindert de maagontleding en dat leidt tot maagretentie. En dat wordt als zeer onaangenaam ervaren. Geen trek, tot misselijkheid aan toe.

De belangrijkste bronnen van informatie blijken de microglia (omdat ze reageren op ontstekingsreacties in het lichaam) en het autonome zenuwstelsel. In de insula worden representaties gevormd van de autonome reacties (ademen, hartslag) en de veranderingen in de toestand van de ingewanden. Deze representaties van verschillende lichamelijke toestanden worden verwerkt in verschillende subregio's van de insula (Critchley en Harrison 2013, pag. 630). De consequentie daarvan is dat je gevoelens en lichaamssensaties kunt ontkoppelen: je kunt bijvoorbeeld walging voelen, ook al proef je niets, of je licht in het hoofd voelen, ook al doet je hart niets raars. Het voorste deel van de rechterinsula integreert viscerale sensaties met bewustwording.

> The right anterior insular cortex is an important site of conscious read-out of visceral sensations and their expression as emotional feeling states (Critchley en Harrison 2013, pag. 632).

Hoe groter de activering van dat gebied, hoe makkelijker het is te weten wat je in je lichaam waarneemt. Dat komt in een volgend hoofdstuk aan de orde. Het heeft te maken met interoceptie: het vermogen interne signalen waar te nemen. Het geldt ook andersom: hoe kleiner de activering van dat gebied, bijvoorbeeld door remming vanuit de prefrontale cortex, hoe minder het vermogen waar te nemen wat er zich in je lichaam afspeelt. Van daaruit kunnen we ons dus de ontkoppeling van lichaam en geest voorstellen. De frontale cortex remt of onderdrukt de ervaring vanuit het lichaam.

Concluderend is wel duidelijk dat onze lichamen voortdurend in een intiem contact verkeren met alles wat er op en onder onze huid plaatsvindt. We zijn ook afhankelijk van onze omgeving, in dit geval niet alleen voor zuurstof en koolstof, maar ook van de bacteriën, die welkome commensalen zijn en ons gezond houden. Er zijn duidelijke grenzen – de huid, de epitheelcellen in de darm, het bloed, de bloed-hersenbarrière –, maar er vindt een voortdurende informatiestroom plaats. Wij zijn ons brein niet, maar een levend organisme in een ecologische omgeving.

Literatuur

Anzieu, D. (1989). *The skin Ego*. New Haven: Yale University Press.
Cascio, C. J., Moore, D., & McGlone, F. (2019). Social touch and human development. *Developmental Cognitive Neuroscience, 35*, 5–11.
Critchley, H. D., & Harrison, N. A. (2013). Visceral influences on brain en behaviour. *Neuron, 77*(20), 624–638.
Crucianelli, L., Wheatley, L., Filipetti, M. L., et al. (2019). The mind-mindedness of maternal touch: An investigation of maternal mind-mindedness and mother-infant touch interactions. *Developmental Cognitive Neuroscience, 35*, 47–56.
Ellingsen, D.-M., Leknes, S., Loseth, G., et al. (2016). The neurobiology shaping affective touch: Expectation, motivation and meaning in the multisensory context. *Frontiers in Psychology*. ▶ https://doi.org/10.3389/frpsyg.2015.01986.

Literatuur

Fonagy, P., Gergely, G., Jurist, E. L., & Target, M. (2002). *Affect regulation, mentalization and the development of the self*. New York: Other Press.

Fotopoulou, K., & Tsakiris, M. (2017). Mentalizing homeostatis: The social origins of interoceptive inference. *Neuropsychoanalysis, 19*(1), 3–28.

Luyten, P., & Fonagy, P. (2015). The neurobiology of mentalizing. *Personality Disorders, 6,* 366–379. ▶ https://doi.org/10.1037/per0000117.

Meijer, M. (2018). *Hemelse mevrouw Frederike*. Amsterdam: De Bezige Bij.

Olausson, H., Wesberg, J., Morrison, I., McGlone, F., & Vallbo, A. (2010). The neurophysiology of unmyelinated tactile afferents. *Neuroscience & Biobehavioral Reviews, 34*, 185–191. ▶ https://doi.org/10.1016/neurobiorev.2008.09.011.

Sacks, O. (2010). *The mind's eye*. Londen: Picador.

Singer, T., & Frith, C. (2005). The painful side of empathy. *Nature Neuroscience, 8*(7), 845–846.

Von Mohr, M., Kirsch, L. P., & Fotopoulou, E. (2017). The soothing function of touch: Affective touch reduces social exclusion. *Scientific Reports, 7,* 13516. ▶ https://doi.org/10.1038/341598-017-13355-7.

Winnicott, D. W. (1960). The theory of the parent-infant relationship. *International Journal of Psychoanalysis, 41,* 585–595.

Neuroceptie en trauma: alarm en geruststelling

Inleiding – 56

Het alarm: het polyvagale systeem – 56

Het sociale-engagementsysteem – 59

Het onbewoonbare lichaam – 62

Hoe leer je jezelf belichamen zonder contact? – 63

Literatuur – 66

© Bohn Stafleu van Loghum is een imprint van Springer Media B.V., onderdeel van Springer Nature 2020
N. Nicolai, *In levende lijve: het lichaam in de psychotherapie*,
https://doi.org/10.1007/978-90-368-2499-6_5

> Basic (brainstem) consciousness consists in states rather than images [...]. The upper brainstem structures that generate consciousness do not map our external senses; they map the internal state of the visceral autonomic body (Mark Solms 2017, pag. 6).

Inleiding

U kent het gevoel van de wind in uw haren op uw fiets of op het strand, de warmte van de douchestralen, de plezierige sensaties in uw buik als u schommelt en uw benen strekt. Waarschijnlijk waardeert u de gladheid en de geur van pasgewassen beddengoed, snuift u met welbehagen de geur van uw geliefde of uw moeder op. Als u moeite hebt met in slaap komen, telt u schapen, of reciteert u oude liedjes, terwijl u de zwaarte in uw ledematen toelaat. U houdt van de geur van pasgemaaid hooi en de zoute lucht van zeewater. U eet met plezier: de geur van geliefde etenswaren brengt u in een goede stemming de geur van pasgezette koffie en verse appeltaart blijkt zo universeel gewaardeerd dat ze zelfs in een spuitbus verkrijgbaar zijn als je je huis wilt verkopen. U luistert via uw oordopjes naar de virtuoze rap van Kendrick Lamar of naar Mozart. Kortom: we zijn elke dag in de weer met plezierige lichamelijke sensaties via onze zintuigen: geur, smaak, beweging, tast, blik, gehoor, evenwichtsorgaan en huid.

We beginnen ons leven met die gewaarwordingen, zelfs al in de baarmoeder. Baby's ervaren de warmte van hun moeders lichaam, ruiken haar geur en herkennen de geur van haar melk uit duizenden. Ze worden gewiegd en gedragen. Soms hebben ze de sensatie van vallen, vermoedelijk, omdat ze daarna in reflex hun armen en benen strekken: de Moro-reflex. Verder kijken kinderen om zich heen, en ze kijken naar ogen en monden in de gezichten die zich over hun wieg buigen.

Later breidt hun repertoire zich uit: ze ontdekken hun eigen duim en vingers als objecten om op te sabbelen. Autosensorische ervaringen behoren tot het basisrepertoire van mensen en nemen in ieders leven een belangrijke plek in, al treden ze niet op de voorgrond. Ze behoren tot de intieme privéwereld.

Al deze ervaringen worden onderdeel van onze zelfregulatie. Bij sommige kinderen wordt dit autosensorische territorium hun toevluchtsoord; we zien dit bij kinderen met een autistische ontwikkeling, maar ook bij zintuiglijk gedepriveerde kinderen. Zij gebruiken hun lichaam als zelfstimulans door met hun hoofd te bonken of te wiegen, of zijn gefascineerd door mechanische objecten en ritmes. We spreken van een *autistisch in de wereld zijn*.

Jenny, een vrouw met een dissociatieve identiteitsstoornis, heeft grote delen van haar jeugd opgesloten in een kast doorgebracht. Ze vertelt dat het enige waar ze mee kon spelen haar vingers waren. Haar vingers zijn nog steeds geïnvesteerd met veel emotie: bij stress plukt ze tot bloedens toe aan de velletjes van haar nagels. Bij ontspanning worden de vingers metgezellen die haar rustig maken.

Het alarm: het polyvagale systeem

Mensen hebben een ingebouwd alarmsysteem, en dat is het autonome zenuwstelsel. Sinds de jaren negentig van de vorige eeuw weten we dat dat autonome zenuwstelsel niet uit twee – sympathisch en parasympathisch –, maar uit *drie* verschillende systemen bestaat (Porges 2011). Het parasympathische systeem heeft namelijk twee verschillende onderdelen: het dorsale en het ventrale vagale systeem. De parasympathicus is het systeem van de nervus vagus, de tiende hersenzenuw, die met lange vezels verbonden is met vele verschillende delen van het lichaam. Boven het middenrif lopen vezels van en naar het hart en de longen, en onder het middenrif naar de ingewanden, de darmen. *Vagus* komt van het Latijnse woord voor zwerven (denk aan vagant), en het is inderdaad een zenuw die door het hele lichaam wandelt. Hij bestaat voor twee derde uit afferente vezels, dat wil zeggen: vezels die vanuit het lichaam naar de hersenen lopen, en voor een derde uit vezels die naar het lichaam lopen. De nervus vagus bevat een ventraal systeem met gemyeliniseerde – dat wil zeggen: met een dik beschermend laagje omgeven – neuronen. Deze hebben via een kern in de hersenstam verbindingen met de zenuwen naar de regio rond de ogen, naar de oren en naar de spieren van het gezicht, de hals en de nek. Dat systeem is gekoppeld aan sociale communicatie, aan gevoelens van veiligheid in contact met anderen en aan slikken, zuigen, ademen en geluid maken.

Stephen Porges is een Amerikaanse hoogleraar psychiatrie die veel psychofysiologisch onderzoek heeft gedaan, in het bijzonder naar de ontwikkeling van de autonome regulatie bij pasgeboren baby's. Zijn interesse lag eerst bij de regulatie van de hartslagfrequentie en de variabiliteit daarin. Zoals we allemaal kunnen waarnemen met een vinger aan de pols: bij inademing versnelt ons hart, bij uitademing is er vaak een vertraging. Deze respiratoire sinusaritmie, dit versnellen en vertragen, is een maat voor de vagale functie. Als zij er is, is dat een goed teken. Porges ontdekte dat te vroeg geboren baby's deze aritmie niet hebben. Zij zijn blootgesteld aan de werking van een evolutionair veel ouder systeem van niet-gemyeliniseerde vezels dat naar de darmen gaat, maar waarvan ook enkele takken naar het hart lopen. De hartslag van onrijpe baby's kan zo sterk vertragen dat ze sterven. Dat lijkt vreemd: de nervus vagus is de zenuw die de hartslag vertraagt en het hart tot rust brengt, maar je kunt van het goede kennelijk dus ook te veel hebben. Porges noemt dit de vagale paradox.

Activatie van het ventrale systeem remt het vecht-vluchtsysteem van het sympathische autonome zenuwstelsel. Met dit ventrale prosociale systeem kijken we met warmte naar de ander en ervaren we rust en ontspanning, maar vooral ook wederkerig plezier (verderop komt dit uitgebreid aan de orde als ik het over coregulatie heb). Oren zijn gericht op wat de ander zegt. Dat moet hij of zij niet te luid doen (want dan schrikken we), niet te laag (want lage geluiden zijn bedreigend) en niet te hoog (want schrille en krijsende geluiden maken ons bang). Oren zijn gericht op het uitwisselen van klanken en woorden in een conversatie, een dialoog. Dit systeem is uniek voor de mens. Dit prosociale systeem noemt Porges (2011) het sociale-engagementsysteem. Een van de eerste dingen die een baby doet, is kijken. Pasgeboren baby's zijn ook gevoelig voor de zachte en hoge intonatie van de stemmen van hun moeder. Dit sociale-engagementsysteem is fysiologie van de eerste orde; het vormt de grondslag van het gehechtheidssysteem.

Maar we blijken – zo ontdekte Porges – nog een ander, evolutionair ouder vagussysteem te hebben met ongemyeliniseerde vezels, dat voor een heel ander gedrag zorgt: het dorsale vagale complex (DVC). Vezels uit het lichaam eindigen in de nucleus tractus solitarii. Het dorsovagale complex geeft controle over de ingewanden onder het middenrif en heeft een lage tonische invloed op hart en bronchiën. Dat kan leiden tot een verminderde doorbloeding van hersenen en organen; dat is handig als je een vis of slang bent, maar niet als je mens bent. Het leidt tot 'doodliggen', en bij mensen tot bradycardie: een langzame hartslag, oppervlakkig ademhalen, verslapping van de spieren, maar ook subjectieve gevoelens van afgesloten zijn, flauwvallen en vervreemding (depersonalisatie).

Dit systeem is evolutionair 'geërfd' van onze voorvaderen, de reptielen, voor wie immobiliteit een zaak van leven of dood kan zijn. Een slang die zich dood houdt, roept geen interesse op van een prooidier.

Bij zoogdieren is daarbovenop het sympathische alarmsysteem ontwikkeld. Dat leidt tot vechten of vluchten en competitie, en in veilige omstandigheden ook tot spel. Dit systeem ontwikkelt zich vanaf een leeftijd van anderhalf jaar (17-21 maanden). Het loopt gelijk op met het vermogen tot lopen en de ontdekking van de wereld. Vanaf die tijd is de peuter in een staat van verrukking over alles wat hij of zij ontdekt. Het kind kan zich verder van de ouders af bewegen en doet dat graag, mits de ouders maar ergens in de buurt blijven. De emotionele toon van de meeste peuters is er een van opgewekte activiteit. Soms kan dat druk lijken; er zit soms een manisch kantje aan. De peuter voelt zich almachtig of is verrukt van zichzelf, maar kan ook in woede ontsteken: de driftbuien van een tweejarige. Het is de kunst van de ouders dit in goede banen te leiden, een kunst die vereist dat ze hun eigen verrukking over hun spruiten niet laten ondersneeuwen door vermoeide frustratie.

Een peuter van twee rent in de supermarkt naar alles wat hij ontdekt. Hij wil mamma helpen en rent van stelling naar stelling, pakt er van alles uit en mikt het in het mandje. Het zijn veel spullen die zijn moeder niet nodig heeft, maar die zijn belangstelling wekten. Afhankelijk van de energie van de moeder is dit leuk of frustrerend. Haar reactie op zijn exploratiedrang bepaalt hoe hij later om zal gaan met emotionele toestanden van vrolijke opwinding.

Een andere peuter werpt zich van de bank op een stoel, luid krijsend van plezier. De vader doet of hij hem wil pakken; eerst is het nog een spel, maar het kind raakt overstuur en gaat luider schreeuwen. Het plezier is omgeslagen in hypergedrag. De moeder zegt tegen de vader dat hij op moet houden, maar dat doet hij niet. De peuter barst in huilen uit. De vader lacht hem uit en noemt hem een baby.

De ouders dienen in deze tijd het gedrag van het kind te reguleren zonder dat het in een hypoarousal schiet. Gepaste en geleidelijke frustratie is echter helemaal niet erg; het blijkt de verinnerlijking van de emotieregulatie te bevorderen. (Schore 2003).

Na het derde jaar realiseert het kind zich door zijn toegenomen cognitieve ontwikkeling dat de wereld niet zijn oester is: dat zijn de momenten die Margaret Mahler (Mahler et al. 2000) destijds rapprochementscrises noemde. Kinderen blijken ineens niet te kunnen wat zij eerst dachten wel te kunnen: een deur openen, een hoge klimtoren beklimmen of fietsen zonder zijwieltjes. Dat is ook de leeftijd waarop ervaringen van schaamte hun tol eisen: de discrepantie tussen dat wat je wilt en wat je kunt, roept heftige gevoelens van schaamte op. Ouders die het kind te veel en te blijvend opjutten, zoals de vader in bovenstaand voorbeeld, leren een kind dus niet in de window of tolerance (venster van verdraagzaamheid) te blijven. Een beetje schaamte blijkt helemaal niet erg te zijn. Beschadigend wordt schaamte pas als het het subjectieve gevoel van zelfverlies en fragmentatie oplevert (Schore 2003). Het kind in het voorbeeld schiet vanuit het sympathische systeem, gekenmerkt door actie en woede, in de hypoarousal: een affectieve staat zonder woorden, zonder interactieve reparatie en heel lichamelijk beleefd, die gepaard gaat met wegkijken, hangende schouders en regressie in het gedrag. Volgens Allan Schore (2003) is dit patroon als het steeds terugkeert, de bron van narcistische stoornissen. Schaamte kan qua autonome regulatie ook gezien worden als een activering van het dorsovagale systeem.

Tabel 1 Sympathische arousal

lichaam	geest	affect
behoefte te bewegen, te rennen, te vechten, te schreeuwen en schelden	rusteloos, schrikachtig, gespannen, bibberig	boos, bang, woedend, bezorgd, geërgerd, nerveus
snel afgeleid, moeite aandacht te houden; concentratie bemoeilijkt	malen; obsessieve en repeterende gedachten	gevoel van gevaar, van ongemak, van onveiligheid
snel overstuur of in stress, lichaam gespannen in beweging, handen, voeten; hoog en snel praten	opgewonden, moeite met ontspannen en slapen.	

Tabel 2 Dorsovagale activering

lichaam	geest	affect
bewegingloos, machteloos, niet kunnen bewegen	gevoel van passiviteit, niet assertief, traag, somber	emoties zijn weg, leeg, plat, dood; 'ik voel niets'
zwaar, geen energie, makkelijk in slaap vallen; koud	'kan me niet interesseren', 'doe maar', voegend, onverschillig	verveeld, hopeloos, teleurgesteld
in elkaar gedoken, afgezakte schouders, ingevallen borstkas, oppervlakkig ademen	*spaced out*, wazig, 'gedachten zijn weg'	apathisch, lethargisch, niet in verbinding; 'alsof alles achter glas zit'

Het sociale-engagementsysteem

Bij de mens is zoals gezegd boven op het sympathische systeem het sociale-engagementsysteem ontwikkeld. Nu is er een fysiologische wet, de wet van Hughlings Jackson, die stelt dat bij belemmering van een latere evolutionaire ontwikkeling, een oudere geactiveerd wordt. En dat is nu het geval bij mensen van wie het sociale-engagementsysteem onvoldoende gevoed is, ofwel door een tekort aan zorg of nabijheid van belangrijke anderen, ofwel door mishandeling en misbruik. Als aanpassing aan deze situatie wordt of het sympathische systeem of het dorsovagale parasympathische systeem geactiveerd. Als het sympathische eerst komt, worden mensen – vanuit hun angst boos. Zij ervaren de ander – wie het dan ook is – als boos en bedreigend. Denken lukt niet goed: er is een voorkeur om te handelen en dat het liefst meteen; we noemen hen dan impulsief (tab. 1, 2 en 3).

In de praktijk van de psychotherapie is het belangrijk te weten in welke staat je patiënt zich bevindt. Bij een te sterke sympathische activering of hyperarousal kan de patiënt je niet horen. Er is geen mogelijkheid tot contact of samenwerking. De patiënt moet eerst een gevoel van veiligheid ervaren voor er samenwerking kan ontstaan die ook door de patiënt gewenst wordt.

In de tegenoverdracht roept deze hyperarousal van de patiënt bij de psychotherapeut ofwel een gevoel van onrust en angst op (de empathische besmetting) of van irritatie. Bedenk dat de sympathische arousal tot vluchten én vechten kan leiden. Veel agressie in de spreekkamer heeft ook met deze sympathische arousal te maken.

Tabel 3 Ventrovagale activering: window of tolerance

lichaam	geest	affect
ontspannen en alert	nieuwsgierig, veilig en zeker	gevoel van zelfvertrouwen
ogen open, oriëntatie op de omgeving	gecentreerd, gefocust	kalm en in staat tot probleem oplossen
spieren ontspannen in evenwicht; hoofd omhoog, adem regelmatig en diep	responsief en competent	in staat tot genieten en enthousiasme

Bedenk dat het zaak is deze hoge mate van arousal eerst omlaag te krijgen: houd je stem rustig en niet te hoog en niet te laag. Vraag de patiënt een plek in de ruimte te zoeken die goed voor hem/haar voelt. Als je al een behandelrelatie hebt, kun je de patiënt vragen wat hij[1] ervaart en wat hij nodig heeft om zich beter te voelen. Soms helpt letterlijk bewegen. Soms is het mogelijk de patiënte zich de beweging te laten voorstellen tot de lading verdwijnt.

Marieke zit gespannen helemaal weggekropen in een hoek van de stoel. Ze haalt hoog adem en beweegt haar handen. Ze wil niet op mijn verzoek haar handen de beweging laten vergroten, zodat ze kan ontdekken wat haar lichaam eigenlijk wil zeggen. Ik vraag haar waar de meeste spanning zit: ze wijst op haar borstkas. Ik vraag haar vervolgens dat gevoel van spanning even vast te houden. Dat lukt maar een beetje, maar ik zie wel dat haar voeten wippen. Ik vraag haar of ze dat opmerkt. 'Wat zouden je voeten willen?' Ze zegt: 'Heel hard weglopen.' Ik vraag haar zich dat voor te stellen, en ook waar ze dan terecht zou komen en hoe ze zich dan zou voelen. Na enkele minuten zegt ze: 'Ik liep in gedachten naar de zee en ging naar de golven kijken, en dat maakte me rustiger.'

De beste manier om 'terug te komen in' het window of tolerance is ademen. De parasympathicus wordt geactiveerd door een uitademing die langer is dan de inademing.
Er zijn meerdere manieren om de adem te reguleren.
1. Ga eerst goed zitten, met je voeten op de vloer en je rug gesteund. Leg je hand op je buik. Adem vier tellen in, vanuit je buik. Houd de adem vier tellen vast en adem in vier tellen uit. Houd dit vijf minuten vol. Anders heeft het geen effect.
   Let wel: de eerste reactie kan die van sympathisch vluchten of vechten zijn. De oefening werkt pas echt goed na drie maanden oefenen. Maar door het tellen is deze de makkelijkste oefening om in de spreekkamer te doen.
2. Goed en diep inademen, van je buik tot je toppen van je longen en uitademen alsof je in een lift zit die op alle verdiepingen even stopt, zeven tellen lang.
3. Weerstandsademen; door je keel een beetje aan te spannen en bij het uitademen geluid te maken activeer je ook de parasympathicus.
4. Over het algemeen is langzamer en dieper ademen (5–7 ademhalingen per seconde) een effectieve manier om rustiger te worden.

---

1 Waar hij staat kan ook zij gelezen worden en andersom.

◼ **Tabel 4** De ladder van Deb Dana. Men kan van beneden naar boven gaan door wat Dana 'glimmers' (in het Nederlands sprankjes) noemt en van boven naar beneden door 'triggers'.

ventraal vagaal	
veilig	
sociaal	
sympathisch	triggers?
gemobiliseerd	
vluchten of vechten	
dorsovagaal	triggers?
geïmmobiliseerd: bevroren	
collaps: in elkaar gedoken	

Bij hypoarousal of dorsovagale activering zit de patiënt er apathisch – levenloos bijna – bij. Ook hij kan je niet horen. De vitaliteit is er als het ware uit gegleden. Om uit deze staat te komen zijn hulpbronnen nodig. Een-op-eencontact kan activeren, maar soms is de patiënt 'te ver weg' of ben jij als therapeut zelf de trigger, niet door je persoon, maar doordat je in de ogen van de patiënt onwillekeurig tot de gevaarlijken gerekend wordt. Dan helpt het om deze hulpbronnen te gebruiken: zachtjes roepen; vragen of de patiënt je wil aankijken; knijpen in een balletje; even met een balletje heen en weer gooien; vragen of de patiënt om zich heen kan kijken, zich kan oriënteren; iets te ruiken geven (kijk wel uit met specifieke geuren die een trigger kunnen zijn; lavendel en eucalyptus zijn meestal goed); iets laten aanraken, iets hards en iets zachts. Als de patiënte er weer 'is', kun je vragen wat de trigger was waardoor zij 'verdween'. Het werk dat daarna gedaan moet worden is een kaart maken van wat iemand in en uit de window of tolerance brengt. Voor deze kaart is de ladder van Deb Dana (2018) handig (◼ tab. 4)

Patiënten met een ernstige vorm van verwaarlozing, mishandeling en misbruik schieten gemakkelijk in hypoarousal wanneer ze bang worden. Zij durven niet te vertrouwen op coregulatie met een geïnteresseerde ander en schieten van hypoarousal naar hyperarousal en soms in beide tegelijk: een gemengde vorm die we vaak bij de complexe posttraumatische-stressstoornis zien.

Els heeft een aantal goede en evidencebased behandelingen achter de rug voor haar PTSS (EMDR en schema focused therapy, SFT). Toch meldt ze zich opnieuw aan: ze is bang dat ze bij haar tweeënhalf jaar oude dochtertje te vaak wazig is. We onderzoeken samen wat er aan de hand is. Haar dochtertje moet nu zindelijk gaan worden. Els heeft de grootst mogelijke moeite haar dochtertjes geslachtsorganen schoon te maken, of zelfs te zien. Erger nog vindt ze dat ze haar dochtertje aanwijzingen moet geven om op het potje te gaan. Het roept bij haar herinneringen op aan haar misbruik en dan 'zeilt ze weg'. Zo noemt ze dat zelf. Ze is dan steeds even 'weg' en weet niet wat ze doet. Bij verdere exploratie blijkt dat ze dit 'wegzeilen' vaak gebruikt als ze ergens tegenop ziet. Het is haar favoriete manier geworden om met angstige situaties om te gaan. Maar nu wordt het met haar dochtertje een probleem. Ze moet dus iets gaan opgeven, en dat kost veel moeite.

Vaak wordt vergeten dat dit alarmsysteem in hoge mate adaptief is geweest in de situatie waarin zij vroeger verkeerden. Wij hebben hier geen cognitieve of emotionele controle over. Deze fysiologische reactie verloopt immers onbewust en wordt pas waargenomen in zijn effecten. 'Ik ben gestrest', zeggen we dan. We zouden niet eens goed kunnen benoemen welk gevoel daarbij hoort. Boos? Bang?

Datzelfde geldt ook voor het dorsovagale systeem: dat wordt vooral geactiveerd als naast een tekort aan zorg ook een inperking is geweest van gedrag wat zou hebben kunnen leiden tot vechten en vluchten. Je zou kunnen zeggen: als je niet kunt ontsnappen aan een dodelijk gevaar. De adaptieve reactie is dan letterlijk of figuurlijk doodliggen: niet bewegen, je niet verzetten, passief worden, uit je hoofd gaan, uit je lichaam stappen. Allemaal bekende verschijnselen in situaties van fysiek geweld en seksueel misbruik bij kinderen, die nu eenmaal niet de mogelijkheid hebben om weg te lopen of de macht hebben zich te verweren. Het lichaam wordt dan niet meer beleefd als eigen. Het is gedepersonaliseerd. Het lichaam is onbewoonbaar geworden.

Het onbewoonbare lichaam

'Mijn lichaam is niet van mezelf', zegt Elsa, een vrouw van 49 jaar.

Ze heeft eerder in het uur verteld hoe moe ze is: elke inspanning put haar uit. Ze wordt dan ziek, rillerig en koud. Lichamelijk onderzoek heeft ooit uitgewezen dat ze een laag cortisolniveau heeft. Dat is niet ongebruikelijk voor mensen die net als zij van jongs af aan misbruikt en mishandeld zijn. Daarnaast was haar moeder psychotisch, dat wil zeggen dat ze haar dochter niet leek te zien en bang voor haar leek te zijn. Dat blijkt volgens onderzoek van Karlen Lyons-Ruth en collega's (2006) een belangrijke voorspeller te zijn van een gedesorganiseerde hechtingsstijl. Ze is ooit bij mij gekomen met een dissociatieve identiteitsstoornis. Ze is jaren geleden geïntegreerd, dat wil zeggen dat al haar verschillende delen zijn samengekomen in één zelf, een lichaam, een geest. Dat wil niet zeggen dat haar klachten toen voorbij waren. Ze begon toen pas haar eigen behoeftes, eigen wensen, eigen gevoelens en eigen gedachten te ontdekken. Nu is het nog haar lichaam dat niet eigen is: 'Ik kijk in de spiegel alsof het een pop is.'

Ik vraag of ze ooit in haar leven weleens een liefdevolle blik zag bij iemand die naar haar keek: Ze zegt: 'Mijn honden. En ook in de gesprekken bij jou kan ik ineens zien dat je mij ziet, en ik zie dat je me écht ziet. In de spiegel ben ik het niet; het is of ik ergens doorheen kijk, alsof ik het niets zie.' Ze is even stil: 'Dat maakt me bang; ik vind het eng om daar dichtbij te komen. Als ik niets zie, doet het me denken aan mijn moeder. Zo eng: ik zou die spiegel wel van de muur willen rukken en kapot willen slaan. Alsof ik dat niet wil ervaren. Ik was niets voor haar; ik moest een ander zijn dan ik was. Het is zo rauw en pijnlijk dat mijn moeder mij niet zag. Alsof je altijd met lege ogen naar de wereld kijkt.'

'Je kijkt naar de wereld zoals zij naar jou keek?', vraag ik. Zij zegt: 'Ik word nu verdrietig. Het is geen troost om jezelf te zien. Mijn moeder deed of ze me niet zag. Nu doe ik alsof ik mezelf niet zie. Het roept een dergelijk verlangen op dat ze wel kijkt. Het is gek, maar we hebben het altijd over haar zo rond haar verjaardag.'

In dit fragment komt een aantal zaken aan de orde.
1. de effecten van trauma's op het lichaamsbeleven;
2. de effecten van trauma's op de affectregulatie;

Literatuur

Fonagy, P., Gergely, G., Jurist, E. L., & Target, M. (2002). *Affect regulation, mentalization and the development of the self*. New York: Other Press.

Lemma, A. (2010). *Under the skin. A psychoanalytic study of body modification*. Londen: Routledge.

Lyons-Ruth, K., Dutra, L., Schuder, M., & Bianchi, I. (2006). From infant disorganization to adult dissociation. Relational adaptations or traumatic experiences? *Psychiatric Clinics of North America, 29*, 63–68.

Mahler, M., Pine, F., & Bergman, A. (2000). *The psychological birth of the human infant*. New York: Basic Books.

Ogden, P., & Fisher, J. (2015). *Sensorimotor psychotherapy: Interventions for trauma and attachment*. New York: Norton.

Porges, S. W. (2011). *The polyvagal theory. Neurophysiological foundations of emotions, attachment, communication and self-regulation*. New York: Norton.

Schore, A. N. (2003). *Affect regulation and repair of the self*. New York: Norton.

Solms, M. (2017). The unconscious in psychoanalysis and neuroscience, In G. Crapparo & C. Mucci (red), *Unrepressed unconscious, implicit memory and clinical work*. New York: Routledge.

Van der Kolk, B. (2014). *The body keeps the score*. New York: Viking.

Williams, G. (1997). *Internal landscapes and foreign bodies. Eating disorders and other psychopathologies*. Londen: Routledge.

Interoceptie: het lichaam van binnenuit

Inleiding – 70

Interoceptie – 70

Het affectieve systeem – 71

Van affect naar emotie – 72

Het stadium van de taal – 74

Interoceptie en homeostase – 76

De wortels van interoceptie – 76

Winnicott – 79

Interoceptie en alexithymie – 80

Primaire en secundaire alexithymie – 81

De herkenning van emoties bij jezelf en bij anderen – 82

Handelingsvermogen en lichaamseigenaarschap – 83

Literatuur – 85

© Bohn Stafleu van Loghum is een imprint van Springer Media B.V., onderdeel van Springer Nature 2020
N. Nicolai, *In levende lijve: het lichaam in de psychotherapie*,
https://doi.org/10.1007/978-90-368-2499-6_6

> The flesh is at the heart of the world. – Maurice Merleau-Ponty, The Visible and the Invisible, 1968, pag. 138.

Hoe weten wij eigenlijk wat wij voelen? Hoe weten we dat het rommelen van je maag en darmen betekent dat je honger hebt, maar dat het soms ook betekent dat je bang bent geweest? Want je darmen bewegen als het vreeswekkende weer weg is en je je weer veilig voelt en kunt ontspannen.

Hoe weet je waar je je bevindt in de ruimte, en hoe onderscheid je de duizeling van binnenuit van de duizeling als je in een draaimolen zit?

Hoe weet je dat je somber bent?

Hoe voel je dat je gespannen bent of je je juist lekker voelt?

Waardoor ervaar je verdriet?

Inleiding

Het lijkt zo logisch, maar filosofen hebben zich er al eeuwen het hoofd over gebroken. Zo meenden de oude Grieken dat lichaamssensaties niet van ons eigen lichaam kwamen, maar van de goden. Ons woord enthousiasme, 'door de goden ingeblazen', verwijst daar nog naar. Er bestond geen besef van een niet-bewuste ruimte binnen in ons lichaam. Dat komt pas later bij de arts Hippocrates. Hij bedacht dat grote delen van het belichaamde zelf niet bewust waren: er was nog wel een demonische ruimte, maar die was niet meer het domein van de goden, maar van onpersoonlijke krachten. Het lichaam had volgens hem een natuur (*physis*) en een leven (*bios*). Lichamelijke gevoelens waren van de physis.

Vanaf de vijfde eeuw voor onze jaartelling wordt het lichaam object van natuuronderzoek. Het lichaam krijgt daar een eigen plaats ten opzichte van andere natuurverschijnselen. Bij het onderzoek naar de natuurlijke krachten die in en op het lichaam werken ontstaat ook de idee van de vermogens van de natuur om te herstellen en te genezen. Dat werd de *geneeskunde*.

Het is van belang om je te realiseren dat wij van alles vanbinnen voelen dat geen 'representatie' krijgt, maar toch van belang is. Daarom maken wij gebruik van een andere ingang tot onze binnenwereld en dat is interoceptie.

Interoceptie

Interoceptie is de perceptie – de bewuste waarneming – van de fysiologische staat van het lichaam, zoals hartslag, ademhaling en dorst, die van sensaties die van buiten het lichaam komen, zoals smaak, pijn en affectieve aanraking, en ten slotte die van de signalen die we affecten noemen: basale lichamelijk ervaren gevoelens. Deze zijn alle belangrijk voor de homeostase van het lichaam in relatie met de omgeving. Volgens de Ests-Amerikaanse neurowetenschapper Jaak Panksepp (1942–2017) kunnen we de interoceptieve signalen in drie verschillende categorieën onderbrengen:

1. homeostatische behoeftes: ingebouwd en dwingend: honger, dorst, thermoregulatie, zuurstofbehoefte, vermoeidheid, je ziek voelen.
   Het lichaam bewaakt zelf dat de temperatuur en het zoutgehalte van het bloed tussen vrij strikte grenzen blijven. Lukt dat niet dan krijgt ons bewustzijn signalen om daar iets aan te doen: extra kleding bij kou, eten bij honger, drinken bij dorst. Zonder deze actietendensen gaat het mis. Te warm is dodelijk, te koud ook. Je kunt niet

langer dan drie dagen zonder water, anders ga je dood. Vasten kan langer, maar ook niet eeuwig. De meeste van deze processen verlopen automatisch. Onbewust zou je kunnen zeggen;
2. sensorische affecten: pijn, walging, verbazing, affectieve aanraking (afferente C-vezels) (op pijn, aanraking, geur en smaak kom ik verderop terug);
3. emotionele affecten: inherent is dat de *ander* hierbij nodig is; intersubjectief en gevoelig voor leereffecten.

Interoceptie is dus het vermogen om signalen uit het eigen lichaam (hart, ingewanden) waar te nemen, te verwerken en te representeren. Dat loopt via neurale, humorale, chemische en mechanische afferente vezels. *Afferent* betekent dat de zenuwvezels lopen van buiten de hersenen – dus de huid, spieren, ingewanden – naar boven: naar de hersenen. Neuraal zijn dit vezels die via het ruggenmerg lopen. Humoraal verloopt het via hormonen en andere stoffen die bijvoorbeeld vrijkomen bij weefselbeschadiging. Humorale signalen zijn ook de signalen van het autonome zenuwstelsel dat prikkels van en naar de organen stuurt via specifieke neurotransmitters, waaronder noradrenaline en acetylcholine. Laten we de twee laatste systemen wat nader bekijken.

Al deze informatie over de staat van het lichaam loopt eerst naar specifieke subcorticale kernen, de basale ganglia. Zoals ik in het tweede hoofdstuk al aangaf zijn affecten of emoties niet afkomstig van onze hersenschors, maar zitten ze ingebakken in kernen in de hersenstam die we delen met alle zoogdieren. Deze kernen vormen onderdeel van specifieke hersencircuits. Deze vormen op hun beurt zijn onderdeel van een affectief systeem. Daarmee is het gelijk van de belangrijke emotietheoretici en filosofen James en Lange (de zogenoemde Lange-James hypothese) bewezen. Volgens hen ontstonden emoties vanuit de ervaring van lichamelijke signalen: de affecten.

De andere theorie, die ervan uitging dat emoties in de hersenschors ontstaan vanuit de evaluatie van gebeurtenissen en situaties, kunnen we gevoeglijk achter ons laten.

Het affectieve systeem

Volgens Panksepp (Panksepp 1998; Panksepp en Biven 2012) bestaat het affectieve systeem uit zeven affectieve subsystemen, te weten: ZOEKEN, ANGST, WOEDE, SEPARATIE/PANIEK, SPELEN, LUST, (BROED)ZORG/HECHTING (de termen staan in hoofdletters om aan te geven dat het om een systeem gaat en niet om gedrag) (zie ook ▶ H. 3). Al die systemen hebben hun eigen emoties, neuroanatomische netwerken, hormonen en neurotransmitters.

Het systeem ZOEKEN omvat enthousiasme, ambitie, zin en appetijt. Het bestaat uit het actief zoekgedrag van mens en dier, van het besnuffelen van de omgeving tot het checken van je mobieltje. Het is verhoogd bij de hypomanie en verlaagd bij de depressie. De bijbehorende neurotransmitter is dopamine, onderdeel van het beloningssysteem in het brein.

ANGST heeft te maken met bedreiging van buitenaf. Sommige angsten zijn ingebakken in ons brein, zoals die voor slangen, spinnen, grote hoogtes, nauwe ruimtes en open vlaktes. Andere 'vrezen' zijn aangeleerd en geconditioneerd (Nicolai 2016).

SEPARATIE/PANIEK is het bij zoogdieren universeel aanwezige affectieve subsysteem dat in werking treedt als een jong gescheiden wordt van de moeder. Het gedrag is huilen, het affect verdriet en paniek. Paniek is te onderscheiden van angst of vrees, omdat het geen duidelijk object kent: het is objectloze angst en wordt beleefd als verlies, rouw en uiteindelijk depressie. SEPARATIE/PANIEK is dus onderdeel van het gehechtheidssysteem.

WOEDE ontstaat als een basale behoefte niet vervuld wordt. In deze wetenschappelijk onderbouwde theorie blijkt agressie niet hetzelfde te zijn als woede. Woede ontstaat uit frustratie. Agressie kan ook prooigericht gedrag zijn en is dan onderdeel van het ZOEKEN-systeem.

Het systeem LUST (bestaande uit hormonen, neurotransmitters, de activatie van specifieke hersengebieden en affecten leidend tot gedrag) is betrokken bij seksualiteit, paarvorming, opwinding en orgasme.

(BROED)ZORG/HECHTING hoort bij alle levende wezens, maar is bij zoogdieren het meest ontwikkeld, met eigen hormonen (prolactine, oxytocine, vasopressine), gedrag en emoties. Empathie is een vermogen van het ZORG-systeem. Het werk van psychotherapeuten waarschijnlijk ook.

SPELEN is een belangrijk, maar weinig onderkend systeem, dat betrokken is bij het stoeien van jonge dieren/kinderen, maar dat ook in de volwassenheid van belang is. Het is universeel aanwezig bij zoogdieren en is belangrijk voor de emotionele en motorische ontwikkeling. In het spel wordt de hiërarchie bepaald: dominantie en submissie. Maar die dominantie dient te beantwoorden aan de 60/40%-regel. 100% dominantie roept te veel woede op, zoals elke dictator kan beamen. Bij 60/40% is er nog een faire kans dat de kansen van het onderliggende dier/kind keren. Volgens Panksepp is het gebrek aan speelruimte voor kinderen in overvolle steden met gevaarlijk verkeer mogelijk de oorzaak van de toename van ADHD in westerse landen.

Van affect naar emotie

Vanuit de basale ganglia lopen vezels naar verschillende delen van de hersenen die verantwoordelijk zijn voor het begrijpen van de affecten in relatie tot de oorzaak. In een bepaald gebied van de hersenen – de insula, (zie ook ▶ H. 3) een deel van de schors onder de wand en slaapkwab – wordt een beeld van het innerlijke lichaam gemaakt op ruwweg dezelfde manier als de sensomotorische schors een representatie maakt van het het zintuiglijke lichaam. De insula is een deel van het emotionele hersensysteem dat vooral de ervaringen van een lichaam in de wereld bundelt, vanuit de verschillende andere gebieden in de hersenen. Kort gezegd is de insula de zetel van ons gevoel een zelf met een lichaam te zijn.

Ten slotte lopen vezels van de insula naar de hersenschors, waar ze overdacht en begrepen worden, woorden kunnen krijgen en verbonden kunnen worden met waardering: fijn of niet fijn.

Een vrouw vertelt dat ze grote delen van haar jeugd in eenzaamheid heeft doorgebracht. Haar ouders werkten beiden hard in hun eigen bedrijf en waren weinig beschikbaar. Ze had een broer die acht jaar ouder was en een eigen leven leidde. Haar ouders hadden met hun familie gebroken om een erfrechtkwestie. Er is met haar nauwelijks een conversatie gevoerd, wat voor een opgroeiend kind zo belangrijk is. Er is haar niets uitgelegd; als ze iets vroeg, kreeg ze te horen dat ze niet brutaal moest zijn. Op school, een streng katholieke school, leerde ze dat ze braaf moest zijn en doen wat haar werd opgedragen.

Het gevolg voor haar is dat ze geen idee heeft wat ze voelt. Ze kent spanning, een knagend gevoel in haar maag, kou en warmte, maar heeft geen flauw idee waarom ze huilt: ze heeft affecten, maar kent geen emoties. Emoties leer je namelijk benoemen in contact met een ander. Als je geen of veel te weinig contact hebt met belangrijke anderen, blijft het een kluwen van woordeloze affecten, die je als een bedreigende kracht ervaart, maar zonder te weten wat je precies voelt.

De ontwikkeling van affecten naar gevoelens via de lichamelijk beleefde emoties volgt een stramien dat in al 1985 door Lane en Schwartz is benoemd. Van hun schema hebben zij ook een vragenlijst, een onderzoeksinstrument gemaakt: de Levels of Emotional Awareness Scale of LEAS (Lane et al 1990).

- Het eerste niveau is een *sensomotorische* en lichamelijke sensatie. Je voelt iets in je lichaam of daaraan, zoals kippenvel, knikkende knieën van angst of de lichte vorm van duizeling van schrik.
- Het tweede niveau bestaat uit de handeling die uit deze sensatie voortvloeit: *de sensomotorische enactieve fase*, de actietendens die tot een beweging of handeling leidt. Denk aan de wippende voet van iemand die gespannen raakt als je over zijn vader begint of de gebalde vuisten als je iemand aanspreekt op ongewenst gedrag. In deze fase is het moeilijk om te verwoorden wat er gevoeld wordt; 'slecht' is het meest gebruikte woord of 'oké'. Het vermogen tot differentiatie of de koppeling van de emoties aan een gedachte of gebeurtenis is beperkt.

Een veertigjarige man antwoordt op de vraag iets over zijn partner te vertellen dat ze ideaal is. Ondertussen klemt hij zijn handen tot de knokkels wit zijn, friemelt hij met zijn vingers en klemt hij zijn kaken. Desgevraagd ontkent hij spanning.

- Het volgende niveau is de *preoperationele fase van de pervasieve emoties*: heftige affecten die elkaar uitsluiten, met een beperkt repertoire.

Vijf minuten later – sprekend over zijn kinderen – rollen de tranen over zijn wangen. Hij lijkt het niet op te merken; doet ook geen moeite om ze weg te vegen. Een van de problemen waar hij mee komt, is zijn ongeduld met de kinderen. Hij kan niet onder woorden brengen waarom hij nu moet huilen.

- Het volgende niveau is de *concrete operationele fase*, de menging van emoties en de differentiatie ervan. Denk aan gevoelens van verdriet en boosheid, die vaak samen optrekken of aan de mengeling van angst en boosheid, die we in de praktijk misschien nog vaker zien. Mensen zijn in deze fase in staat te herkennen dat het om emoties gaat die bij hen horen, dus individueel zijn.

Een vrouw die al wat langer in behandeling is, beschrijft hoe ze in haar borstkas een zwaarte voelt als ze over haar vader spreekt. Gevraagd dat te onderzoeken benoemt ze verdriet. Ze had nooit goed contact met hem. Even later zegt ze: 'Ik voel ook nog iets anders: eigenlijk ben ik ook boos.' 'Waar ben je boos over?', vraagt de therapeut. Dat kan ze niet zeggen.

- Pas bij het volgende niveau – dat van de formele operaties – spreken we van *gevoelens*. Daarin kan iemand gedifferentieerd over complexe ervaringen spreken. Ambivalentie kan hier uitgedrukt worden: de liefde en de haat die wij bijvoorbeeld voelen tegenover een ouder, of de jaloezie op iemand die je ook bewondert. Zowel in kwaliteit als in intensiteit zijn deze gevoelens rijker.

Drie weken later vertelt dezelfde vrouw dat ze ontdekt heeft dat ze boos is omdat ze zich realiseerde dat haar vader ook geen moeite deed om haar beter te leren kennen. Hij gaf de voorkeur aan haar broertje met wie hij naar voetbal kon. Al pratend zegt ze dat hij zelf is opgegroeid in een nogal kil mannengezin en bedenkt ze zich dat hij waarschijnlijk ook niet wist wat hij met haar kon doen. Ze ervaart opnieuw verdriet en ook het verlangen dat ze hem beter had gekend.

Lecours en Bouchard (1997), twee Canadese psychoanalytische onderzoekers, beschrijven op een iets andere wijze hoe in het proces van mentaliseren emoties worden gereguleerd. Ze onderscheiden daarbij ook lichaamssensaties, emoties, affecten en gevoelens. Hun schema lijkt op dat van Lane en Schwartz (1985), maar belangrijk is dat zij veel aandacht hebben voor het opkomen van *beelden*.

- Het eerste stadium is het *somatische kanaal: lichamelijke gewaarwordingen en het autonome zenuwstelsel*. We bespraken dit al in ▶ H. 5 over neuroceptie en trauma. Op dit niveau ervaar je signalen uit je lichaam waar je onmiddellijk naar handelt, zonder lang na te denken: bij een plotselinge nare gebeurtenis sta je verstijfd van schrik of loop je als een kip zonder kop rond. Je kunt op dat moment ook niet benoemen wat je voelt.

'Ik weet het niet', zegt een jonge vrouw, als haar gevraagd wordt wat ze voelde op een partijtje waar ze zich niet op haar gemak voelde. 'Ik was gespannen.'
Na een paar minuten: 'Het ligt aan mij. Ik denk dat ik niet deug.'

- Het tweede stadium bestaat uit de handeling die uit deze sensatie voortvloeit: *de motoriek van de dwarsgestreepte spieren*. Het gaat hierbij om de actietendens die tot een beweging of handeling leidt. Het vermogen tot differentiatie of de koppeling van de emoties aan een gedachte of gebeurtenis is beperkt.
- De volgende fase is *die van de beelden*, eerst primitieve beelden, met primitieve woorden, zoals 'zwaar', moe, traag of juist 'licht'.
- Op een hoger niveau van ontwikkeling en begrip komen *andere beelden*, zoals fantasieën, metaforen en dromen. Het gaat in deze eerste fasen dus om affecten die deels in beelden kunnen worden omgezet, maar nog niet te delen zijn.
- Dan komen *de woorden*, en dat is het eerste niveau van de emoties.

Het stadium van de taal

Na de stadia van de lichamelijke gewaarwordingen, de actie en de beelden komt het volgende stadium, dat van de taal en de woorden. Het vermogen affecten in woorden om te zetten is het eerste niveau waarop men spreekt van emoties. Deze zijn eerst nog *indexaal*, ze verwijzen naar één staat waarover nog niet nagedacht kan worden; het gaat om impulsieve woorden zonder reflectie. Zoals de boosheid bij kinderen:

- 'Ik ben boos.'
- 'Waarover?'
- Schouderophalen.

In deze fase van emoties zijn emoties wel van de persoon zelf, maar het verband tussen de emotie en de gebeurtenis is in de ontwikkeling nog niet meteen duidelijk. Het kind beseft nog lang niet wat de relatie is tussen gebeurtenissen, gedachten en betekenisgeving. Dat zie je ook terug bij patiënten die geen idee hebben waardoor ze zo van stemming zijn veranderd of van streek zijn. In de theorie van het mentaliseren heet het ook wel dat gevoelens in deze fase psychisch equivalent zijn: wat van binnen is, is waar en onveranderlijk en zegt iets over wie en wat jij bent. Dus op dit niveau zijn mensen bang, omdat boze emoties betekenen dat ze voor eeuwig boos zullen zijn en dus slecht.

In een andere benadering van deze niveaus noemt men deze vorm van beleven concreet, niet symbolisch. Wilma Bucci (1997) die al aan de orde kwam in ▶ H. 2, stelt in haar multiple-codingtheorie dat wij beschikken over verschillende subsymbolische manieren van informatieverwerking in het brein. Dat sluit aan bij de theorie van de hersenen als voorspellingsmachine. Er is een taal die symbolisch, verbaal en logisch is en een lichamelijke taal die berust op beelden, sensaties en lichamelijke ervaringen. Beide moeten bij elkaar komen door integratie van emotionele informatieverwerking en meer 'cognitieve' betekenisgeving. Wanneer dat niet gebeurt, krijg je een dissociatie van de verschillende subsymbolische systemen. In ▶ H. 3 kwam al aan de orde dat het logische, verbale het terrein is van de linkerhemisfeer, terwijl de affectieve taal die van de rechterhemisfeer is. Als die affectieve taal te veel is gekleurd door angst en door conditionering met angst, dan wordt deze niet verbonden met ons vermogen tot oordelen of relativeren en blijft deze als het ware op concreet niveau hangen.

Een voorbeeld is de vrouw die eetbuien krijgt als ze zich uitgeput en leeg voelt: het symbolische uitgeputte, overvraagde gevoel wordt op concreet niveau beleefd en 'opgelost' door een eetbui en daaropvolgend braken.

Emoties kunnen niet zonder woorden. We leren die in contact met onze verzorgers, doordat die ze herkennen en gemarkeerd spiegelen. Emoties zijn ook ingebed in een cultuur. Er blijken grote culturele verschillen in het soort woorden en dus in het soort emoties. Japanners kennen een begrip van weemoed dat wij niet kennen. Het Duitse *weltschmerz* is niet hetzelfde als het Engelse *spleen*. Maar we kennen wel over de gehele wereld een basisrepertoire van boosheid, blijheid, angst, bedroefdheid, verbazing en schrik, compleet met de affectieve mimiek die universeel herkenbaar is. Walging hoort bij een ander homeostatisch systeem dan de affectieve homeostatische emoties.

Op het tweede niveau is er sprake van meer containment en van symboliseren. Op dit niveau spreken we ook van *gevoelens*. Dat komt overeen met de theorie van Lane & Schwarz.

Het boze kind van hierboven zegt een jaar later: 'Ik ben boos, omdat mijn broertje veel meer mag dan ik.' Zijn moeder zegt: 'O jee, je bent jaloers.'

In de schematische niveaus van Bouchard en Lecours en Lane en Schwartz ontbreekt in mijn ogen de rol van de ander te veel. Uit onderzoek weten we inmiddels dat er tussen de stappen die verlopen van een lichamelijke sensatie naar het ervaren van gevoelens veel ervaringen en ontwikkelingen nodig zijn en dat daarin de sociale omgeving en de ander een essentiële rol spelen. Van het allergrootste belang is op zijn minst één ouder met wie een veilige gehechtheidsrelatie bestaat. Vanuit een veilige hechting ontstaat epistemisch vertrouwen, waardoor een kind in veiligheid van een ouder kan leren en door de ouder ingevoerd kan worden in een cultureel systeem. De Hongaarse psychoanalyticus Balint noemde dat in de jaren vijftig van de vorige eeuw de *basic trust* (Balint 1979), het basale vertrouwen. Daarnaast is voor de ontwikkeling van emotieregulatie de aanwezigheid nodig van leeftijdgenootjes, waarmee een kind kan stoeien en spelen, en in competitie en rivaliteit kan ervaren wat hiërarchie is en hoe daarmee om te gaan, en de nieuwsgierigheid om eigen nieuwe fysiologische sensaties in de puberteit te onderzoeken. Kortom, een hele stoet ontwikkelingen waarin de rol van de ander (ouder, kameraad, liefdespartner) onontbeerlijk is.

Via de nieuwe bevindingen op het terrein van interoceptie zullen we de rol van de ander in de ontwikkeling van emotieregulatie bespreken.

Interoceptie en homeostase

Interoceptie heeft dus alles te maken met het waarnemen van affecten, emoties en gevoelens. Maar interoceptie behelst ook het ervaren van, de perceptie van de fysiologische conditie van het lichaam: temperatuur, pijn, hartslag, ademhaling, honger, dorst, welbevinden door een aanraking en een misselijk gevoel in de maag. Interoceptie is dus anders dan de exteroceptie: de perceptie van de buitenwereld via kijken, ruiken, horen, tasten, je plaats in de ruimte – proprioceptie –, evenwicht en beweging.

Interoceptie is dan ook stevig gebonden aan het homeostatische evenwicht, zowel het evenwicht binnen in ons als het evenwicht tussen onze binnenwereld (onze fysiologie), binnen ons lichaam, en de buitenwereld (van zuurstof, temperatuur en voedsel tot de samenleving als geheel). Interoceptie informeert het lichaam over erfelijk vastgelegde homeostatische behoeften (Craig 2003, 2009, 2013; Critchley en Garfinkel 2017; Harshaw 2012). Het systeem heeft een eigen neuroanatomische onderlaag, bestaande uit twee soorten vezels die naar de hersenstam lopen. Een deel loopt via de nervus vagus, die we al in ▶ H. 5 tegenkwamen, naar een kern: de nucleus tractus solitarii (NTS). Een ander deel loopt via het ruggenmerg naar de thalamus: het verbindingsstation. Daarnaast is er ook informatie via hormonen en neurotransmitters, zoals insuline en glucose, die direct naar de hypothalamus gaan. Ook stoffen die vrijkomen bij weefselschade of die giftig zijn, bereiken het brein via de steuncellen, de microgliale cellen. Van daaruit vormen zich projecties van zowel homeostatische als motivationele systemen, die eerst projecteren naar het achterste deel van de insula waar een eerste representatie wordt gemaakt van wat er gevoeld wordt aan pijn, aanraking, gevoelens vanuit je ingewanden, honger, dorst et cetera. In de insula ontstaat dan de subjectieve ervaring, de representatie of kaart van de representatie van deze interne lichamelijke ervaringen – dus de metarepresentatie –, eindigend in het voorste deel van de insula (Damasio 2000). De insula is zoals dat heet gelateraliseerd: er zijn verschillen tussen links en rechts. Rechts in de insula worden pijn en temperatuur gemarkeerd. De parasympathische activering, zoals de verwijding van je maag en smaak, loopt via links. Interoceptie vormt het hart van het zelfbewustzijn. Onderzoek toont aan dat mensen die hun eigen interne gevoelens niet herkennen gevoeliger zijn voor illusies zoals de rubberen-handillusie.

De wortels van interoceptie

> » The mind is there to serve the body's need in a given environment (Fotopoulou en Tsakiris 2017, pag. 9).

In een rijk en belangrijk artikel beschrijven Fotopoulou en Tsakiris (2017) hoe interoceptie geworteld is in de intersubjectieve en belichaamde ervaring van het contact met belangrijke anderen. Zelfs de minimaalste aspecten van dat wat wij als zelf ervaren, namelijk de gevoelens die horen bij een belichaamd subject, worden fundamenteel gevormd door interacties met andere personen. Zij stellen dat het zelf zowel lichamelijk als sociaal is, vanuit de gedachte dat de homeostase van het jonge kind geregeld wordt in sociale interacties. Dat begint al bij honger en kou. Als niemand ingrijpt, gaat een pasgeboren baby gewoon dood.

Leren ontdekken wat een ander voelt – zoals de theory of mind, het vermogen te bedenken wat een ander denkt, wil of bedoelt –, ontstaat uit primitievere vormen van belichaamde perceptie. Het belichaamd mentaliseren betreft namelijk niet alleen het eigen lichaam en wat je daar in voelt, maar ook dat van de ander.

De hoofdstelling van Fotopoulou en Tsakiris (2017) is dat de geest, de psyche of *mind*, het mentale dus, zich ontwikkelt om de overleving van het lichaam te bevorderen. Ook de affecten zijn daartoe voorbestemd. In de theoretische neurowetenschap zien we dit terug in Fristons theorie van de 'vrije energie' (zie ook ▶ H. 2) (Friston 2009). De primaire multisensorische en sensomotorische signalen worden geïntegreerd op verschillende, in toenemende mate hiërarchische niveaus. Ze worden toenemend geschematiseerd in meervoudige voorspellende (*predictive coding*) modellen: hoe ons lichaam in evenwicht te houden in verschillende omstandigheden. Je zou het ook, emotionele, cognitieve en lichamelijke, schema's kunnen noemen. Mensen zijn biologische, zelforganiserende wezens, die een beperkt repertoire van sensorische toestanden in stand moeten houden om te kunnen overleven. Onze omgeving is echter onzeker en inherent onduidelijk, en daarom onvoorspelbaar. Om enige voorspellingen te kunnen doen, gaan we uit van waarschijnlijkheid. Dus maakt onze geest waarschijnlijkheidshypothesen, representaties van oorzaken. Het brein is constant bezig deze modellen te wijzigen in het licht van nieuwe informatie om verrassingen uit te sluiten. Verrassingen zijn ongewenst, want ze geven te veel vrije verwarring en onzekerheid, dus we doen er alles aan om deze 'overvallen' te voorkomen, zelfs door foutieve voorspellingen (*prediction errors*) te doen. Een voorbeeld van een foutieve voorspelling is dat je op basis van een ervaring voortdurend verwacht dat deze ervaring zich al gaan herhalen, zonder te checken hoe groot de kans daarop is. Het gevolg is dan dat je die ervaring gaat vermijden, zoals bij een fobie, of ander gedrag gaat vertonen dat je leven gaat beheersen, zoals dwanghandelingen.

Het lichaamsbewustzijn, dus de wetenschap dat jij jouw lichaam bewoont, wordt gecodeerd in waarschijnlijkheid: *het lichaam dat hoogstwaarschijnlijk van mij is*, omdat andere objecten niet dezelfde input produceren. We weten uit de experimenten met de rubberen-handillusie, waarin een rubberen hand synchroon gestreeld wordt met de eigen onzichtbare hand, dat we al snel sensaties waarnemen in die rubberen hand. Het gaat dus om een multisensorische (kijken, aangeraakt worden) ervaring: vanuit de *verwachting* dat je een somatosensorische ervaring zult krijgen, wordt die ervaring ook bewaarheid. Interoceptie laveert dus steeds tussen top-downvoorspellingen en sensorische input van binnenuit. Hoe preciezer, hoe minder vrije energie. Hoe meer onzekerheid, hoe groter de kans dat er foute voorspellingen worden gedaan, en vanuit die onzekerheid worden interoceptieve ervaringen onderdrukt. We komen daar later op terug bij de alexithymie.

Ook de interacties met anderen verlopen volgens die principes. Jonge kinderen van drie tot vijf maanden zijn al in staat lichaamsdelen te herkennen als eigen, door middel van visuele feedback en synchrone ruimtelijke bewogen delen: 'Hé, die teen zie ik bewegen terwijl ik hem naar me toetrek. Ik zie hem, en ik voel hem.' Het gaat dus om amodale synchronie, waarbij amodaal betekent dat er geen voorkeur is voor welk zintuig dan ook, als het maar in de ruimte en tijd contingent is, dat wil zeggen dat ze elkaar in tijd en ruimte opvolgen. Dit vermogen van jonge baby's vormt de kern van het minimale zelf, de belichaamde ervaring.

In de vroege ontwikkeling spelen de lichamen van anderen daarin en hoofdrol: knuffelen, voeden, aaien, wiegen, optillen, verschonen, wassen, aankleden – het zijn allemaal activiteiten waarbij de huid en lichaamsdelen aangeraakt en bewogen worden. Volgens Fotopoulou en Tsakiris (2017) is de aanraking veel belangrijker dan het kijken. Baby's prefereren visuele stimuli in synchronie met aanrakingen van hun gezichtje vóór ze reageren op visueel-proprioceptieve stimuli. Strelen en aanraken zijn dus van groter belang dan de blik. De vroege belichaamde mentalisatie wordt dus veroorzaakt door belichaamde sociale interactie. Daarin zijn momenten van synchronie en van volledige asynchronie; stelt u zich maar eens voor dat u een tegenstribbelende baby een strak truitje aantrekt.

Bij een normale ontwikkeling vinden deze repetitieve multisensorische momenten plaats tussen twee lichamen: actief aangeraakt worden, proprioceptie (opgetild worden en neergezet worden) en evenwicht, geur, temperatuur, en visuele en auditieve stimuli. Een baby gaat onderscheiden wat regelmatig gebeurt (een flesje per drie uur) en wat niet regelmatig gebeurt (oma's gezicht boven het wiegje). Baby's zijn meesters in patroonherkenning. Je zou denken dat vele kinderen dus met onvoldoende aanraking moeten opgroeien en dus verwaarloosd zullen zijn, maar onderzoek laat zien dat minimale zorg al voldoende is voor het ontstaan van dit minimale zelf. Lopen met een huilende baby geeft al meteen een daling van de hartslag van de baby. Je hoeft niet eens over mentale concepten van hogere orde als empathie en intentionaliteit te beschikken. We weten ook dat likken en wassen van pups bij ratten en waarschijnlijk alle zoogdieren meteen leidt tot afgifte van endorfine en oxytocine. Aanraking is dus belangrijk voor de ontwikkeling, zoals we al zagen in ▶ H. 4.

Belichaamd mentaliseren is het gevolgtrekkende proces in ons brein, waarbij we signalen van binnenuit integreren in een model over 'ons lichaam in bepaalde situaties', zowel affectief als homeostatisch. De vrije energie wordt verminderd – 'gebonden' zouden we kunnen zeggen – door de sensorische input te veranderen. Perceptie bijvoorbeeld reduceert vrije energie door voorstellingen bij te stellen en foute voorspellingen bij te stellen.

> Embodied mentalization is the ongoing dynamic process of maintaining and updating generative models of the likely causes of sensory data from inside the body itself and the external world (Fotopoulou en Tsakiris 2017, pag. 10).

In gewone mensentaal: we leren van jongs af aan dat sommige lichamelijke signalen horen bij 'jou' en andere signalen bij een ander. We leren dat we anderen nodig hebben om ons gevoed en warm te houden. We leren dat aanraking ons steunt, troost en helpt, maar soms gevaarlijk is, als deze aanraking pijn doet of sensaties oproept die we niet kunnen plaatsen. Dat heet trauma.

We leren stoeien zodat we onze krachten kunnen meten. We leren dat er niet altijd adequaat op onze gevoelens gereageerd wordt, zodat we ze leren onderdrukken. We leren dat sommige emoties niet en andere wel aandacht krijgen; soms word je gestraft als je huilt, soms getroost. Je leert dat je jezelf kunt troosten door je terug te trekken in een cocon van sensorische ervaringen: wiegen, hoofdbonken of over zachte stoffen wrijven. Dit zijn de eerder genoemde autistiforme manieren om om te gaan met het gevoel dat er geen veiligheid is. We leren dat sommige emoties erg gevaarlijk zijn; ze zijn niet alleen aversief in de ervaring zelf, zoals bijvoorbeeld angst, maar ook in de uiting die een gevoel van controleverlies en schaamte geeft, zoals bij woede. We leren dat aandacht geven aan een impuls, de impuls versterkt. Zo kun je als je niet uit je bed wilt, maar wel moet opstaan, beter even niet nadenken, maar er 'hup' uitstappen. Sensorische ervaringen roepen viscerale en somatische ervaringen op van plezier of pijn, maar gaan samen met motorische bewegingen van hand, mond en zelfs je hele lichaam: van huilen en zuigen als baby, tot schoppen en jezelf voegen naar het lichaam van een ander als je een peuter bent. Lekker op schoot gaan zitten en je vleien tegen het lichaam van de ander vereist een zeker voegen van je lichaam naar dat van de ander. Hetzelfde geldt voor lepeltje-lepeltje slapen. Je hebt kinderen die stroef of stokstijf op schoot zitten en dat niet kunnen. Elke moeder, verpleegkundige en arts kent dat verschijnsel.

Winnicott

Geen enkele andere onderzoeker, psycholoog of psychoanalyticus heeft zo invoelend en origineel geschreven over dit vroege leerproces als kinderarts en psychoanalyticus Donald Winnicott. Hij is al lang dood, maar zijn werk blijft ook na herlezing fris en belangwekkend. Over seksualiteit had hij het nooit, maar hij was – mogelijk omdat hij als kinderarts gewend was kinderen aan te raken – als geen ander in staat om het lichamelijke van de vroege ontwikkeling onder woorden te brengen. Winnicott zegt het op deze wijze:

» The beginning of that part of a baby's development which I am calling personalization or which can be described as an indwelling van de psyche in de soma is to be found in the mother's ability to join her up in her emotional involvement which originally is physical and physiological (Winnicott et al. 1989, pag. 264).

Winnicott onderscheidt motiliteit van mobiliteit. De beweeglijkheid van het lichaam, vervat in de term motiliteit, is de ontdekking van de peuter van de wereld, met de bijbehorende triomf- en lustgevoelens, en met als gevolg dat geslaagde bewegingen geautomatiseerd worden opgeslagen in het impliciete procedurele geheugen. Je zou kunnen zeggen 'spierplezier'. Dat leidt tot een vitaal en affectief positief ervaren van het lichaam, dat volgens Winnicott onderdeel is van wat hij het *true self* noemt:

» The true self is bound with bodily aliveness of the body tissues. The spontaneous gesture is the true self in action (Winnicott 1960, pag. 147).

Het tweede patroon is de lichamelijke reactie op wat Winnicott (1960) *impingement* noemde. Het is een vrijwel onvertaalbare term, die we het best kunnen begrijpen als 'in-en opdringend'. Het gaat om de beschamende, behoeftige, controlerende, verleidende acties van de omgeving, van de ouders, maar ook in het spel met leeftijdgenoten, waarin en waarna het lichaam zich terugtrekt in neurotische patronen – of zoals we tegenwoordig zouden zeggen: in angstige voorspellingen –, en dat leidt tot het *false self*, en op het niveau van het lichaam tot een harnas van spierspanning.

Het derde patroon is dat van invasie, die zo groot is dat er geen ruimte meer is voor de ontwikkeling van het individuele zelf.

» The individual then develops as an extension of the shell than the core, as an extension of an impinging environment. What is left of a core is hidden away and is difficult to find even in the most far reaching analysis. *The individual exists by not being found.* (Winnicott 1960, ibidem, pag. 212) (cursivering auteur).

Interoceptie en alexithymie

Tegenwoordig wordt alexithymie gedefinieerd als een algemeen deficit in interoceptie (Brewer et al. 2016; Critchley en Garfinkel 2017). We zijn nu op het terrein gekomen van het onvermogen tot interoceptie. Alexithymie betekent *a* = niet, *lexi* = lezen *thymie*, van *thymos*, = gevoel. Het betekent dus letterlijk het niet kunnen lezen van wat in je binnenwereld leeft. Zoals bekend is de term voor het eerst gemunt in 1973 door de psychoanalytici John Nemiah (1977) en Peter Sifneos (1973), die het opviel dat hun patiënten met veel 'psychosomatische' lichamelijke klachten zo concreet bleven en zo weinig wisten wat er in hen omging. Ook ontbrak het hun aan fantasie. Ik zet 'psychosomatische' tussen aanhalingstekens omdat het ging om de toen bekende zeven 'psychosomatische' aandoeningen, zoals essentiële hypertensie, astma, hyperthyreoïdie, maagzweren, darmzweren (colitis ulcerosa), reumatoïde artritis en neurodermatitis, waarover we tegenwoordig andere ideeën hebben. Maagzweren blijken bijvoorbeeld voornamelijk veroorzaakt door een bacterie, de *Helicobacter pylori*. Reumatoïde artritis wordt tegenwoordig beschouwd als auto-immuunziekte. We spreken in de DSM-5 dan ook niet meer over somatisatie, maar over functioneel somatische klachten. Daaronder vallen nu chronische vermoeidheid, fibromyalgie, spastisch colon, maar mogelijk ook kaakpijn en bekkenpijn. Bij al deze klachten is er geen 'organisch substraat', wat wil zeggen dat er geen anatomische oorzaak of afwijking is, te vinden, maar deze kwalen gaan wel gepaard met duidelijk functionele beperkingen en ook functionele veranderingen. In elk geval viel het Sifneos en Nemiah in het Beth Israel Ziekenhuis op hoe weinig hun patiënten beschikten over woorden om te vertellen hoe zij zich voelden. Dat was Henry Kristal (1979), een psychoanalyticus die veel met de Holocaust-overlevers werkte, eerder ook al opgevallen. Daardoor verschoof het concept alexithymie uit de psychosomatiek naar de algemene psychopathologie. Ook bij eetstoornissen en middelenmisbruik wordt alexithymie waargenomen.

De Canadese onderzoeker Taylor ontwikkelde met zijn medewerkers Michael Bagby en James Parker de vragenlijst Toronto Alexithymie Schaal (TAS), die vervolgens veel gebruikt werd in onderzoek (Taylor et al. 2003). De TAS-20 is een zelfrapportagevragenlijst met drie subschalen: Moeilijkheden met het identificeren van gevoelens (*Difficulties in Identifying Feelings*; DIF), Moeilijkheden met het beschrijven van gevoelens (*Difficulties in Describing Feelings*; DDF) en Extern georiënteerd denken (*Externally Oriented Thinking*; EOT). Er kwam kritiek op het sterk cognitieve karakter van de TAS en het feit dat onvoldoende rekening werd gehouden met de emotionele of affectieve kant. Tegenwoordig wordt in onderzoek een andere vragenlijst gebruikt De Bermond-Vorst Alexithymia Questionnaire, eveneens een zelfrapportageschaal (Bermond et al. 1999). Al eerder gaf ik aan dat een zelfrapportagevragenlijst bij mensen die hun gevoelens niet herkennen natuurlijk een ingewikkelde onderneming is. Een voorbeeld.

John, een man van 45 jaar, werkt als vrachtwagenchauffeur. Hij is te zwaar en heeft rugklachten, en zijn cholesterol is veel te hoog. Hij meldt zich bij de huisarts vanwege zijn rug. Hij is vier jaar geleden gescheiden en ziet zijn kinderen weinig. Uit zijn voorgeschiedenis is bekend dat hij is opgegroeid in een adoptiegezin, met meerdere adoptiekinderen. Hij weet niets van zijn biologische ouders. In het adoptiegezin was de opvoedingsstijl praktisch, gestructureerd, maar weinig affectief. Hij heeft zich ontwikkeld tot een stille, hardwerkende man. Zij vrouw scheidde van hem omdat hij altijd weg was, maar wanneer hij thuis was ook erg afwezig was. In het contact valt op dat hij weinig idee heeft over wat hij voelt, behalve pijn. Hij wordt verwezen naar een POH-GGZ, omdat er niets aan zijn rug te vinden is, maar hij blijft klagen over pijn.

Het valt al snel op dat hij weinig herinneringen heeft aan vroeger. Hij heeft geen mening over het effect van de scheiding en haalt bij vragen ernaar zijn schouders op. In gehechtheidstermen zou men hem gereserveerd-vermijdend gehecht noemen, omdat hij zijn emoties afkoelt, terwijl de spanning op lichamelijk niveau duidelijk te merken is aan zijn spierspanning. Zou hij op de TAS of de Bermond-Vorst-vragenlijst laag scoren? Waarschijnlijk wel. Is hij alexithym? Of is er sprake van het niet gewend zijn, zich niet serieus genomen voelen? Rugpijn is een beroepsziekte van chauffeurs die de hele dag zittend doorbrengen en te weinig beweging krijgen. Is de alexithymie die we nu zien een oorzaak of een gevolg van zijn situatie?

Primaire en secundaire alexithymie

Primaire alexithymie wordt gedefinieerd als een persoonsgebonden onvermogen, als een karaktertrek die te maken heeft met de ontwikkeling waarin, zoals in het geval van John, trauma en een onveilige gehechtheid een rol speelden. Alexithymie kan ook een gevolg zijn van stress, trauma, lichamelijke ziekten, hersenaandoeningen en eetstoornissen, bijvoorbeeld anorexia nervosa.

Je zou kunnen stellen dat er een regressie plaatsvindt van symbolisch of affectief mentaliserend denken naar een concretere vorm. We zien dit onder andere bij de ziekten die tegenwoordig beschouwd worden als functioneel.

Bij alexithymie is een aantal belangrijke onderscheidingen te maken: alexithymie wordt zowel gedefinieerd als interoceptieve gevoeligheid voor lichaamssignalen als een verminderd gevoel voor affectieve signalen. Christina Scarpazza en Giuseppe Di Pellegrino (2018) beschrijven hoe ingewikkeld de relatie is tussen de meer cognitieve en de affectieve gevoeligheid voor interne sensaties. Evenals andere onderzoekers onderscheiden zij:

A. *Interoceptieve sensibiliteit (ISb)*
   ISb is de neiging je bewust te zijn voor interne signalen en de subjectieve zelfrapportage van wat je ervaart.
B. *Interoceptieve sensitiviteit (ISt)*
   ISt is het vermogen interne lichaamssignalen redelijk objectief waar te nemen. Het gaat dan om accuraatheid.
   Vaak is dat vermogen verstoord bij mensen met hypochondrie en angststoornissen die menen dat hun fysiologische hartslagvariabiliteit (onder spanning en angst gaat je hartslag omhoog, maar ook als je een heftige emotie ervaart) een teken is van een naderend hartinfarct of een andere ernstige ziekte.
   Bij alexithyme personen is dat vermogen vaak helemaal niet verstoord. Zij voelen heel goed hun hartslag, hun maag, hun benauwdheid, de brok in hun keel, maar ze vatten die alleen niet op als teken van een emotionele beleving. Je zou kunnen zeggen dat ze niet in staat zijn voldoende te symboliseren. Hun ISb is hoog, maar ze beleven die op een concreet niveau. Het gaat dus om een *misinterpretatie*.
C. *Interoceptief bewustzijn* (interoceptive awareness, IAw)
   IAw is het metacognitieve vermogen om lichaamssignalen te ervaren en te kunnen objectiveren.

We zien in deze driedeling het concept van belichaamd mentaliseren terug van de schalen van Lane en Schwartz en Bouchard en Lecours. Het IAw is nog nauwelijks onderwerp van studie geweest. De ISb wordt onder andere gemeten met een schaal van Porges (1993), de Body Perception Questionnaire, die 96 items omvat, zoals:
1. Hoe bewust ben je je van lichamelijke signalen?
2. Hoe reageer je als je gestrest zou zijn?
3. Hoe reageert je autonome zenuwstelsel meestal?
4. Wat doe je als je gestrest bent?

De ISt wordt gemeten met een hartslagdetectietaak, waarbij je in stilte zonder klokje en zonder je pols te voelen je hartslagen moet tellen. Bij alexithymie is dit vermogen soms verhoogd, soms verlaagd. Bij depressie is het verlaagd (Harshaw 2012).

Palser et al. (2018), wetenschappers uit de school van Aikaterini Fotopoulou, het UCL in Londen, onderzochten een grote groep uit de bevolking op de relatie tussen alexithymie, interoceptie en angst. Hoe sensitiever de proefpersonen waren voor lichamelijke signalen en hoe minder ze de beschikking hadden over oorzaken waaraan ze die konden toeschrijven, hoe angstiger ze werden. Belangrijk is dus dat je de ervaren sensaties ergens aan kunt wijten of toeschrijven; zo niet, dan word je bang. Harshaw stelt dat interoceptieve signalen ambigu zijn: je hebt de realiteit en de reacties in de omgeving nodig om ze beter te kunnen lezen. Dat is ook niet zo vreemd als we ervan uitgaan dat interoceptieve signalen voorspellingen zijn die het homeostatisch evenwicht in het lichaam in stand moeten houden: de voorspellingen dienen altijd gecheckt te worden aan de omgeving.

Je kunt je voorstellen dat het tellen van hartslagen in een laboratoriumomgeving nu niet bepaald bevorderlijk is om zicht te krijgen op lichamelijke signalen, aangezien die in het 'echte' leven altijd in een context beleefd worden.

Betty is een vrouw van 58 jaar die nu twee jaar bang is voor een hartaanval. Haar vader is plotseling overleden toen hij begin zestig was. Aanvankelijk brengt ze dat als een feit, zonder veel emotie. Ze ligt vaak 's nachts in bed te voelen hoe haar hart bonst. Natuurlijk: als je op je hart let én bang bent, gaat je hartslag omhoog. Ik vraag haar of ze bang is nu ze de leeftijd nadert waarop haar vader overleed dat haar hetzelfde staat te gebeuren, en ze kijkt verbaasd op. Daar had ze nog nooit aan gedacht. Ze ervaart op concreet niveau de angst, die verder in de therapie op symbolisch niveau alles te maken blijkt te hebben met de verhouding met haar ouders. Ze was dol op haar vader, en ze was ook zijn lieveling. Dat vond haar moeder, met wie het nooit echt boterde, lastig. Het is bekend dat het verlies van een dierbaar persoon niet alleen verdriet oplevert, maar ook schuldgevoelens én een onbewuste identificatie met de verloren persoon. Als die er niet meer is in de realiteit kun je hem vasthouden in je geest door op hem te gaan lijken. Bij Betty bleek veel van haar angst gekoppeld aan de gedachte: 'Was het maar mijn moeder geweest, die dood was gegaan.'

De herkenning van emoties bij jezelf en bij anderen

Bij alexithyme personen zijn zowel het vermogen tot herkenning van de eigen emoties als die bij de ander verminderd; ze kunnen daardoor geen intern somatisch beeld maken van de emoties van de ander: een deficit in de belichaming van emoties. Mogelijk – maar dat is nog niet voldoende onderbouwd – heeft dat te maken met een verstoring van het spiegelneuronensysteem. Uit onderzoek blijkt dat dit vooral opgaat voor negatieve emoties zoals angst, maar niet voor walging. Dat is interessant, want de herkenning van walging zou volgens Panksepp bij een ander homeostatisch systeem horen dan affecten.

Handelingsvermogen en lichaamseigenaarschap

In het hele verhaal over interoceptie ontbreekt mijns inziens een belangrijke component, namelijk de vraag: van wie is het lichaam eigenlijk? We zagen al eerder (in ▶ H. 4) dat lichaamseigenaarschap geen simpel gegeven is en geworteld is in de vroege ontwikkeling, waarin de scheiding tussen zelf en ander vorm krijgt.

Belangrijke vragen in de ontwikkeling zijn:
- lichaamseigenaarschap: 'Wat hoort bij mijn lichaam?';
- lichaamshandelingsbekwaamheid of handelingsvermogen (*agency*): 'Wie beweegt als ik beweeg?'

Lichaamseigenaarschap is volgens diverse auteurs (Longo en Haggard 2012; Longo et al. 2010) gemakkelijk te manipuleren. Als je de vinger van proefpersonen beweegt (of hen die door de andere hand laat bewegen), en ze zien dit later terug op een video, dan hebben ze al snel het gevoel dat het lichaam niet van hen is. Het blijkt dat handelingsvermogen en lichaamseigenaarschap makkelijk uit elkaar te halen, te dissociëren, zijn. Ze hebben ook een andere neuroanatomische basis. Bij het lichaamseigenaarschap zijn de insula, het operculum frontale en corticale middenlijndelen betrokken. Bij handelingsvermogen is er een verbinding met de motorische schors (het gaat immers om handelen) en de onderste pariëtaalkwab.

Handelingsvermogen berust op drie pijlers:
A. de ervaring dat je iets wilt;
   Deze ervaring begint rond twee à drie jaar tot een hoogtepunt te komen.
B. de proprioceptieve feedback dat er wel of niet iets gebeurt tijdens de handeling;
   Je wilt op een fietsje en je kunt het aan het rijden krijgen, waardoor je in de ruimte beweegt op een andere wijze dan ooit tevoren.
C. de voorspelbaarheid van de gevolgen van de handeling.
   De volgende keer kun je het fietsje op dezelfde wijze voortbewegen. En fietsen zul je daarna nooit meer vergeten.

Lichaamseigenaarschap is een belangrijk vermogen, dat bij veel psychopathologie ontbreekt of verstoord is, onder andere bij psychotische stoornissen, maar ook bij ernstig vroegkinderlijk trauma, waarbij de zeggenschap over het lichaam (of de voorspelling dat je zeggenschap hebt over je eigen lichaam) is belemmerd doordat het lichaam als een object gebruikt is voor de lust van een ander, meestal een volwassene van wie je afhankelijk bent, zodat je ook nog eens niet kunt ontsnappen, zoals uit het vignet van Annelies blijkt.

Annelies[1] is een vrouw van midden veertig met een geschiedenis van complex trauma. In haar jeugd is ze langdurig misbruikt door een oom, met medeweten van haar moeder, die daar ook geld voor ontving. Moeder had zelf een psychiatrische stoornis, maar het is onbekend welke. Haar vader is verdwenen toen ze één jaar oud was. Ze heeft nooit meer contact met hem gehad.

Annelies meldt zich met gevoelens van angst en somberheid, die steeds terugkeren, ondanks ettelijke behandelingen (CGT, schematherapie). Ze werkt als vrijwilligster, maar is vaak te moe om te gaan. Ze klaagt verder over gevoelens van emotionele doofheid: ze voelt ook haar lichaam niet, ook al heeft ze wel pijn. Gevraagd of ze kan vertellen wat ze beleefde aan de eerdere behandelingen, zegt ze dat ze nooit het gevoel had dat het over haar ging. Ze voelde zich er nooit 'bij'.

In haar verhalen valt op dat ze de ene keer heel positief is over haar moeder en de andere keer vertelt dat ze haar haat. Geconfronteerd met deze tegenstelling, raakt ze verward en wordt boos. Daar voelt ze zich dan weer heel slecht over. Boos zijn is gevaarlijk; het maakt dat ze net zo erg is als haar nogal hardhandige oom. Gevoelens en lichamelijke ervaringen herkent ze niet, al kan ze in de loop van de behandeling wel aangeven of iets fijn of niet fijn is. Ze droomt nauwelijks en heeft geen idee dat je kunt fantaseren, bijvoorbeeld over wat je in de toekomst zou willen, en dat er een verschil is tussen fantasie en realiteit.

Volgens de theorie van het mentaliseren verkeert ze in een teleologische modus of in de psychische equivalentie. Ze is alexithym. Haar interoceptief vermogen is geblokkeerd. De *teleologische modus* is een term uit de theorie over het mentaliseren: *telos* komt van doel. In deze modus heeft iemand het idee dat alleen wat je doet of fysiek ervaart 'echt' is. Een patiënt denkt dat zijn of haar verhaal jou helemaal niet interesseert, tenzij je in je handelingen laat blijken dat dat wel zo is, bijvoorbeeld door extra tijd te geven, te mailen of te appen. Of: alleen snijden (zelfbeschadiging) of pillen, drugs of drank innemen kunnen een naar gevoel verbeteren.

Volgens de theorie van de metacognitie (het vermogen na te denken over je eigen gedachten en gevoelens) kan ze de stap van handelingsvermogen naar ervaring van emoties en gedachten niet maken: ze heeft niet het gevoel dat zij eigenaar is van gevoelens, gedachten of lichamelijke ervaringen. Dingen overkomen haar, gevoelens, gedachten en lichamelijke ervaringen zijn niet te onderscheiden. Ze kan ze dus ook niet integreren en erover nadenken.

Wat Annelies mist, is het gevoel een zelf te zijn, een lichaam te zijn én te hebben. Communicatie vanuit ons lichaam is echter voortdurend, de hele dag aanwezig: de gevoelens een zelf te zijn en een lichaam te hebben zijn impliciet opgenomen in het niet-bewuste deel van ons brein. Zoals we eerder al zagen, zijn de verschillende bewustzijnsstromen hiërarchisch opgebouwd. Het blijkt niet alleen mogelijk om de aandacht weg te houden, maar zelfs om de waarneming van lichamelijke signalen te blokkeren, om te dissociëren of de integratie van lichaam, emoties, gedachten en acties te ondermijnen, op grond van de voorspelling dat het levensgevaarlijk is om iemand te worden.

---

1 Zoals in alle beschrijvingen van patiënten gaat het hier om een mozaïek van verschillende verhalen en levensgeschiedenissen om elke herkenbaarheid te voorkomen.

Literatuur

Balint, M. (1979). *The basic fault. Therapeutic aspects of regression.* New York/Londen: Tavistock Publications.

Bermond, B., Vorst, H. C., Vingerhoets, A. J., & Gerritsen, W. (1999). The Amsterdam Alexithymia Scale: Its psychometric values and correlations with other personality traits. *Psychotherapy and Psychosomatics, 68,* 241–251.

Brewer, R., Cook, R., & Geoffrey Bird, G. (2016). Alexithymia: A general deficit of interoception. *Royal Society Open Science.* ▶ https://doi.org/10.1098/rsos.150664.

Bucci, W. (1997). Symptoms and symbols: A multiple code theory of somatization. *Psychoanalytical Inquiries, 17,* 151–172.

Craig, A. D. (2003). Interoception: The sense of the physiological condition of the body. *Current Opinion in Neurobiology, 13,* 500–505.

Craig, A. D. (2009). Emotional moments across time: A possible neural basis for time perception in the anterior insula. *Philosophical Transactions of the Royal Society, 364,* 1933–1942.

Craig, A. D. (2013). Interoception and the sentient self. In P. Heidt, J. Bienenstock & V. Rusch (red), *The gut microbiome and the nervous system* (Old Herborn University Seminar Monograph 26). Herborn-Dill: Old Herborn University.

Critchley, H. D., & Garfinkel, S. N. (2017). Interoception and emotion. *Current Opinions in Psychology, 17,* 7–14.

Damasio, A. (2000). *The feeling of what happens.* Londen: Vintage.

Fotopoulou, A., & Tsakiris, M. (2017). Mentalizing homeostasis: The social origins of interoceptive inference. *Neuropsychoanalysis, 19*(1), 3–28.

Friston, K. (2009). The free-energy principle: A rough guide to the brain. *Trends in Cognitive Science.* ▶ https://doi.org/10.1016/tics.2009.04.005.

Harshaw, C. (2012). Interoceptive dysfunction: Toward an integrated framework for understanding somatic and affective disturbances in depression. *Psychological Bulletin, 141*(2), 311-363. ▶ https://doi.org/10.1037/a0038101.

Krystal, H. (1979). Alexithymia and psychotherapy. *American Journal of Psychotherapy, 33,* 17–31.

Lane, R. D., & Schwartz, G. E. (1985). Levels of emotional awareness: A cognitive-developmental theory and its application to psychopathology. *American Journal of Psychiatry, 144,* 133–143.

Lane, R. D., Quinlan, D., Schwartz, G., Walker, P., & Zeitlin, S. (1990). The levels of emotional Awareness Scale: a cognitive developmental measure of emotion. *Journal of Personality Assessment, 55,* 124–134.

Lecours, S., & Bouchard, M.-A. (1997). Dimensions of mentalisation: Outlining levels of psychic transformation. *International Journal of Psychoanalysis, 78,* 855–875.

Longo, M. R., & Haggard, P. (2012). What is it like to have a body. *Current Directions in Psychological Science, 21,* 140–145.

Longo, M. R., Azañón, E., & Haggard, P. (2010). More than skin deep: Body representation beyond primary somatosensory cortex. *Neuropsychologia, 48,* 655–668.

Nemiah, J. C. (1977). Alexithymia. *Psychotherapy and Psychosomatics, 28,* 199–206.

Nicolai, N. J. (2016). *Emotieregulatie: De kunst van het evenwicht.* Leusden: Diagnosis.

Palser, E. R., Palmer, C. E., et al. (2018). Alexithymia mediates the relationship between interoceptive sensibility and anxiety. *PLOS ONE, 13*(9), e023212. ▶ https://doi.org/10.1371/journal.pone.023112.

Panksepp, J. (1998). *Affective neuroscience.* Oxford: Oxford University Press.

Panksepp, J., & Biven, L. (2012). *The archaeology of mind.* New York: Norton.

Porges, S. W. (1993). *Body perception questionnaire.* Laboratory of Developmental Assessment, University of Maryland.

Scarpazza, C., & Di Pellegrino, G. (2018). Alexithymia, embodiment of emotions and interoceptive abilities. In R. J. Teixeira, B. Bermond & P. P. Moormann (Eds.), *Current developments in alexithymia: A cognitive and affective deficit* (pp. 35–53). Parijs: Nova Press.

Sifneos, P. E. (1973). The prevalence of alexithymic characteristics in psychosomatic patients. *Psychotherapy and Psychosomatics, 22,* 255–262.

Taylor, G. J., Bagby, R. M., & Parker, J. D. (2003). The 20-item Toronto Alexithymia Scale. IV. Reliability and factorial validity in different languages and cultures. *Journal of Psychosomatic Research, 55*, 277–283.

Winnicott, D. W. (1960). Ego distortion in terms of the true and false self. In D. W. Winnicott (Ed.), *The maturational processes and the facilitating environment* (pp. 140–152). Madison CT: International Universities Press.

Winnicott, C., Shepherd, R., & Davis, M. (Eds.). (1989). *Psychoanalytic explorations*. Cambridge MA: Harvard University Press.

Het lichaam in de spiegel

Inleiding – 88

Het lichaam via de spiegel – 89

Lichaamsbeeld en lichaamsschema – 89

De spiegel in de psychoanalyse – 90

De symbolische ander in de spiegel – 93

Het spiegelinterview – 93

Wat zie je nu eigenlijk in die spiegel? – 95

Wat niet gespiegeld wordt – 95

De spiegel en het gevoel van eigenwaarde – 96

De symbolische spiegel: het lichaam in culturele zin – 97

Stoornissen in de spiegel – 100

Literatuur – 103

© Bohn Stafleu van Loghum is een imprint van Springer Media B.V., onderdeel van Springer Nature 2020
N. Nicolai, *In levende lijve: het lichaam in de psychotherapie*,
https://doi.org/10.1007/978-90-368-2499-6_7

> How easy it is to take for granted the lodgement of the psyche in the body and to forget that this again is an achievement. It is an achievement which by no means falls to the lot of all (Winnicott 1988, pag. 122).

Inleiding

In alle 45 jaren dat ik in de ggz werkte, heb ik nog nooit een vrouw ontmoet die tevreden was met haar uiterlijk. Zelfs als ze mooi en verzorgd was, bleek bij nadere kennismaking dat ze ontevreden was over kleinere of grotere aspecten van haar lichaam. Ook in mijn eigen buiten de ggz hoor ik regelmatig klachten over te brede heupen, te kleine borsten, een te grote neus, te grote voeten, een te dikke buik, sinaasappelputjes in de dijen. De plastische chirurgie en de schoonheidsindustrie varen er wel bij.

Ook psychotherapeuten varen er overigens wel bij, als ze te maken krijgen met de heftige angst die achter de morfodysfore stoornis (*body dysmorphic disorder* of BDD), de ingebeelde lelijkheid, verborgen ligt. Deze wordt gekenmerkt door een dwangmatig controleren van echte of vermeende afwijkingen, vaak in het gezicht, waarbij de overtuiging bestaat dat iedereen die ziet en veroordeelt. De stoornis wordt even vaak bij vrouwen als bij mannen gezien. Mensen kunnen hier sterk onder lijden en zich isoleren. Ze zijn vaak behoorlijk depressief en gaan vaker dan gemiddeld in hun leeftijdsgroep over tot zelfdoding. Het is absoluut geen ijdelheid, maar een ernstig lijden, waarbij mensen walgen van zichzelf, hun acne, hun neus, hun huid, van vlekjes of hun oogleden. Iemand die zoals ik geïnteresseerd is in emoties en affecten valt dat op, die heftige walging.

Bij vrouwen is de ingebeelde lelijkheid vaak verbonden met de gedachte te dik te zijn en wordt dan onder de eetstoornissen geschaard, maar je kunt een verstoring van het lichaamsbeeld hebben zonder een eetstoornis te ontwikkelen. Diëten zijn dan maar één manier om het uiterlijk te veranderen; plastische chirurgie, cosmetische ingrepen zijn een andere weg. Bij jonge mannen wordt in toenemende mate een preoccupatie aangetroffen met de gespierdheid van hun lichaam, de zogenaamde spierdysmorfie (*muscle dysmorphia*). De morfodysfore stoornis en spierdysmorfie komen veel meer voor dan we over het algemeen aannemen, vooral bij adolescenten. We komen ze in de ggz minder tegen dan plastisch chirurgen. Deze proberen door middel van vragenlijsten na te gaan of de vraag om cosmetische chirurgie ingegeven is door BDD. Maar patiënten zijn ook niet gek en laten vaak niet het achterste van hun tong zien. Het is trouwens bekend dat de onvrede niet afneemt na een chirurgische ingreep, maar zich vaak richt op een ander lichaamsdeel.

Zoals hierboven al aangestipt, is ook bij eetstoornissen het lichaamsbeeld verstoord. Mensen (meer vrouwen dan mannen) menen dan te dik te zijn, en ze gaan hun calorische inname drastisch verlagen door te vasten (anorexie) of te braken of laxeren na het eten of na vreetbuien (boulimie). Preoccupatie met het lichaamsgewicht en het uiterlijk zijn kenmerkend, evenals het controleren van de voedselinname, overmatige lichaamsbeweging en onveranderbare overtuiging te dik te zijn. Over al deze stoornissen is veel geschreven; we hoeven maar "eetstoornis" in een zoekprogramma in te tikken. Er is veel onderzoek naar gedaan, er zijn vele theorieën over opgesteld, en er zijn ook vele behandelingen voor ontwikkeld. Maar er is weinig gezegd over hoe bij al deze stoornissen het lichaam gezien wordt, namelijk via de spiegel.

Het lichaam via de spiegel

In 2005 werd op het IDFA de documentaire *Svyato* van de Russische filmer Victor Kossakovsky vertoond. Hij filmde zijn tweejarige zoontje, dat tot dan toe was weggehouden van spiegels, toen die in de gang van hun woning voor het eerst een spiegel zag. Hij werd dus voor de eerste keer geconfronteerd met zijn eigen spiegelbeeld. De film is verbazingwekkend. Het jongetje is eerst verbaasd en lijkt zijn spiegelbeeld eerst te zien als een ander kind. Hij probeert het aan te raken en kusjes te geven. Omdat er geen reactie komt, slaat hij op het beeld. Hij kruipt en kijkt of het beeld ook kruipt, slaat er weer op met een autootje, gaat achter de spiegel zoeken, staart naar zijn spiegelbeeld en raakt duidelijk zo opgewonden en overstuur door het gebrek aan reactie dat het bijna niet om aan te zien is. Dan komt de vader en ziet het kind de reflectie van zijn vader, en het beseft dat het zijn beeld is. Willem-Jan Otten beschrijft in *Trouw* dat 'er voor onze ogen iets onherroepelijks en fataals gebeurt, en: iets essentieel menselijks, iets wat van Svyato een mens maakt, zijnde: een schepsel dat met zijn zelfbesef wordt opgescheept'.

Wij leven nu in en tijd dat iedereen voortdurend geconfronteerd wordt met zijn of haar spiegelbeeld, via selfies, de glazen wanden en ruiten in gebouwen, via de spiegels in winkels en concertzalen en thuis in de badkamer. Selfies en foto's zijn misschien niet direct spiegelbeelden: ze leggen vaak de persoon vast met een ander, in relatie tot een omgeving. Ze zijn dus meer geënsceneerd, bedoeld om een bepaalde indruk te maken op een verondersteld publiek, namelijk de sociale omgeving van de gefotografeerde. Dat geldt ook voor de foto's op Facebook, Instagram en Twitter. Dat zijn heel andere situaties dan de blik in de spiegel als je alleen bent, met de onbarmhartige blik van de zelfcriticus.

Spiegels dateren al uit de oudheid. Ze werden gemaakt van zilver, brons en obsidiaan en later van met kwik gevulde glasbollen. Spiegels waren meestal klein. Ze behoorden tot de toiletuitrusting van rijke vrouwen, tot de Venetianen in de zestiende eeuw zilver gingen gebruiken en spiegels overal ter wereld opdoken, de muren van paleizen sierden of het licht weerkaatsen boven schoorsteenmantels. Mensen kijken van oudsher in spiegelende oppervlakte. We kennen de mythe van Narcissus, die zo verrukt was van zijn eigen beeltenis, dat hij geen acht sloeg op de roep van de nimf Echo, die verliefd op hem was. Afgewezen en niet-gehoord hongerde zij zich uit en verdronk ten slotte. Narcissus blijft kijken. We zien hem op het schilderij van John Waterhouse voorovergebogen over het water, gebiologeerd lijkt het wel, verzonken in zijn beeltenis. Ook hij eet en drinkt niet meer en sterft uiteindelijk. Op de plaats waar dat gebeurde, groeit later een narcis. Narcissus is het symbool van de eigenliefde geworden, maar in feite is het beter te zeggen dat het gaat om niet gehecht, niet verbonden zijn en het afwijzen van relaties.

De spiegel levert een onmiddellijke beeltenis op, zonder interpretatie van een kunstenaar, zoals in portretten. Maar de spiegel bedriegt ook: ze levert een spiegelbeeld waarin links en rechts zijn omgedraaid, en ze levert een eendimensionaal beeld.

Lichaamsbeeld en lichaamsschema

In de psychologie onderscheidt men gewoonlijk *lichaamsbeeld* en *lichaamsschema*. Het lichaamsbeeld is volgens Gallagher en Zahavi (2008) de perceptuele (dus de visuele, tactiele en proprioceptieve ervaring van het eigen lichaam, plus het conceptuele begrip van het lichaam als geheel en de emotionele houding ten opzichte van het eigen lichaam. Het lichaamsschema wordt omschreven als het vrijwel automatische proces dat houding en beweging reguleert en is dus een sensomotorische functie. Het bestaat uit het prereflexieve en niet-objectiverende lichaamsbewustzijn. Hoe dit prereflexieve werkt, blijkt uit het feit dat mensen op een video met lichtpunten zichzelf eerder en beter identificeren dan hun partners en collega's, terwijl ze die toch veel vaker zien (Legrand 2006). Het is een trend in de psychologie geweest om de aandacht vooral op het lichaamsbeeld dat perceptueel en cognitief toegankelijk is te richten. Het blijkt echter dat bij psychopathologie de verstoringen van het lichaamsschema een grotere rol spelen.

> Hoe dit werkt, wordt elegant aangetoond in het proefschrift van Anouk Keizer (2014). Gewoonlijk zet men jonge vrouwen met anorexia nervosa voor de spiegel in de hoop dat zij inzien dat hun dunne lichaam helemaal niet te dik is. De klinische realiteit leert dat dit zelden tot resultaten leidt. Anouk Keizer laat zien dat het lichaamsbeeld van de patiënten met anorexie op een basalere wijze verstoord is dan alleen het beeld in het het visuele derdepersoonsperspectief dat je in de spiegel waarneemt. Niet alleen zagen ze zichzelf als dikker, maar ze waren gevoeliger voor tactiele aanraking, hadden bij de rubberen-handillusie sneller dan normale proefpersonen het gevoel dat de rubberen hand van hen was en bewogen zich ook door de ruimte alsof ze in een veel groter lichaam zaten dan in werkelijkheid het geval was. Gelukkig blijkt deze verstoorde lichaamsbeleving wel te wijzigen.

Naast die tussen lichaamsbeeld en lichaamsschema zijn er nog andere onderscheidingen mogelijk. Ze worden beschreven en onderzocht in het proefschrift van Mia Scheffers (2018).
1. lichaamsattitude: de cognitieve affectieve en gedragsaspecten; dit is hetzelfde als het lichaamsbeeld;
2. lichaamstevredenheid: de mate van tevredenheid met je uiterlijk en de functies van je lichaam;
3. lichaamsbewustzijn: de mate waarin iemand zich bewust is van lichamelijke signalen en processen; van deze laatste is duidelijk een tekort bij alexithymie.

De spiegel in de psychoanalyse

De spiegel is in de theorie van de Franse psychoanalyticus Jacques Lacan (Nobus 2017) een symbool dat de overgang markeert van het subject worden van een individu. Het kind ziet zichzelf in de spiegel op het moment dat het nog niet volledig zijn of haar eigen lichaam als een eenheid kan beleven en krijgt letterlijk door een spiegel, of meer symbolisch door de 'ogen van de ander', een beeld aangereikt dat aan de ene kant een eenheid lijkt te presenteren (je ziet immers een heel beeld in de spiegel), maar aan de andere kant niet hetzelfde is als de 'ik' die je van binnenuit beleeft. Het is dus ook een soort miskenning (*méconnaissance*) van wat het van binnenuit is. Het kind identificeert zich immers met een van buiten af aangereikt beeld. Lacan maakt dan ook onderscheid tussen *je* en *moi*, in het Nederlands tussen 'ik' en 'mij'.

Het zogenaamde spiegelstadium is een belangrijke ontwikkelingsstap, die ons leidt naar het imaginaire van ons bestaan. Maar het is meer dan alleen een ontwikkelingsfase: het is ook de 'geboorte' van het subject, iets wat je ook kunt bezien als de kern van een identiteit. Die identiteit is dus al vanaf het begin gespleten. De 'ik' die beleeft, is niet het 'mij' dat je in de spiegel ziet. Lacan benadrukt dat de ander (de moeder, de vader) noodzakelijk is, want het kind moet zich gezien en gespiegeld weten. De ouder is ook degene die het kind opmerkzaam maakt op wie het is, door het op zijn spiegelbeeld te wijzen en te zeggen: 'Dat is Svyato'. In de documentaire van Kossakovsky is het de vader die het kind als het ware redt uit de verwarring tussen 'ik' en het beeld die het kleine jongetje bevangt, door tegen hem te zeggen: dat ben jij. Hij is onmiddellijk gerustgesteld. De imaginaire identificatie, die tussen twee en drie jaar ontstaat, scheidt het kind dus van de nog onvolledig geïntegreerde lichaamsbeleving van binnenuit: interoceptie en proprioceptie. Wat het betekent als deze te ver uit elkaar gaan lopen of niet geïntegreerd raken, kunnen we zien in de voorbeelden hierboven. Het meisje met anorexie ziet alleen maar het beeld, vervormd en niet kloppend, maar ze voelt van binnenuit niets. De jongeman met de schriele borstkas ziet alleen een beeld, maar voelt van binnen niets. Lichaamsbeeld en lichaamsbeleving zijn te ver uit elkaar gegroeid. Wat daar van de oorzaak is, komt later aan de orde. Het lichaam is een object geworden. Het lichaam is in het derdepersoonsperspectief geraakt.

Winnicott beschrijft het gezicht van de moeder als de metaforische spiegel voor het kind. Maar anders dan in de – neutrale – spiegel is het gezicht van de moeder een emotionele spiegel. Hoe kijkt ze? Lief en belangstellend? Of zijn haar ogen koud en hard? Of zijn ze leeg, zoals bij de depressieve of psychotische moeder van de patiënten uit eerdere hoofdstukken? Of dromerig en afwezig, zoals een moeder met veel stress op haar bordje?

Uit ontwikkelingspsychologisch onderzoek weten we dat het eerste wat een pasgeboren baby doet, is kijken naar gezichten. Zelfs ragebollen met een streepje voor de mond en twee stippen voor de ogen zijn voor baby's attractief. Ze zoeken naar de ogen, en men zegt ook wel dat kijken naar de ogen kenmerkend is voor veilig gehechte baby's, terwijl onveilig gehechte kinderen ertoe neigen naar de mond te kijken. Er is veel onderzoek gedaan naar de werking van de blik tussen moeder en kind. Uit microanalyse van het oogcontact met baby's van vier maanden oud kun je al voorspellen hoe het kind met dertien maanden gehecht zal zijn. De belangrijkste onderzoekers op dit gebied zijn Beatrice Beebe en Miriam Steele (2013) en Ed Tronick. Tronick (1977) is beroemd geworden met zijn 'still face paradigma', waarin de moeder in een (gefilmde) interactie met haar baby, de opdracht krijgt haar gezicht in de plooi te houden. De baby kijkt eerst verbaasd, doet dan nog verwoede pogingen om zijn moeder aan het lachen en communiceren te krijgen, wordt dan boos en verdrietig, en geeft het daarna wanhopig op. Het op YouTube te bekijken filmpje heeft een emotionerende impact op vrijwel alle kijkers. Wat van belang is, is dat er geen een-op-eenspiegeling is tussen moeder en kind, maar wel een synchronie, waarbij de baby het contact initieert, met zijn/haar ogen op de moeder gericht, de moeder reageert, het kind toespreekt op een speciale toon – die onderzoekers *motherese* noemen – en lacht, knikt, haar gezicht beweegt, tot dat de emotionele interactie een hoogtepunt heeft bereikt en het kind even wegkijkt.

Moeders kunnen dan drie dingen doen. Ze kunnen het kind met rust laten tot het weer contact zoekt. Of ze blijven het kind tot hernieuwd contact oproepen. Dat kan dwingend zijn. Of ze laten het erbij en gaan weg of gaan iets anders doen. Honderd malen per dag beleven moeders en kinderen samen deze kleine micromomenten, waarin het plezier tot een soort hoogtepunt komt, maar het kind ook weer tot rust komt. Als je naar de filmpjes kijkt of als je de interactie tussen moeders en hun baby's ziet, voel je dat er nog geen sprake is van allerlei afgeronde emoties, behalve misschien blijheid, maar dat het geheel vitaal en vol aanvoelt. Die vitaliteit is van belang, maar daar komen we later op terug. We blijven nu nog even bij de blikken die moeders en hun baby's wisselen en het belang daarvan voor het ontstaan van een affectief gekleurd zelfbeeld.

De New Yorkse psychoanalytica en onderzoeker Beatrice Beebe ontwikkelde met haar medewerkers, onder wie Joseph Jaffe, een onderzoeksmethode om deze micromomenten te analyseren (Beebe en Lachman 2002; Beebe et al. 2000, 2005). Ze namen moeder en kind, tegenover elkaar gezeten, op, met op elk van hen een videoapparaat gericht en vertoonden de video op een split screen. De moeder krijgt de instructie om met haar kind te spelen, maar zonder speelgoedjes. Voor de vierde maand zijn baby's nog te onrustig of te slaperig om zo *face to face* met hun moeder in contact te zijn, maar rond de vierde maand ontstaat het vermogen tot de expressieve, brede lach (de *gape smile*) en kunnen baby's het een lange tijd volhouden te kijken naar de ogen van de moeder. De communicatie gaat supersnel; het meeste is voor ons blote oog niet zichtbaar. Gezichtsuitdrukkingen veranderen in milliseconden. Daarom wordt de video beeld voor beeld bekeken, niet meer dan één seconde interactie per keer. Pas dan kun je goed zien wie begint en wie volgt, hoe de stem van de baby klinkt in melodie en hoogte, en hoe die van de moeder. Er wordt gescoord op affect, oriëntatie van het hoofd en lichaam, vocalisaties en aanraking. Zowel moeder als baby kunnen elkaar of zichzelf aanraken. Zelfaanraking is een manier om zelfcontingentie (zie hieronder) te borgen.

Moeder en kind beïnvloeden elkaar wederzijds, maar deze wederkerige communicatie is niet gelijkwaardig: de moeder heeft haar eigen geschiedenis, haar eigen hechtingsstijl en haar huidige gemoedstoestand mee, het kind variaties in temperament en regulerend vermogen. Er zijn kinderen die sneller reageren, sneller overprikkeld zijn of juist trager reageren dan andere. Al heel jong hebben kinderen meer of minder vermogen tot zelfregulatie. Zelfregulatie is het vermogen om negatieve affecten te verzachten, maar ook om de eigen gemoedstoestand relatief stabiel te houden. Een van de manieren waarop kleine baby's dat doen is door weg te kijken. Wegkijken is een manier om jezelf tot rust te brengen, wat een onderdeel is van zelfregulatie of in Beebe's woorden: zelfcontingentie; het is een fundament van sociaal competent gedrag. De aanpassingen van een individu aan het eigen voorafgaande gedrag noemt men dus ook zelfcontingent, de reactie op de ander interactieve contingentie. De beelden worden per minuut geanalyseerd op synchronie: van en naar elkaar toe bewegen, aanrakingen, gezichtsuitdrukkingen die op elkaar reageren, bijvoorbeeld een lachje van de baby dat beantwoord wordt door een gelijkvormige lach van de moeder. Uit dit onderzoek blijkt dat een interactie die vijftig procent van de tijd 'past' voldoende is voor een veilige gehechtheid van het kind. Dat wil zeggen dat de 'dans' niet perfect dient te zijn als een baby het contact initieert en de moeder dat volgt, maar dat die net als bij een echte tango, gekenmerkt wordt door 'gissen, missen maar repareren'. Een match in de interactie van minder dan vijftig procent levert vermijdend gehechte kinderen op, een match van meer dan vijftig procent ambivalent-gepreoccupeerde hechting. We kunnen dus stellen dat contingent spiegelen belangrijk is voor de emotionele ontwikkeling, maar dat nog belangrijker dan het spiegelen het vermogen is tot flexibel omgaan met verrassende en onverwachte kleine breuken in het contact. Dan krijgt het individu namelijk de mogelijkheid om zelf en ander goed van elkaar af te grenzen.

Hoe belangrijk dit proces van co-constructie is laat een al wat ouder spiegelonderzoek zien. Peter Fonagy en Georg Gergely (Fonagy et al. 2002) onderzochten kleine kinderen van zes maanden oude met een gewijzigd still-faceparadigma. De moeders en kinderen konden elkaar alleen via de spiegel zien. Als de moeder niet meer contingent reageerde, gingen de onveilig gehechte kinderen naar hun eigen spiegelbeeld of naar hun eigen lichaam kijken. Kinderen die gedesorganiseerd gehecht waren, kregen het niet voor elkaar het verlies van contingentie te overwinnen. Ze bleven hangen aan het beeld van zichzelf in de spiegel.

> The disruption of contingency in the still face is catastrophic not simply because the loss of the adult or indeed the loss of the self as created in the adults mind, but the loss of the entire world that the infant and caregiver were in the process of constructing together (Fonagy et al. 2002, pag. 924).

De symbolische ander in de spiegel

In het spiegelbeeld is dus een symbolische ander al aanwezig: de ogen van de ander, maar ook alle opmerkingen over het beeld en spiegelbeeld die een kind in zijn leven opslaat, die via die ogen tot haar zijn gekomen. Het kind is immers gebed in een reeks verhalen, en die verhalen worden met het beeld onderdeel van zijn of haar identiteit. Je denkt als je naar jezelf in de spiegel kijkt dat je alleen jezelf ziet, maar onbewust spelen allerlei herinneringen, gevoelens en sensaties mede een rol. In ons beeld van onszelf zijn ook de representaties vervat van de 'blik van onze ouders'. Dat is onderzocht met behulp van het door Paulina Kernberg en haar medewerkers (Kernberg et al. 2007) ontwikkelde 'spiegelinterview'.

Het spiegelinterview

Paulina Kernberg was een Amerikaanse kinderpsychiater en psychoanalytica, die jonge kinderen voor een lange spiegel zette in het kader van een onderzoek naar lichaamsbeeld en lichaamsbeleving (Kernberg et al. 2007). Als je iemand voor een spiegel zet, kun je goed vragen wat zij over hun lichaam voelen, gebaseerd op wat zij zien, in aanwezigheid van een ander persoon. Dat vraagt om coördinatie tussen wat zij zien en hoe ze zich daarover voelen, dus moeten ze het lichaam tegelijkertijd als subject en als object beleven, met daarnaast nog het lichaam als object in de geest van de aanwezige ander. Dat laatste doet een beroep op het intersubjectieve veld: dat wat ik denk, dat wat ik denk dat jij denkt, dat wat ik zie, dat wat ik zie dat jij ziet, dat waar onze blikken elkaar in de spiegel ontmoeten. Haar onderzoek is door Bernadette Buhl-Nielsen (2006) in Kopenhagen uitgebreid naar adolescenten.

Vragen die gesteld worden zijn:
- Kun je me vertellen wat je leuk of niet leuk vindt aan je lichaam?
- Denk je dat mensen je aardig vinden?
- Denk je dat jouw beeld van jezelf beïnvloed is door je moeder?
- Door je vader?
- Stel je voor dat je in een cultuur of land leeft waar alle vormen en maten even mooi en aantrekkelijk werden gevonden; hoe zou jouw leven er dan uitzien?

Met het spiegelinterview is veel onderzoek gedaan bij adolescenten, vooral adolescente meisjes met een ontluikende persoonlijkheidsstoornis of een eetstoornis (Kernberg et al. 2007; McBirney-Goc 2016). De adolescentie is bij uitstek de tijd dat het gehele zelfbeeld in rep en roer is; het is onderhevig aan veranderingen op lichamelijk niveau – hormonaal, neuroanatomisch, neurofysiologisch – en op psychologisch niveau – identiteitsvorming, separatie van de ouders, sociale interactie met leeftijdsgenoten en ontdekking van seksualiteit. Het is bekend dat psychopathologie in de kindertijd veel meer voorkomt bij jongens, maar dat die prevalentie rond het dertiende levensjaar omklapt. Dan gaan meisjes veel meer problemen vertonen die we meestal omschrijven als 'internaliserend', dat wil zeggen: somber, angstig, beschaamd, teruggetrokken. In de onderzoeken van Bernadette Buhl-Nielsen moeten meisjes voor de spiegel antwoord geven op de vraag wat ze over hun lichaam voelen, en dat is heel confronterend. Dat geeft ook een indruk van hun vermogen om emoties over zichzelf onder woorden te brengen en die te reguleren. Verder moeten zij dan ook nog rekening houden met de persoon die hun de vragen stelt en die naast hen staat, maar ook in de spiegel wordt gezien.

Er werd op basis van de gehechtheidsstijl een verschil gevonden tussen twee groepen: een veilig gehechte en een onveilig gehechte. Dat lijkt op het eerste gezicht vreemd: wat heeft hechting nu te maken met het lichaam? Is hechting niet een gevoel van veiligheid, of in modernere termen een intern werkmodel dat iets zegt over relaties?

Het blijkt dat hechting ook veel zegt over hoe wij ons lichaam percipiëren en hoe wij in ons lichaam zitten, of wij al of niet goed 'in ons vel steken'. Veilig gehechte jongeren – Buhl-Nielsen onderzocht er tachtig tegenover tachtig jongeren met een probleem in hun ontwikkeling – keken vol zelfvertrouwen, maakten oogcontact – met zichzelf en met de persoon die naast hen stond –, stonden ontspannen en spraken helder. Ze waren vaak behoorlijk kritisch over aspecten van henzelf, maar over het algemeen eerder accepterend dan verwerpend. Als je de video's van deze interviews ziet, merk je dat jezelf gaat glimlachen. *Viva*-lezers uit het verleden herkennen dit mogelijk van een kleine rubriek waarin een naaktfoto van iemand door deze persoon zelf werd besproken: waar ben je blij mee, wat vind je niet goed aan jezelf? Meisjes met problemen keken echter niet naar zichzelf, waren over alles aan henzelf negatief, stonden er gespannen en angstig bij, onhoorbaar fluisterend en zichtbaar ongemakkelijk. Of je wel of niet oogcontact kon maken met je zelfbeeld was een beslissend criterium. Gezonde of veilige gehechte proefpersonen keken naar zichzelf, soms even weg, maar dan weer terug, terwijl de jongeren met problemen hun blik lieten dwalen, niet terugkeken. Wegkijken is een manier om jezelf te reguleren, en blijvend wegkijken geeft dus aan dat het contact als bedreigend wordt ervaren, of dat nu met jezelf is of met een ander.

Het ongemak dat zo zichtbaar is in de video's van dit spiegelinterview heeft te maken met projectieve mechanismen: de kijker voelt het ongemak, maar wat zij ziet is de jongere die naar zichzelf in de spiegel kijkt. Projectieve mechanismen hebben te maken met het gevoel dat iemand in je oproept, dat een weerspiegeling is van het gevoel van de persoon. Het is dus een vorm van affectieve spiegeling. Bij het spiegelinterview speelt dat een nog grotere rol omdat het verschil tussen subject (degene die kijkt) en object (degene die naar zichzelf kijkt) ook nog versterkt wordt door een ander die je ziet en ziet kijken via de spiegel, maar die je ook met je andere zintuigen naast je ervaart. Het spiegelpaleis dat zo ontstaat, maakt dat je je ongemakkelijk voelt. Dat was niet zo het geval bij de veilig gehechte pubers.

Het derde verschil heeft te maken met de mate van vervreemding. Het was in de psychiatrie vroeger een teken – het *signe du miroir* – van een verregaande depersonalisatie als degene die in de spiegel keek zichzelf niet herkende. Het was toen een teken van een naderende psychose. Nu weten we dat het veel voorkomt bij dissociatieve stoornissen, waarvan de depersonalisatiestoornis er een is. Deze komt veel vaker voor dan we denken, Sommige pubers zeiden dat het spiegelbeeld niet van hen was. Ze herkenden zichzelf niet, zagen een 'dode persoon' of een leegte. Een paranoïde jongen zei dat hij niets zag, maar wel verwarring in het gezicht in de spiegel, dat hij niet als van zichzelf ervaarde. Er is dus sprake van een splitsing tussen je jezelf voelen – het eerstepersoonsperspectief – en je zelf zien – het derdepersoonsperspectief – dat niet overbrugd kan worden door een gezamenlijke interactie in de driehoek tussen subject, beeld in de spiegel en de ernaast staande ander zoals bij veilig gehechte adolescenten. Deze jongeren vertonen dus een enorme kloof tussen hun zelfbeeld en hun subjectieve beleving van zichzelf. Er is geen coördinatie tussen deze twee beelden. Ze lijken afgesneden van de bron van hun zelfbeleving, die in de eerste plaats bestaat uit de interoceptie van hun lichaam.

Wat zie je nu eigenlijk in die spiegel?

Laat ik bovenstaande even samenvatten: in de spiegel zie je niet het subjectief ervarende lichaam, niet de interoceptie, maar het lichaam door de ogen van de ander. Het is de fase dat het kind zichzelf ziet in de spiegel en onontkoombaar afgescheiden wordt van de onmiddellijke relatie met de omgeving, lees de moeder. In zijn theorie is dat de bron van het verlangen naar heelheid. De gespletenheid wordt nooit opgeheven. We weten nu dat dit ook de motor is van separatie en autonomie. Het is ook de tijd, zo rond de leeftijd van anderhalf jaar, dat het kind kan lopen en zich weg kan bewegen van de ouder. Het is ook de tijd waarin primaire affecten namen krijgen van emoties, dat het kind het andere gaat zien als een geheel 'object', 'nee' gaat zeggen en taal gaat gebruiken, zij het dat deze taal nog maar uit niet meer dan 22 woorden bestaat. De taalontwikkeling komt pas vanaf het derde levensjaar goed op gang. We zien dan ook dat de linkerhemisfeer zich vanaf het tweede levensjaar gaat ontwikkelen. Zo tussen 18 en 24 maanden ontstaan objectconstantie en een gevoel van verschil tussen zelf en ander.

Het is goed nog eens te memoreren dat wij ons lichaam dus als representatie beleven, en die representaties zijn versmolten met hoe wij gehanteerd, gekoesterd, aangeraakt, getroost, liefgehad en zelfs gekieteld zijn in een plezierige relatie met onze ouders. Het is dus een representatie waarin de ervaringen die we met de belangrijke anderen in ons leven hadden zijn versmolten.

In ons lichaam huizen de geesten van onze ouders, niet allen hun genen, maar ook hun gedachten, wensen en fantasieën, die zich uiten in hun blikken en hun handelingen, in hoe ze je beetpakten en hoe ze je hielpen bij overspoelende angsten en onbenoembare sensaties. Je herneemt je eigen lichaam in de puberteit, onder de druk van seksuele gevoelens die je dwingen afstand te nemen van je ouders en je eigen weg te gaan of door de toename van fysieke en mentale kracht.

Wat niet gespiegeld wordt

Het zal uit bovenstaande duidelijk zijn dat wat de ouders spiegelen – dus teruggeven in gemarkeerde vorm – taal kan krijgen en bewust kan worden, en vervolgens wordt opgenomen in het impliciete geheugen, waarin wij alles opslaan wat geautomatiseerd kan worden. Het wordt onderdeel van de 'vanzelfzwijgende' emotieregulatie (Nicolai 2016). Deze is wel op te halen als er aandacht aan gegeven wordt, maar is meestal stilletjes op de achtergrond van ons bewustzijn aanwezig.

Er zijn natuurlijk ook gevoelens die *niet* gespiegeld worden en dus geen erkenning en ook geen taal krijgen, namelijk seksualiteit en agressie bij het jonge kind. Volgens Fonagy (2008) zijn het juist deze affecten, die zo ontwrichtend kunnen werken, die naar het dynamisch onbewuste gedelegeerd worden. Deze zijn dus niet met aandacht bewust te maken: ze uiten zich in dromen, in gedrag en in de overdracht in een psychotherapie.

> » It is the infant's and child's unmirrored, unreflected internal states that make up the seething cauldron [kokende ketel] of Freud's conceptualisation of the Id. (Fonagy 2017, pag. XVI).

De spiegel en het gevoel van eigenwaarde

Het is niet voor niets dat Narcissus zich verliest in zijn eigen spiegelbeeld. Hij deed daarmee afstand van de relatie met een ander; in de mythe de liefde van de nimf Echo, die hem volgt, maar die door Narcissus geen blik waardig wordt gekeurd. Beide sterven; een teken dat dit gebrek aan contact dodelijk kan zijn.

Narcisme wordt tegenwoordig opgevat als een stoornis in de affectregulatie (Schalkwijk 2018).

Het is goed om te bekijken welke affecten wanneer gereguleerd worden. We zagen in ▶ H. 5 hoe de sympathische opgetogen ontdekkingstocht van de jonge peuter zachtjes moet landen in het realiteitsbesef van de iets oudere peuter. Dat wordt gevormd door de overgang van wat men de oefenfase noemt in de rapprochementfase. Dat is de fase waarin het kind zijn incompetentie beseft.

Het gevoel van eigenwaarde (self-esteem) wordt gevormd door de confrontatie tussen dat wat men hoopt en denkt te zijn (een representatie van het zelf van binnenuit) en de realiteit. Het is dus een confrontatie tussen ik-ideaal en realiteit. Het ik-ideaal is een voorspelling die niet uitkomt. De discrepantie kan kleiner of groter zijn, en dat leidt tot stress. Veel onderzoekers (Schore 2003) vatten dit op als de periode waarin gevoelens van schaamte ontstaan. Neuroanatomisch komt dit overeen met de rijping van het remmende prefrontale deel van de hersenschors. Schaamte is een non-verbaal affect, gekenmerkt door het ineenstorten van plezier, opwinding en vitaliteit. Schaamte wordt fenomenologisch gekenmerkt door wegkijken en in elkaar zakken, en subjectief ervaren als een gevoel dat je door de grond wilt zakken of het liefst in een afvoerputje zou verdwijnen. De zachte landing loopt mis als de kleine ontdekkingsreiziger terug bij zijn ouder komt (in deze fase is de rol van de vader heel belangrijk) en in plaats van een even opgetogen ouder een afwijzende of niet-enthousiaste blik ontmoet. Dat is het moment dat de ouder een vreemde blijkt, en dat roept ook het besef van een afstand op. De voorspelling van een perfecte relatie, waarbij je een bent met je ouder en deze ouder er altijd en overal voor je is, blijkt een illusie. Er ontstaat dan de hypoarousal van de dorsovagale parasympathicus, gekenmerkt door zich terugtrekken, verstarren en wat men 'narcistische stress' noemt. Het kind laat zijn hoofd zakken en kijkt weg. Als dit gerepareerd kan worden door een ouder die sensitief is voor wat er gebeurt, is er niets aan de hand; het kind leert zich daardoor zelf te reguleren. Dit wordt namelijk onderdeel van het interne werkmodel van affectregulatie: het kan misgaan, maar er is ook altijd een mogelijkheid dat het weer goed komt. En dat wordt de kern van het vermogen om narcistische krenkingen te overwinnen en om realistisch tekortkomingen te accepteren.

De regulatie van het gevoel van eigenwaarde ontstaat dus door een niet te veel en niet te weinig; het is net als in het verhaal van Goudlokje: de ouder dient in zijn of haar reactie de gulden middenweg te bewandelen. Uit onderzoek (Schore 2003) blijkt dat de moeders van veilig gehechte kinderen deze toestand van schaamte herkennen en erop regeren door het kind op te beuren. Dat blijkt niet het geval bij de moeders van onveilig gehechte kinderen.

Te veel niet-gerepareerde schaamte blijft als een niet te verwoorden 'dode plek' aanwezig in het geheugen. Deze is immers niet te verbaliseren, maar lichamelijk en rechtshemisferisch opgeslagen (Crapparo en Mucci 2018). Zij is dus ook niet bewust te ervaren als 'schaamte'. Zij wordt deels bewust als een gevoel van minderwaardig zijn in de latere blik in de spiegel. Omdat dit nare en negatieve gevoelens zijn, worden deze automatisch vermeden en daarmee alle informatie vanuit het lichaam: de interoceptie wordt uitgeschakeld. De niet-gerepareerde schaamte blijft ook bestaan als een kern van angst dat elk contact met de ander een zelfde afwijzing zal opleveren; en met deze onbewuste angst komen onze patiënten de spreekkamer binnen. Ze hebben klachten, dus ervaren ze zichzelf als hulpeloos en incompetent. Ze hebben afgeleerd hun lichaam te beschouwen als bron van informatie. Ze voelen zich overgeleverd aan hun vreemde lichaam met verschijnselen die ze niet kunnen plaatsen. Bij gezonde proefpersonen vonden Ainley et al. (2012) dat kijken in de spiegel wel helpt om de interoceptieve sensitiviteit te verhogen. Dat gold niet voor mensen die al bij voorbaat een lage interoceptieve sensitiviteit vertoonden. Het staat en valt dus met het vermogen de representatie van het lichaam tegelijkertijd te ervaren met het beeld in de spiegel.

De symbolische spiegel: het lichaam in culturele zin

Wij maken in onze vroege jeugd dus een representatie van ons lichaam, maar we leven natuurlijk in een samenleving die allerlei normen en waarden heeft over het lichaam. Aan het lichaam wordt waarde toegekend, het wordt beoordeeld, ingeperkt, vrijgelaten, gedisciplineerd en onderwerp van culturele en religieuze voorschriften. In vele culturen wordt het besneden. Hoofdjes worden ingepakt om een bepaalde vorm te krijgen, nekken verlengd, ruggen gerecht, oorlelletjes doorboord. Het wordt onderworpen aan gedragscodes: 'Zit met je knieën bij elkaar.' 'Handen op tafel.' 'Poets je tanden.' 'Veeg je billen af.' Deze culturele en religieuze praktijken verlopen langs de lijnen van een van de grote opposities in het menselijk bestaan: sekse en gender.

Zodra je bent geboren en er is geconstateerd dat je tien tenen en tien vingers hebt, is de volgende vraag: welk geslacht? Dat heet in de plantkunde 'seksen' of sexing, het bepalen van het geslacht. Nu wordt het menselijk denken gekenmerkt door binaire opposities. Filosofen noemen dit in aansluiting op Aristoteles privatieve opposities. Privatieve opposities zijn tegenstellingen die in negatieve zin naar elkaar verwijzen, als het ware met een minteken ervoor. Dus bijvoorbeeld: blind is niet-ziende. Nacht is het negatief van dag. Goed is niet-kwaad. Zwart is niet-wit. En zo hebben we dat denken ook toegepast op gender, op mannelijk en vrouwelijk. Het vrouwelijke wordt gedefinieerd als het niet-mannelijke, en andersom is mannelijk niet-vrouwelijk.

Nu weten we dat we er in het begin van ons embryonale bestaan 'vrouwelijk' uitzien. De mannelijke geslachtsorganen ontstaan doordat testosteron wordt geproduceerd. Dat is genetisch vastgelegd in het Y-chromosoom. We weten ook dat er vele lichamelijke, genetische en hormonale tussenposities zijn tussen mannelijk en vrouwelijk, bijvoorbeeld in de vorm van een chromosoomafwijking waarin er maar één X-chromosoom is (het syndroom van Turner, XO) – mensen met dit syndroom zijn fenotypisch, dus uiterlijk, vrouwen – of het Klinefelter-syndroom, waarbij er twee X-chromosomen zijn en één Y (XXY).

Ook hormonale afwijkingen leiden tot een tussengebied. Denk aan het adrenogenitaal syndroom (AGS), waarbij genotypische meisjes, dus met een baarmoeder, door mannelijke hormonen een grote clitoris hebben en daarom een jongetje lijken. Het AGS is een stofwisselingsziekte, waarbij de bijnieren te veel androgenen en te weinig cortisol en aldosteron aanmaken, die belangrijk zijn voor de reactie op stress en de waterhuishouding.

En dan heb je nog alle psychologische varianten waarvan de oorzaak vooralsnog onbekend is: transgenderidentiteit of verschillen in de genderrolidentiteit. De genderidentiteit ligt – zo weten we – al heel vroeg vast, zo rond de achttien maanden. De gender-*rol*-identiteit – hoe het is je te gedragen als iemand van het ene of het andere geslacht – ontstaat later, vanaf een jaar of vier, vijf. Dan is er een duidelijk verschil in wat kleine jongetjes graag doen (vechten, met zwaarden en pistolen spelen; er is dan ook een piek in de testosteronproductie) en wat meisjes doen. Bij de genderidentiteit gaat het om het gevoel dat het lichaam van buiten af (dus het derdepersoonsperspectief van het lichaamsbeeld) niet klopt met hoe je je van binnen voelt (eerstepersoonsperspectief). Bij de genderrolidentiteit gaat het om het niet willen aannemen of zelfs verwerpen van de vanzelfsprekende rollen die aan elke gender zijn toebedeeld, bijvoorbeeld dat je als meisje niet zou mogen springen of in bomen klimmen, of dat je als vrouw geen zin hebt in bedden opmaken, maar er de voorkeur aan geeft om rond de wereld te zeilen.

Die rollen lijken meer fluïde; ze zijn in elk geval meer onderhevig aan maatschappelijke veranderingen dan identiteit. Toch kunnen ze interne conflicten en stigmatisering opleveren. Denk aan het jongetje dat het liefst balletdanser wil worden. Het onderscheid tussen sekse, gender en genderrolidentiteit stamt af van de Amerikaanse psychoanalyticus Robert Stoller (1972). Men neemt nu aan dat de genderidentiteit geen kwestie is van opvoeding, maar biologisch bepaald is, doch daarover is het laatste woord nog niet gezegd. We weten in elk geval dat het verschil tussen hoe je eruitziet en hoe je je voelt tot een intern conflict kan leiden met en grote lijdensdruk: genderdysforie.

> Robert, een man van 49 jaar, werkzaam als steigerbouwer en vader van twee kinderen, vertelt tijdens een relatietherapiezitting dat hij zich zijn hele leven een vrouw heeft gevoeld. Hij heeft er veel over gelezen; hij herkent zich in de beschrijvingen van transgenders, maar zag geen mogelijkheid zijn gevoel te uiten of in daden om te zetten en tegelijk zijn werk en zijn vrouw te behouden. Hij heeft er enorm onder geleden en wordt behandeld voor een depressie. Hij is gelukkig getrouwd en wil geen geslachtsverandering. Hij wil graag dat zijn vrouw hem als vrouw gaat zien. Zij accepteert dat. Hij mag van haar in huis ook als vrouw gekleed gaan.

In tijden van economische en politieke onzekerheid zien we de tendens om die oppositie tussen mannelijkheid en vrouwelijkheid te versterken. Daarbij gaat het niet alleen om het verscherpen van abortuswetgeving, maar ook om meer sluipende en psychologische ontwikkelingen: de roep om een sterke man, het verzet tegen 'identitaire bewegingen', toenemend geweld tegen homoseksuelen en de behoefte aan duidelijke taakverdelingen tussen de seksen, waarbij vrouwen weer het recht ontzegd wordt zich actief op te stellen in de publieke ruimte en weer met zachte hand gewezen wordt op hun specifiek vrouwelijke taken binnenshuis. Dat levert dus een nadruk op op het verschil tussen de seksen waarin de ene sekse beter, sterker en meer waard wordt geacht dan de andere. Hierdoor ontstaat een soort hiërarchie. Je kunt hierbij denken aan aan de gereformeerde kerk: de man is het hoofd, de vrouw aan hem ondergeschikt. In de rooms-katholieke kerk kunnen vrouwen geen priester worden en geen onmiddellijke relatie met God hebben; die zaken zijn voorbehouden aan de man.

Naast de privatieve oppositie mannelijk/vrouwelijk, die ons denken splijt, is er in een patriarchale cultuur ook een hiërarchie ingeslopen. Wit wordt beschouwd als 'beter' dan zwart, rechtshandigheid 'beter' dan linkshandigheid en mannelijkheid 'beter' dan vrouwelijkheid. Deze maatschappelijke betekenisgeving heeft diepgaande invloed op de wijze waarop de verschillende geslachten hun lichaam beleven, nog los van de verschillen in hormonen. Het vrouwelijk geslacht is in elke patriarchale cultuur bron van genot, mysterie, angst, afgunst en haat. En dit ingewikkelde emotionele brouwsel leidt tot culturele praktijken die controle uitoefenen op die bron, in plaats van op degenen die deze emoties hebben. De bron van het genot – seksualiteit en lust – wordt bezworen door het tot zonde te verklaren, in de vorm van genitale mutilatie, in de vorm van kledingvoorschriften en culturele regels die verordonneren dat vrouwen geen deel mogen uitmaken van de publieke ruimte, tenzij zij zich de 'mannelijke' mores eigen maken.

De bron van het mysterie is het vermogen te baren en te voeden. Maar de seksuele component – je kunt immers niet baren zonder seks, tenzij je Maria heet – leidt tot enerzijds een gedeseksualiseerde aanbidding/adoratie van de kuise moeder en anderzijds tot de devaluering van de seksueel actieve vrouw: de hoer, of *bitch* in rapperstaal. Voor vrouwen betekent dit in de praktijk dat hun eigen seksuele verlangens nogal eens tot conflicten leiden. Zelfs in deze verlichte tijden weten veel vrouwen nauwelijks wat hen opwindt en wat zij wel of niet prettig vinden. Veel vrouwen weten niet waar hun clitoris voor dient en weten evenmin dat coïtus zonder voldoende stimulatie niet tot een orgasme leidt. Als je te actief bent op dit terrein levert dat je het etiket 'hoerig' op. Vrouwen weten dus niet altijd wat hen opwindt en voelen vaak schaamte over gevoelens die wij gewoonweg hebben, zoals een prettig gevoel bij borstvoeding geven en belangstelling hebben voor het lichaam van je kinderen, dat je naast lief ook gewoon leuk en lekker vindt.

Als bron van afgunst en angst worden vrouwen ook heel verhuld onderworpen aan allerlei maatregelen die hun leven en lichaam onder controle brengen. Een lager loon dan mannen, het glazen plafond in ondernemingen en verzet tegen quota, al deze maatschappelijke verschijnselen kun je relateren aan de onbewuste angst dat vrouwen in de meerderheid zullen zijn of de macht grijpen.

De privatieve oppositie tussen mannelijk en vrouwelijk wordt vaak verdoezeld door het begrip complementariteit: mannen zijn zus en vrouwen dus zo. Ze passen in elkaar als een hand in de handschoen. In feite zijn er op biologisch, psychologisch en neurofysiologisch terrein meer overeenkomsten dan verschillen tussen mannen en vrouwen. Beide seksen hebben androgenen en oestrogenen, zij het gemiddeld in verschillende verhoudingen in verschillende fasen van hun leven. Zelfs het brein van mannen en vrouwen verschilt minder dan over het algemeen wordt aangenomen. Vergroting van het verschil wordt maatschappelijk aantrekkelijk gevonden: daardoor krijg je stereotiepe mannelijke (hoekig stoer, sterk) en vrouwelijke (zacht, rond en met een zandloperfiguur) beelden. In onderzoek worden deze ook aantrekkelijker gevonden. We vergroten vaak de verschillen met een beroep op de biologie (een ronde vrouw zou beter kinderen kunnen baren).

Al deze beelden worden onbewust in ons beeld van onszelf verinnerlijkt. Zij vormen de onbewuste mal waaraan wij ons eigen lichaam afmeten.

Dat geldt ook voor kleur. Je bent tegenwoordig 'wit' of 'zwart', alsof alle kleurnuances uit het maatschappelijk vertoog verdwenen zijn. Het houdt geen rekening met het feit dat ook een deel van het DNA van 'zwarte' mensen afkomstig kan zijn van witte slavenhouders. Het houdt geen rekening met andere kleuren en de mengeling ervan: Aziatisch, Melanesisch, Noord-Afrikaans, Arabisch, Creools, Joods, mediterraan, Turks, Caraïbisch. Hele veel mensen – zeker in de stad waar ik woon – zijn van gemengd bloed: Rotterdam kent 165 nationaliteiten. Nederlands-Indië en Suriname hebben hun culturele invloed doen gelden in Nederland. De mate van 'witheid' bepaalt nog steeds je status, ook al is die tegenwoordig van een moreel afkeurenswaardig sausje voorzien. Philip Roth beschrijft in *The Human Stain* (2005) hoe het leven van een hoogleraar met een 'wit' voorkomen aan een 'witte' universiteit in elkaar stort als bekend wordt dat hij een 'zwarte' ouder had. Kleur bepaalt hoe je gezien wordt. Het bepaalt waar je kunt wonen, wie je aanneemt, met wie je mag trouwen en hoe vaak je onderworpen wordt aan sluipende of grove discriminatie. Kleur heeft dus een verregaande invloed, niet alleen op de geest, maar ook op hoe je je lichaam beleeft.

Stoornissen in de spiegel

Het lichaam zoals wij dat zien in de spiegel of in de ogen van de ander is een lichaam op afstand, een lichaam dat alleen gebaseerd is op het uiterlijk en uiterlijke kenmerken. Het geeft een gevoel van herkenning, zoals in de documentaire over Svyato, maar tegelijkertijd vervreemdt het ons van onze innerlijke lichaamsbeleving. In de tijd van sociale media, Tinder, selfies en vloggers is uiterlijk de belangrijkste graadmeter voor je succes. Hoe meer de nadruk op het uiterlijk ligt, hoe meer mensen zich – in het geheim – onzekerder voelen als ze niet aan de ongeschreven norm voldoen. Volgens Amerikaans onderzoek blijken 93 % van de vrouwen en 82 % van de mannen hun uiterlijk belangrijk te vinden en er veel aan te doen om dat te verbeteren. Veel mensen zijn ook ontevreden met hun uiterlijk. We zien onszelf door de ogen van de ander en zijn het contact met het lichaam als bron van verbeelding, emoties, dromen, kracht, sportiviteit, handigheid en bekwaamheid verloren. We zijn ook het idee verloren dat je met het lichaam iets kunt doen: je in de wereld kunt bewegen, iets kunt maken, een stempel ergens op kunt zetten; dat is een van de definities van het enactivisme.

Het sterkst geldt dat voor de psychische stoornissen. Mia Scheffers (2018) beschrijft hoe lichaamsbeeld, lichaamstevredenheid en lichaamsbewustzijn daarbij ernstig beschadigd zijn, het sterkst bij mensen met een (seksueel) trauma in de geschiedenis. Bij hen is de score op alle schalen – lichaamsacceptatie, vitaliteit, zelfwaardering, seksuele tevredenheid, lichamelijk contact – het laagst. Datzelfde geldt ook, maar in mindere mate, voor mensen met functionele somatische klachten of een depressie: hoe ernstiger de depressie, des te sterker de verstoringen van de lichaamsbeleving, in het bijzonder de lichaamsacceptatie en de vitaliteit. Daarom werkt fysieke activering zo goed bij deze doelgroep.

Het uiterlijk op zich, de appreciatie ervan en de zorgen daaromtrent verklaren geen psychopathologie, maar ze dragen wel bij aan de ontwikkeling van psychopathologie. Mijn hypothese is dat een stoornis als ingebeelde lelijkheid of BDD niet alleen een obsessieve stoornis is, zoals gedefinieerd in de DSM-5, maar ook een stoornis door het verlies van contact met de innerlijke beleving van het lichaam. Bij ingebeelde lelijkheid speelt preoccupatie met een fragment van het lichaam dat als lelijk wordt ervaren een grote rol. Mensen zijn obsessief en gepreoccupeerd bezig met afwijkingen die in het oog van een buitenstaander totaal niet opvallen: een te grote neus, te dikke dijen of puistjes. BDD komt bij circa één procent van de bevolking voor, maar vaker bij jonge mensen. Waarschijnlijk is dat het topje van de ijsberg, omdat de stoornis met veel schaamte is omgeven. Vele interacties met anderen verlopen volgens een stereotiep scenario, waarin de persoon wanhopig probeert de ander ervan te overtuigen dat de lelijkheid echt is. Natuurlijk is deze echt, want zij wordt zo beleefd. Secundair ontstaan sombere en angstig gevoelens. De behandeling van voorkeur is cognitieve gedragstherapie, waarbij vooral het dwangmatig in de spiegel kijken en controleren gestopt wordt; men wordt geleerd los van de spiegel te leven. Dat werkt niet altijd, zeker niet door de opkomst van de plastische en cosmetische chirurgie.

Vanuit de theorie van alexithymie en interoceptie kunnen we op een andere manier naar BDD kijken. In onderzoek viel mij op dat mensen met BDD nauwelijks besef hadden van emoties en ook nauwelijks hun lichaam ervaarden. Hun lichaam leek alleen in een derdepersoonsperspectief te bestaan. In de geschiedenis van mensen met BDD viel op dat ze de fantasie hadden dat er alleen bij een perfect uiterlijk liefde mogelijk was, liefde die ze overigens behoorlijk gemist hadden in hun jeugd. Dit is volgens Alessandra Lemma (2010) de *'perfect body fantasy'* die een tekort aan emotionele spiegeling moet compenseren.

Een vignet kan dit verduidelijken.

> Marja vindt haar dijen te dik. Ze is een stevig gebouwde jonge vrouw, niet te dik; haar BMI is 24. Ze komt met tegenzin bij me; ze is verwezen door de cosmetisch chirurg, die haar verzoek om een groot deel van haar dijen door middel van liposuctie weg te nemen een beetje merkwaardig vond, omdat ze naar zijn idee dan uit proportie zou raken.
> Met dezelfde grote tegenzin vertelt ze haar verhaal. Geboren in een kleine stad onder de rook van een grote, als tweede van twee meisjes, is er volgens haar niets bijzonders in haar biografie. Haar vader werkte in de haven, haar moeder in de thuiszorg. Haar oudere zusje was sportief en handbalde op hoog niveau. Voor Marja was dat niet weggelegd. De ouders waren erg bij de handbalvereniging betrokken: vader als trainer, moeder achter de bar van het clubhuis. Ze gingen en gaan naar alle wedstrijden mee. Marja was een stil en verlegen meisje. Ze had wel enkele vriendinnetjes, volgde zonder problemen de havo en werkt nu als administratief medewerker. Een vriend heeft ze niet. Ook nooit gehad.

Wat het meest opvalt in haar verhaal is hoe concreet ze vertelt. Net als bij eetstoornissen en andere stoornissen waarbij alexithymie een grote rol speelt heeft ze weinig woorden voor haar beleving, zoals Barbara Pearlman (2018) beschrijft. Op de vraag hoe het voor haar is dat ze nog geen vriend heeft, haalt ze haar schouders op: 'Weet niet.' Daarnaast blijkt ze onveilig, namelijk vermijdend-gereserveerd gehecht volgens het Gehechtheidsbiografisch Interview (GBI), met een ongefundeerde idealisering van de ouders, een gebrek aan herinnering aan haar jeugd en een sterke neiging alle emoties af te koelen. Haar reflectief vermogen wordt op de Reflective Functioning Scale (RFS; zie kader) op 2 geschat. Ze had geen idee waarom haar ouders deden zoals ze deden en geen idee wat een eenjarige zou voelen als die naar de crèche gebracht zou worden.

De Reflective Functioning Scale (RFS) wordt geconstrueerd uit de antwoorden op een aantal reflectieve vragen in het GBI. De RFS is te onderzoeken door een aantal vragen te stellen: 'Waarom deden uw ouders zoals ze deden?' Of: 'Als u terugkijkt, wat heeft dat voor effect op uw ontwikkeling gehad?' Of: 'Als u een kind zou hebben (of heeft) van een jaar oud, hoe zou dat zich voelen als het afscheid van u moet nemen op de kinderopvang?' Bij alle antwoorden gaat het om effectieve herkenning en regulering van emoties, om het her- en erkennen van het perspectief van de ander en het accepteren dat anderen gedachten, gevoelens en wensen hebben die anders zijn dan die van jou. De reflectieve functie kan worden vastgesteld op een dimensionele negenpuntsschaal. Deze schaal wordt gebruikt om de verbale output op bovenstaande vragen te scoren. Met de RFS wordt in kaart gebracht of iemand reflectief kan vertellen over gebeurtenissen in zijn leven of zich er nog volledig mee identificeert. Of je als volwassene in staat bent met afstand én betrokkenheid coherent te vertellen over je jeugd, ook als die jeugd niet vlekkeloos of zelfs traumatisch is verlopen, is bepalend voor de omgang met nieuwe uitdagingen in het leven. De reflectieve functie is in feite het vermogen te denken over je eigen denken terwijl je denkt én affectief geraakt bent (*mentalized affectivity*).
De reflectieve functie is later door Fonagy et al. (2012) uitgebreid in het begrip mentaliseren. Mentaliseren staat voor de mentale activiteit die ons in staat stelt menselijk gedrag te zien en te interpreteren in termen van intentionele mentale toestanden (behoeften, gevoelens, overtuigingen, doelen, bedoelingen, etc.) (Fonagy et al. 2012). Het gaat dus niet alleen om het begrijpen van gedrag van de ander, maar ook om het eigen gedrag.
Het zal duidelijk zijn dat Marja niets voor psychotherapie voelde. Ze werd door mij verwezen naar een cognitief gedragstherapeut, die mij meldde dat ze na drie zittingen niet meer verschenen was. De liposuctie ging door. Ze was er niet tevreden mee; ze vond haar dijen nog steeds te dik. Ze was als het ware in de spiegel verdwenen. Daaruit kwam geen beeld van iemand die om zichzelf lief en goed was. In de spiegel zag ze de concretisering van wat op symbolisch niveau met haar was gebeurd: een onopgemerkt kind, dat de schuld van de karige opvoeding op haar lichaam had geschoven. Iets moet toch immers de schuld krijgen van het onverwoordbare gevoel van angst en ongelukkigheid dat haar jeugd had begeleid?
Waarom haar dijen? Omdat die niet zo gespierd en lang waren als die van haar extraverte en opvallender handballende zusje.
Daarom.

Literatuur

Ainley, V., Tajadura-Jimenez, A., Fotopoulou, A., & Tsakiris, M. (2012). Looking into myself: The effect of self-focused attention to interoceptive sensitivity. *Psychophysiology*. ▶ https://doi.org/10.1111/j.1469-8986.2012.01468.x.

Beebe, B., & Lachman, F. (2002). *Infant research and adult treatment: Co-constructing interaction*. Hillsdale: The Analytic Press.

Beebe, B., & Steele, M. (2013). How does microanalysis of mother-infant communication inform maternal sensitivity and infant attachment? *Attachment & Human Development, 15*, ▶ https://doi.org/10.1080/14616734.2013.841050.

Beebe, B., Jaffe, J., Lachman, F., et al. (2000). Systems models in development and psychoanalysis: The case of vocal rhythm coordination and attachment. *Infant Mental Health Journal, 21*, 99–122.

Beebe, B., Knoblauch, S., Rustin, J., & Sorter, D. (2005). *Forms of intersubjectivity in infant research and adult treatment*. New York: Other Press.

Buhl-Nielsen, B. (2006). Mirrors, the body and self. *International Congress Series, 1286*, 87–94. ▶ https://doi.org/10.1016/j.ics.2005.09.149.

Crapparo, G., & Mucci, C. (Eds.) (2018). *Unrepressed unconscious, implicit memory and clinical work*. New York: Routledge.

Fonagy, P. (2008). A genuinely developmental theory of sexual enjoyment and its implications for psychoanalytic technique. *Journal of the American Psychoanalytical Association, 56*, 11–36.

Fonagy, P. (2017). Voorwoord. In G. Crapparo & C. Mucci (Eds.). *Unrepressed unconscious, implicit memory and clinical work*. New York: Routledge.

Fonagy, P., Gergely, G., Jurist, E., & Target, M. (2002). *Affect regulation, mentalization and the development of the self*. New York: Other Press.

Fonagy, P., Bateman, A., & Luyten, P. (2012). Introduction and overview. In P. Fonagy & A. W. Bateman (Eds.), *Handbook of mentalizing in mental health practice*. Washington: American Psychiatric Publishing.

Gallagher, S., & Zahavi, D. (2008). *The phenomenological mind*. New York: Routledge.

Keizer, A. (2014). *Body representation disturbance in anorexia nervosa*. Proefschrift. Utrecht: Universiteit Utrecht.

Kernberg, P. F., Buhl-Nielsen, B., & Normandin, L. (2007). *Beyond the reflection: The role of the mirror paradigm in clinical practice*. New York: Other Press.

Legrand, D. (2006). The bodily self. The sensorimotor roots of pre-reflexive self-consciousness. *Phenomenology and The Cognitive Sciences, 5*, 89–118.

Lemma, A. (2010). *Under the skin. A psychoanalytic study of body modification*. Londen: Routledge.

McBirney-Goc, E. (2016). Utilization of the mirror interview to explore the influences of parents and objectification on the body and disordered eating behaviours. *The New School Psychology Bulletin, 13*(2), 17–31.

Nicolai, N. J. (2016). *Emotieregulatie: De kunst van het evenwicht*. Diagnosis: Leusden.

Nobus, D. (Ed.). (2017). *Key concepts of Lacanian psychoanalysis*. Londen. Karnac.

Pearlman, B. (2018). *Rethinking eating disorders. Language, emotion and the brain*. Londen: Routledge.

Roth, Ph. (2005). *The human stain*. Londen: Random House.

Schalkwijk, F. (2018). *Elementaire deeltjes: Narcisme*. Amsterdam: Amsterdam University Press.

Scheffers, W. J. (2018). *Body experience in patients with mental disorders*. Academisch proefschrift. Groningen: Rijksuniversiteit Groningen.

Schore, A. (2003). *Affect regulation and the repair of the self*. New York: Norton.

Stoller, R. J. (1972). The bedrock of masculinity and femininity: Bisexuality. *Archives of General Psychiatry, 26*, 207–212.

Tronick, E. (1977). Emotions and emotional communication in infants. *American Psychologist, 44*, 112–119.

Winnicott, D. W. (1988). *Human nature*. London: Free Association Books.

Hoofd op pootjes: het niet-beleefde lichaam

Inleiding – 106

Het uitgeputte lichaam – 108

Het concrete lichaam – 110

Secundaire gehechtheidsstrategieën – 111

Wat te doen met het lichaam in een psychotherapie met een patiënte die alleen maar concreet kan antwoorden op elke vraag naar een beleving of emotie? – 113

Het gezicht en het concrete niveau spiegelen – 114

Een menuutje – 115

Literatuur – 117

© Bohn Stafleu van Loghum is een imprint van Springer Media B.V., onderdeel van Springer Nature 2020
N. Nicolai, *In levende lijve: het lichaam in de psychotherapie*,
https://doi.org/10.1007/978-90-368-2499-6_8

The presence of the concrete body in the session draws attention to itself as a concrete event, which as such is not yet thought, but is on the point of becoming so? (Riccardo Lombardi 2008, pag. 91).

Inleiding

In de voorgaande hoofdstukken heb ik vooral aandacht besteed aan de relatie tussen lichaam en geest vanuit een holistisch standpunt. Lichaam en geest zijn niet te scheiden. Het is ook niet zo dat de geest hiërarchisch gezien hoger staat dan het lichaam. Dat is een erfenis van het denken van Plato, Descartes en het christendom, en deze opvatting is niet langer houdbaar in het licht van de nieuwe bevindingen in de neurobiologie en de microbiologie. Denk bijvoorbeeld aan het microbioom, de flora in onze darmen, dat diepgaande invloed uitoefent op hoe wij ons voelen.

De tendens om de geest 'beter' te vinden dan het lichaam heeft de ggz net als de maatschappij als geheel volledig doordrongen. We zijn er ons alleen niet erg bewust meer van. In een technocratische maatschappij is de neiging om het lichaam af te doen als onbelangrijk heel groot. We zien het sterk in de organisatie van de gezondheidszorg, in de wijze waarop men bijvoorbeeld denkt over klachten waarvoor nog geen objectieve 'wetenschappelijke' oorzaak is te geven. We zien het ook in de toename van burn-out en depressie. Depressie wordt gezien als een psychiatrische ziekte, dus een geestesziekte, maar zoals iedereen weet die zelf weleens depressief was of te maken had met een depressieve medemens, begint die met een algeheel lichamelijk gevoel van malaise, vaak gesitueerd in de buik en ingewanden, gepaard gaand met een lichamelijk gevoel van walging, tegenzin, zwaarte, moeheid en zwakte. Het lijkt in die zin heel sterk op wat men waarneemt bij een ontstekingsreactie in het lichaam. Die signalen, die dus vaak gelokaliseerd worden in de maagstreek, hebben een emotionele impact. Ze zijn direct via de nervus vagus gekoppeld aan het brein. De gevoelens van malaise leiden tot wat men ziektegedrag noemt: je terugtrekken, in je bed willen kruipen. Dat is heel zinvol als de sensaties te wijten zijn aan een virus, maar niet zo handig als je daarmee ook de bronnen van zorg, herstel en contact afsnijdt (Critchley en Garfinkel 2017). Onze *gutfeelings* – letterlijk de gevoelens van onze ingewanden – zijn direct verbonden met onze subjectieve gevoelens van welbevinden en onze stemming op langere termijn. We doen echter of deze systemen volstrekt gescheiden zijn. De maatschappelijke geest-breindissociatie wreekt zich natuurlijk het meest bij de patiënten van wie de klachten niet passen in het lichamelijke óf het geestelijke kader. Ik wil dan ook benadrukken dat deze dissociatie iatrogeen klachten van mensen verergert, omdat de emotionele impact niet serieus genomen wordt. Andersom doe je ook je patiënten geen recht als je met hen meegaat in de dissociatie tussen lichaam en geest waarmee zij bij je aankloppen. Want we leven niet alleen in een maatschappij waar deze dissociatie verweven is in alle instituties, mensen lijden ook nog eens op individueel niveau aan deze dissociatie. Zonder je lichaam te voelen kun je namelijk je emoties niet voelen. Dan weet je ook niet wat je wilt, wie je bent, wat je van anderen kunt verwachten en wat je met anderen verbindt. Daarom pleit ik er in deze laatste hoofdstukken voor om altijd en in elke vorm van behandeling en begeleiding in de ggz aandacht te besteden aan het lichaam. Daarbij is het niet de bedoeling om te beoordelen of iemand zich wel of niet aan de steeds dwingender levensstijlregels houdt of om aan te dringen op beweging en gezond eten,

Inleiding

zoals tegenwoordig zo vaak gebeurt, hoewel daar op zichzelf niets mis mee is. Nee, er is aandacht nodig voor de wijze waarop het lichaam al of niet beleefd wordt als eigen en als een dankbare bron van informatie. Ik pleit er dan ook voor om de lichaamstaal te zien als een volwaardige 'subsymbolische taal'. Deze subsymbolische taal, de 'taal van het lichaam in de rechterhemisfeer', wordt door Wilma Bucci (1997), die we in een eerder hoofdstuk tegenkwamen, beschouwd als een eigen taal. Het is niet de taal van woorden, maar van de intonatie, de aanraking, de emoties, de lichamelijke reacties. Ook naar die taal kun je leren luisteren, en ook dan kun je wat er geuit wordt serieus nemen. In de gezondheidszorg, met zijn nadruk op genezen en actie, worden veel lichamelijke uitingen als machteloosmakend ervaren door gezondheidszorgwerkers. Denk aan hoofdpijn die chronisch is en niet vermindert door pijnstillers. Het eerste consult levert een onderzoek op, bij het dertigste consult zal een huisarts allicht zuchtend mededelen dat hij of zij niets kan doen: 'Je moet er maar mee leren leven.' Mijn ervaring is dat luisteren naar wat er tussen de regels van de verbale expressie aan de orde wordt gesteld, de moeite van het begrijpen waard is. Uiteindelijk is de gehele psychologie schatplichtig aan de drie mannen die probeerden te begrijpen wat er gezegd werd in de symptomen van hun patiënten: Charcot, Breuer en Freud.

Na alle theorie is het tijd om aandacht aan de klinische praktijk te besteden, de klinische praktijk van het lichaam dat *niet* beleefd wordt: 'het hoofd op pootjes', zoals een patiënte dat noemde. Dat is het lichaam dat niet ervaren wordt, het lichaam waarvan de eisen, de emoties of de homeostatische behoeften onderdrukt worden.

Het niet-ervaren lichaam speelt een rol bij verschillende vormen van psychopathologie, in de eerste plaats bij het al eerder beschreven probleem van de alexithymie (zie ▶ H. 6), maar ook bij vormen van dissociatie, te beginnen met depersonalisatie en eindigend met de door Ellert Nijenhuis (1999) beschreven somatoforme dissociatie en ervaringen van uit het lichaam treden.

Bij de gereserveerd-vermijdende gehechtheidsstijl is de input van het lichaam van jongs af aan onderdrukt. Uit onderzoek van Spangler en Grossmann (1993) is bekend dat kinderen uitwendig geen teken van verzet of stress vertonen als ze door hun moeder verlaten worden, maar dat hun bloeddruk torenhoog wordt en hun cortisolniveau, afgenomen in speeksel, stijgt. De geschiedenis van de vermijdend gehechte volwassene wordt gekenmerkt door afwijzing van gehechtheidsgedrag en -behoeftes door de ouders. Ouders van vermijdend-gereserveerde kinderen haakten af als hun kind een negatieve stemming vertoonde. Als hun kind opgewekt was of speelde, waren ze meer betrokken. Het kind leert dus dat de expressie van een negatieve gevoelstoestand en het zoeken van troost en reparatie niet werken en leert deze gevoelens te onderdrukken (Brown en Elliott 2016). Vermijdend gehechte mensen leggen de nadruk op zelfredzaamheid, autonomie en zelfstandigheid. Troost kennen ze niet: ze hebben er dan ook veel moeite mee zichzelf te troosten als er nare dingen in hun leven gebeuren. Als alles redelijk verloopt, is er niet veel aan de hand: de gereserveerd-vermijdende gehechtheidsstijl is op zich geen vorm van pathologie. Ze maakt echter wel kwetsbaar als er te veel stress in het leven optreedt of als het lichaam klachten gaat vertonen.

Opvallend is dat in de gehechtheidsliteratuur wel een verband gelegd wordt met alexithymie – en dus ook met stoornissen in de interoceptie –, maar dat er omgekeerd, in de wereld van het alexithymieonderzoek, weinig wordt gedaan met de gehechtheidsrepresentaties.

Een individu met een vermijdende gehechtheid vertelt als volwassene over zijn geschiedenis op een achteloze wijze, alsof enige binding of emotie er niet toe doet of deed. Maar het gaat niet alleen om de inhoud van de verhalen die naar vermijding wijst. De constante is een zekere onvruchtbaarheid, een leegte in relatie tot de mentale wereld, zoals blijkt uit uitspraken als: 'Ik weet het niet', 'Gewoon normaal' of 'Ik herinner het me niet'.

> It is the attitude toward mental life, the derogation of thinking and feeling itself that is most striking about dismissing adult attachment interviews. It is the embodied gestures expressed with thought that reveal insecurity. Inability to recall might characterize avoidant-dismissing attachment narratives not simply because of the psychic pain of remembering or the lack of value placed on past relationships. At the metaphoric level there is a physical gesture of reaching out and finding nothing substantive or particular, the experience of not being able to retrieve an idea – not being able to get hold of the feeling or thought from the past. The gesture of the dismissive thought is one of not needing and turning away – the very physical gesture of the avoidant infant upon reunion with the caregiver (Peter Fonagy en Mary Target 2007, pag. 441).

Het uitgeputte lichaam

Laten we beginnen met de meer neurotische vormen van buiten het lichaam leven die we kennen van mensen die piekeren en tobben, en voortdurend bezig zijn te voldoen aan uitwendige eisen. De psychasthene karakterstructuur uit de Minnesota Multiphasic Personality Inventory (MMPI) bijvoorbeeld, waar alle eisen en behoeftes van het lichaam als zwak en onwenselijk worden gezien en het liefst verdonkeremaand worden tot de draaglast de draagkracht overschrijdt en het lichaam zich laat gelden in de uitputting of lichamelijke klachten die door onbekendheid met het lichamelijke als angstwekkend en bevreemdend worden ervaren. We zien dit bij de burn-out van de perfectionistische piekeraar. De term psychasthenie wordt niet meer gebruikt sinds de DSM de overhand heeft gekregen. Vroeger werd onder de psychastheen verstaan: het tobberige, angstige, naar perfectie strevende, overmatig verantwoordelijke type mens, niet bepaald levensblij, maar met een streng geweten en veel plichtsbesef; dit type mens vormt vaak de ruggengraat van een organisatie. Zwakte is voor psychasthenen onaanvaardbaar, dus ook de kwetsbaarheid van het lichaam. Tegenwoordig zouden we psychasthene mensen angstig noemen. Maar de meesten van hen zijn zich niet bewust van angst; hun tobberigheid is ego-syntoon, dat wil zeggen dat die wordt beleefd als iets wat bij hen hoort. Psychasthenen voldoen dan ook aan geen enkel criterium voor een angststoornis. Wanneer ze decompenseren in een burn-out of in lichamelijke klachten voldoen ze aan de criteria voor een functioneel somatische stoornis.

Wat te doen in psychotherapie wanneer het lichaam wordt gepresenteerd als een zeurende vijand die zo snel mogelijk tot de orde moet worden geroepen? De taak van de psychotherapeut is om eerst even aan de kant te gaan staan van de behoeftes van het lichaam – rust, beweging, ontspanning –, maar om daarna de wortels van de perfectionistische eisen op te sporen en te onderzoeken. Deze twee taken vormen stap één.

Vignet

Mieke is een 58-jarige verpleegkundige, die haar hele leven hard heeft gewerkt. Na een reorganisatie wordt ze hoofd van twee afdelingen die bij elkaar gevoegd zijn. Ze kent de medewerkers van die andere afdeling niet goed, maar het was wel een afdeling die bij haar bekend stond om de slonzigheid en de fouten die er werden gemaakt. Ze stond dan ook niet te springen om die fusie, maar het moest wel. Er ontstond een gebrek aan personeel waardoor een reorganisatie onvermijdelijk werd. Na drie maanden merkt ze dat ze niet meer uitrust in de weekends. Ze blijft bezig met haar werk, en ze maakt in haar vrije tijd de roosters af. Na zes maanden moet ze zich ziek melden, want ze kan haar bed niet meer uitkomen van moeheid. De bedrijfsarts adviseert haar – tegen haar zin – om een periode van zes weken thuis te blijven om weer te herstellen. Ze voelt zich enorm schuldig dat ze haar afdeling in de steek moet laten, maar ze kan niet anders. Na drie maanden is ze onvoldoende opgeknapt. Ze zit op het randje van een depressie en wordt daarom verwezen. Ik zie een vermoeide vrouw, die met enige tegenzin haar verhaal vertelt. Ze heeft het niet zo op 'psychen'. Ze is de oudste van zes uit een Brabants boerengezin, met een ziekelijke moeder en een hardwerkende vader. Alle kinderen hebben het qua opleiding goed gedaan. De meesten leven nog in Brabant, zij als enige niet. Ze heeft geen partner. In het verleden heeft ze wel langdurig samengewoond met een man, maar hij ging ervandoor met een vriendin van haar. 'Ik was getrouwd met mijn werk', vertelt ze.
Ondanks de antidepressiva knapt ze onvoldoende op, volgens de bedrijfsarts. Ondertussen blijkt de hele afdeling gesloten vanwege personeelsgebrek; haar terugkomst is dan ook onzeker. Opvallend is hoe krampachtig ze vasthoudt aan terug moeten/willen naar het ziekenhuis.
Pas als de onderliggende drijfveer voor haar duidelijk wordt, begint een opening te ontstaan naar ander werk, een andere invulling van haar leven. Hobby's heeft ze niet en ook nooit gehad. In de psychotherapie wordt langzaam duidelijk dat de karigheid van het verhaal over haar jeugd de karigheid weerspiegelt van de sfeer thuis. De ziekelijke moeder blijkt jarenlang een soort fluwelen terreur uitgeoefend te hebben: wie haar tegensprak werd onthaald op de dreiging zichzelf van kant te maken. Haar vader loste deze chantage op door zich in zijn werk te begraven. Hij werd haar grote voorbeeld. Ze had de fantasie dat hij stiekem heel erg trots was dat zij zo'n bikkel was geworden. Ze had ook de fantasie dat zij haar jongere broers en zussen moest beschermen. Een van haar zussen accepteerde haar zorg niet en vond haar bemoeizuchtig; dat was een heel pijnlijke ontdekking voor haar. De woede daarover richtte ze op zichzelf, in haar streven nog beter te worden. Langzaam begint ze met behulp van yoga, een strikt regime van rust en inspanning iets meer motivatie te krijgen om op zoek te gaan naar iets wat zij leuk vindt. Dat gaat hand in hand met het gedoseerd en zachtzinnig ontwarren van de onbewuste grootheidsfantasieën. Deze gaan over de fantasie haar vaders liefste dochter te zijn, de beste verzorger van haar moeder en de grootste redder van haar broers en zussen. Met veel verdriet en schaamte komt ze erachter dat ze haar eigen behoeftes, haar eigen lichaam ook heeft opgegeven voor een dwingende illusie.

> **Tabel 1** Wat nodig is om emoties en lichamelijke sensaties te reguleren
>
> – *identificatie*: vermogen om gevoelens en gemoedstoestanden gedachten als eigen te zien
>
> – *relatie*: verband kunnen leggen tussen deze toestanden en gedrag of oorzaken of motieven (waarom je iets voelt of denkt)
>
> – *differentiatie*: vermogen de inhoud van representaties te zien als subjectief en erkennen van de invloed van onze gedachten
>
> – *integratie*: vermogen een coherente beschrijving te geven van eigen en andermans gemoedstoestanden
>
> – *decentratie*: vermogen de gemoedstoestanden te bekijken van iemand anders, vanuit diens perspectief
>
> – *probleemoplossingsstrategie* of *mastery*: coping in gedrag, interne strategieën, reflectieve strategieën

Bij Mieke, die betrekkelijk normaal (neurotisch) in elkaar stak, was het goed mogelijk om de sensaties die ze al pratende ervaarde te koppelen aan emoties. Veel van haar moeheid bleek verstopte boosheid op de machteloze klem waarin ze in haar werk was gemanoeuvreerd. Toen ze merkte dat ze sprekend over het ziekenhuis haar vuisten voelde ballen en een klem om haar kaken voelde, werd dat haar duidelijk.

De volgende opgave was om te accepteren dat boosheid geen rampzalig gevoel is. Voor haar betekende boosheid controleverlies, met alle gevoelens van schaamte die daarbij horen. Ze verkeerde nog in de fase van de psychische equivalentie, de manier van denken of modus waarin elke emotie ervaren wordt als eeuwig waar en je voor altijd bestempelend. Ze was bang een boze, bittere vrouw te worden. Met kleine stapjes in de vorm van een klein imaginair laddertje werd het mogelijk om verschil te voelen in de soorten boosheid. Daarna kon ze beter fantaseren hoe en bij wie ze welke vorm van boosheid kon uiten. Zomaar iemand in elkaar slaan is geweld, geen uiting van boosheid. Daar was ze het bangst voor. Dat is ook niet aan te bevelen. Maar met de boosheid als motor, kon ze wel voelen dat ze bij de bedrijfsarts beter haar zegje moest doen.

Voor het leren omgaan met emoties zijn verschillende stappen nodig die in de tabel worden weergegeven (tab. 1).

Het concrete lichaam

Wat bij Mieke in het begin opviel was dat zij haar lichaam niet ervaarde, behalve in de zware loden vermoeidheid en in de pijn. Het bleek een goede ingang om dat als uitgangspunt te nemen en met haar te bekijken wanneer ze het meest moe was en wanneer het minst, wat ze dan deed (te veel natuurlijk) en hoe ze daarvan herstelde. Ze begon langzaam te ervaren dat er verschillende soorten moeheid bestaan: de moeheid van wanhoop, de moeheid van opgekropte boosheid, de moeheid in je spieren na een wandeling. Met andere woorden: haar interoceptie moest eerst aangesproken worden voor ze verder kon ervaren dat de interoceptieve sensaties een relatie hadden met een gevoelswereld. Dat dit bij Mieke lukte, kwam doordat ze niet alleen heel gemotiveerd was, maar omdat onder de concrete wereld van pijn en moeheid ook een behoefte schuilging aan contact met zichzelf en met anderen; met andere woorden: haar concrete universum was een gevolg van de burn-out. Men noemt dit wel secundaire alexithymie.

Patrick Luyten en Boudewijn van Houdenhove schrijven in 2012 met Alexandra Lemma, Peter Fonagy en Mary Target dat functioneel somatische stoornissen, zoals chronische vermoeidheid, fibromyalgie en spastisch colon, een hoge comorbiditeit hebben met angststoornissen en depressie. Maar de mededeling dat de reële pijn en vermoeidheid 'tussen de oren zit', is stigmatiserend en versterkt patiënten nog meer in hun overtuiging dat hun klachten hun lichaam betreffen. Het is dus een scène (zie ▶ H. 2) waarin de 'dokters' en de gezondheidszorg beleefd worden als degenen die overtuigd moeten worden, maar de realiteit van de patiënt niet willen zien. Heel vaak leidt dat tot een patstelling, die geen recht doet aan het onmiskenbare lijden van de patiënt.

Wat bij Mieke wel duidelijk was, was hoe onveilig ze was gehecht: een moeder die je steeds dreigt te verlaten is voor een kind een afwijzende moeder. De afwijzing gaat tot op het bot: je bent als kind kennelijk niet de moeite waard om voor te leven.

Daarnaast speelt de allostatische overbelasting. Bij allostatische overbelasting is de draaglast groter dan de draagkracht. In de stresstheorie betekent het dat het stresssysteem – acuut of chronisch – 'aan' staat en niet meer tot rust kan komen. Dat houdt in dat op de acute stressreactie die geactiveerd is door het sympathische deel van het autonome zenuwstelsel een chronische activering van de HPA-as is gevolgd. Het lichaam herstelt dan niet meer en gaat disfunctioneren. Mieke heeft een dergelijke belasting ervaren, die tot een stressreactie heeft geleid, maar ook tot een sterk gevoel van malaise. Dat malaisegevoel wordt veroorzaakt door het vrijkomen van cytokines, chemische stoffen die in het immuunsysteem vrijkomen bij stress, infecties en weefselschade. Deze cytokines geven een fysiologische reactie van koorts, verlaagd ijzer in het bloed, een versterking van de activiteit van de HPA-as, een toegenomen hartslag en een verminderde hartslagvariabiliteit (een goede en stevige hartslagvariabiliteit is een teken van veerkracht). Dat grieperige gevoel van malaise leidt tot wat ik eerder al 'ziektegedrag' noemde: verminderde zelfzorg, verminderde dorst en eetlust, veranderingen in het slaappatroon, verminderd geheugen en concentratie, verminderde zin in seks, vooral bij vrouwen (Harshaw 2015). Het ziektegedrag leidt via de nervus vagus (zie ▶ H. 5) tot veranderingen in de hersenen, vooral in de insula en de cingulaire cortex. Men kan bij dit gedrag afwijkingen vinden in de markers voor ontstekingsreacties, zoals interleukine-6 en tumornecrosefactor-alfa. Een van de stoffen die vrijkomen in deze situatie is lipopolysacharide (LPS). Een injectie met LPS geeft een stijging van de subjectief ervaren angst, gevolgd door een depressieve reactie. Ziektegedrag, dat akelige gevoel dat je ook hebt als je griep hebt of een andere ontsteking, wordt door Luyten en zijn medeauteurs (2012) gezien als een precipiterende factor.

Secundaire gehechtheidsstrategieën

Op grond van je persoonlijkheid maak je in een situatie van verhoogde stress gebruik van secundaire gehechtheidsstrategieën: hyperactivatie of hypoactivatie. Tegelijkertijd verlies je ook het vermogen te mentaliseren: je lichaam neemt de overhand. Je kunt je niet meer voorstellen dat je lichaam een eigen taal heeft en dat er wensen, gevoelens en emoties mee uitgedrukt kunnen worden. Het lichaam schreeuwt alleen maar 'Pijn' of 'Moe!' En juist deze stap in de concrete wereld van het lichaam verhindert je om beter te worden. Deze stap in de wereld van concrete ervaringen leidt bijvoorbeeld bij hyperactivatie van het gehechtheidssysteem tot klagen, claimen en hulp zoeken, wat op zich heel terecht is, maar door de omstanders als vervelend wordt ervaren, waarna afwijzing volgt en de cyclus van terugtrekken, pijn en isolement, hulp zoeken en klagen weer versterkt optreedt.

> **Tabel 2** Concreet denken bij intacte realiteitstoetsing (bron: Mental States Rating System, Normandin en Bouchard 1991)
>
> – concrete, zijdelingse verbanden tussen onderwerpen
> – geen associaties buiten sensomotorische (lichaam)
> – teleologisch denken; denken in feiten en anekdotes zonder verbinding
> – geïsoleerde, fragmentarische herinneringen
> – geen temporele structuur
> – spreken in stereotypen en clichés
> – geen 'levend' contact
> – reflectieve functie < 3

Naast de hyperactivatie is er de hypoactivatie, en dat is de vermijding, de afkoeling, die leidt tot een verhoging van het stressniveau en een vermijdend interoceptief vermogen met een negatief beeld van jezelf en een verstoorde immuunfunctie. We zien dit ook bij mensen met een vroegkinderlijk trauma in de voorgeschiedenis, waar de chronische stress leidt tot uitdoving van alle lichaamssignalen en een veranderd cortisolniveau. De onderzoekers zijn er nog niet over uit of dit cortisolniveau te laag of juist te hoog is: duidelijk is dat het volledig ontregeld is (Teicher et al. 2010; Bremner et al. 2010; Terpou et al. 2019). Deze ontregeling is dan ook de reden dat naast alle psychologische symptomen van angst en herbelevingen de fysiologische veranderingen een grote rol spelen in het blijven bestaan van het klachtenpatroon van deze patiënten.

> Marije heeft aanvallen van plotselinge bloeddrukverlaging en heeft na elke inspanning koorts. Met de gebruikelijke onderzoeksinstrumenten is geen afwijking te vinden. Maar een endocrinoloog merkt dat haar 24 uurscortisolcurve veranderd is. Normaal is de cortisolspiegel hoog in de ochtend en daalt die gedurende de dag. Bij haar is de cortisolspiegel de hele dag hoog. Marije is permanent schrikachtig, ook na een adequate traumabehandeling. Ze heeft twee manieren om haar lichaam niet te voelen: ze wil er niet aan denken, omdat haar lichaam haar heeft verraden, maar ze voelt überhaupt weinig in haar lichaam. Ze is alexithym. In termen van mentaliseren blijft ze in de *pretend mode*, de alsof-modus, praten zonder dat ze er emotioneel bij betrokken is. Ongeveer op dezelfde wijze als Annelies in het vorige hoofdstuk is haar lichaam niet van haar, dus heeft het niets met haar te maken.

Wat opvalt in het verhaal van zowel Mieke als Marije is dat hun lichaam ervaren wordt als een ding, een ding dat niet doet wat zij willen; er is dus sprake van een sterke lichaam-geestdissociatie. Opvallender is echter nog hoe concreet de ervaringen van het lichaam zijn. Ze worden ook verwoord zoals er over een machine wordt gesproken, een defecte machine nog wel (tab. 2).

Wat te doen met het lichaam in een psychotherapie met een patiënte die alleen maar concreet kan antwoorden op elke vraag naar een beleving of emotie?

Laten we met een vignet beginnen.

> Marlies is een 47-jarige vrouw die in behandeling is met een vermijdende-persoonlijkheidsstoornis. Ook zij blijft op concreet niveau: bij de vraag wat ze deze sessie wil inbrengen, begint ze met een uitgebreid verhaal over hoofdpijn en buikpijn, die in haar beleving niet gerelateerd zijn aan enige stressor. Ze kan dan ook niet aangeven wat de uitlokkende factor zou kunnen zijn. Wat er wel gebeurt, is dat ze tijdens het vertellen heel gespannen zit, heel stil ook, haar schouders opgetrokken. Af en toe stokt haar adem. Nu is het bekend dat je mensen met een verhoogde sensitiviteit niet al te snel moet richten op hun lichaam – dat maakt ze extra angstig –, maar dat is in dit geval niet aan de orde. Ik vraag of ik iets mag vragen over wat ik waarneem. Dat is een onderdeel van het maken van een frame: waar gaan we het hier over hebben? Ben jij daarmee akkoord? Geef je toestemming dat ik zulke vragen stel?
> Ze gaat akkoord.
> Daarna vraag ik of ze voelt dat haar adem stokt. Dat voelt ze wel. Daarna onderzoeken we samen of dit hoort in het vak 'fijn' of 'niet-fijn'. Meer onderscheidingen kun je in het begin niet maken. Ze vindt het niet fijn.
> Ik laat haar even nadenken. Ze zegt dan: 'Het doet me denken aan dat ik een keer heel erg schrok toen ik als dertienjarige een ongeluk zag gebeuren. Ik was op de fiets en zag voor mij dat een jongetje werd aangereden door een vrachtauto. Er was overal bloed.'
> Het concrete niveau is in een klap overgegaan in een herinnering in haar lichaam en in een betekenis. Het is hier van belang dat er geen dwang werd uitgeoefend iets te gaan doen of te voelen; het ging hier alleen maar om de bewustwording van de taal die haar lichaam sprak, het subsymbolische niveau van Wilma Bucci (1997).
> De keer daarop zegt ze dat ze erg overstuur is geweest door deze herinnering. Ze zegt het enigszins beschuldigend, alsof ik haar iets heb aangedaan. Ik zeg dus: 'Ik heb je dus heel wat aangedaan.' Marlies blijft even verbaasd stil, aarzelt en zegt dan dat ze inderdaad dacht: 'Gaat het wel goed als ik deze nare herinneringen krijg opgedrongen.' Ze ervaart het optreden van herinneringen dus niet als iets eigens. De vraag die bij mij opkomt is: 'Is haar lichaam wel van haar?'
> Ik zoek met haar uit wat ik haar zou kunnen opdringen en wie dat nog meer deed, en we komen uit op een geschiedenis met een moeder die haar gedrag voortdurend bepaalde, haar met sjaals en jassen naar school stuurde als het al warm was en haar verbood buiten te spelen omdat dat gevaarlijk was. Het was een geschiedenis van impingement, die zich hier herhaalde in de overdracht. Dat werd het begin van een vruchtbare psychotherapie, waarin ze stapje voor stapje leerde te ervaren wat er in haar lichaam gebeurde en daar woorden aan te geven.

Nu gaat het in de praktijk niet altijd zo mooi en snel, maar het is de moeite waard om in een psychotherapie op te letten wanneer het symbolische niveau van gevoelens en gedachten plaatsmaakt voor concrete ervaringen. Dat geldt ook bij patiënten met eetstoornissen. Het blijkt dat deze snel terugvallen op een concrete wijze van spreken over hun lichaam en dat het ontdekken van die momenten – de terugkeer naar het concrete lichaam – het beleven en dus het symboliseren doet ophouden (Pearlman 2018). Dat is niet helemaal hetzelfde als wat Fonagy en Bateman (Allen et al. 2008) bedoelen met een stap naar de psychische equivalentie, omdat het hier gaat om het terugvallen op een lichamelijke ervaring. Vaak gaat er een empathische breuk aan vooraf, die door beide deelnemers aan het psychotherapeutisch gesprek niet waargenomen wordt, zo subliminaal gebeurt dat. Het is wel goed waar te nemen op een videoregistratie, met het geluid uit. Je ziet dat er in sommige gevallen een goede synchronische dans plaatsvindt tussen psychotherapeut en patiënte, die soms gevolgd wordt door een letterlijk verstillen of verstarren.

Het gezicht en het concrete niveau spiegelen

Sinds de ontdekking van de spiegelneuronen weten we dat het zien van een handeling het vergelijkbare neuronale patroon van activiteit in ons brein oproept (Gallese 2001; Rizzolatti 1994). Dat geldt ook voor emoties, die naast lijfelijke sensaties ook een actietendens hebben.

Het proces van een empathische respons start volgens onderzoekers met een onbewuste – dus op impliciet niveau aanwezige – 'emotionele besmetting'. Dat wil zeggen dat we emotioneel geraakt worden door de emoties van een ander. Zo moeten we onwillekeurig meelachen of -huilen als we iemand zien lachen of huilen, en gaan we plaatsvervangend door de grond als we iemand zien stuntelen. We hoeven ons er niet eens bewust van te zijn: ook bij subliminale beelden met angstige en bozige gezichten worden deze gevoelens gespiegeld in de beweging van de kleine gezichtsspiertjes van de toeschouwers (Dimberg et al. 2000). We reageren het meest op gezichtsuitdrukkingen, maar net zo snel op de lichaamstaal. De identificatie met anderen verloopt onbewust en via het lichaam, via sympathische zenuwbanen. Deze zogenoemde sympathische reactie is onwillekeurig. Kortom, je kunt niet *niet* reageren op de aanwezigheid van een soortgenoot die verdrietig, boos of in de war is.

Deze sympathische respons wordt in de loop van de kinderlijke ontwikkeling gevolgd door de empathie die berust op het zien van het *perspectief* van de ander. Deze meer volwassen empathie kan pas ontstaan als onderscheid gemaakt wordt tussen zelf en ander, dus vanaf het tweede levensjaar, als het kind (of dier) zichzelf in de spiegel herkent (Meltzoff en Moore 1995) (zie ook ▶ H. 7). Daarop volgt na het tweede levensjaar de prosociale reactie of respons van kinderen om een ander kind, dat verdrietig of bang is, te helpen of te troosten. Die komt voort uit een evolutionair vastgelegde neiging tot samenwerking (De Waal 2009) en hulp als een soortgenoot in nood is. We noemen dit compassie of mededogen.

Empathie is in wezen het vermogen tot *identificatie met de situatie en emoties van de ander*: het in de verbeelding van plaats wisselen met degene die lijdt. Volgens De Waal (2009) zijn mensen empathisch met anderen in een coöperatieve situatie maar contra-empathisch wanneer ze vijandig worden behandeld. Ten slotte wordt de empathie gevolgd door een meer cognitieve inschatting van wat er moet gebeuren: de actie, de belichaamde actie.

In de spreekkamer zien we de hele dag de emoties op een gezicht weerspiegeld, en voor een deel ervaren we die dus ook op subliminaal niveau. Als je op de microprocessen bij de patiënt en bij jezelf let, geeft dat je dus een grote hoeveelheid informatie. Die hoeft echter niet altijd te kloppen. Het vereist inzicht in jezelf om te weten waarop je snel en onbewust aanhaakt of waarvoor je je afsluit, op basis van je eigen geschiedenis. Zo dien je je bij lichamelijke tegenoverdracht altijd af te vragen of dit gevoel een complement vormt van dat van de patiënte, of dat je aardig goed zit. Je zit goed als het raak is: als er een overeenkomst bestaat tussen wat jij ervaart en wat de patiënt voelt (zie ook ► H. 10). Een voorbeeld kan dat verduidelijken. Verdriet voelen we gemakkelijk mee, onze mondhoeken en ooghoeken gaan onwillekeurig mee, maar boosheid kan complementair angst oproepen en dan voel je de ander niet goed aan.

Met deze waarschuwingen in het achterhoofd kunnen we de spiegeling die wij ervaren in het contact met de concreet denkende patiënt wel als hypothese teruggeven. Zo kun je zeggen: 'Als je dit zo vertelt, heb ik de indruk dat het je verdrietig maakt. Klopt dat?' Of: 'Ik zie je voet wippen, ervaar jij dat ook? Heb je zelf een idee of dat misschien komt omdat je het nu spannend vindt?' Woorden als *spanning, stress, zwaar, moe, licht, warm* en *koud* zijn goede ingangswoorden voor mensen met alexithymie of een vermijdende gehechtheidsstijl, en het aangeven van een klein menuutje van mogelijke gevoelens helpt ook.

Een menuutje

Een voorbeeld van een menuutje: Therapeut: 'Sommige mensen in een vergelijkbare situatie hebben we me weleens verteld dat ze daar bang van werden. Maar anderen vertelden me juist dat ze er boos van werden. Je kunt er dus verschillende gevoelens bij hebben: boos, bang en misschien een die ik niet genoemd heb, maar die wel van toepassing is voor jou?'[1]

De meeste mensen leren deze menuutjes waarderen. Het helpt ze om sensaties en emoties in zichzelf waar te nemen (◘ tab. 3).

Naast het spiegelen van de gezichtsuitdrukkingen en het benoemen van wat je ziet gebeuren aan het lichaam is een goede interventie ook het gemarkeerd te spiegelen, zoals beschreven in de *mentalisation based therapy*, ontwikkeld door Bateman, Fonagy en hun collega's (Allen et al. 2008). Gemarkeerd spiegelen is de contingente (d.w.z. in de tijd volgende) en gemarkeerde (d.w.z. licht ostentatieve) reactie op een ervaren emotie. Die maakt duidelijk dat je die emoties als therapeut wel begrijpt, maar niet deelt, en dat helpt om zelf en ander af te grenzen. Veel patiënten hebben immers geen basisgevoel dat hun lichaam hun zelf is (◘ tab. 4).[2]

Bij de 'hoofden op pootjes', die al in staat zijn om hun ademhaling te ervaren (zonder die te hoeven veranderen!) en die kunnen aarden, vraag je wát ze in hun lichaam ervaren.

Dat is stap 1.

---

1   Voor deze laatste toevoeging ben ik dank verschuldigd aan May van der Vossen, psychotherapeute te Zeist.
2   Zowel in de MBT als in de dynamische interpersoonlijke therapie (DIT) wordt gebruikgemaakt van het belichaamd mentaliseren, zie Spaans et al. (2009).

Tabel 3 Basisvaardigheden aanleren in het mentaliseren

- Vraag toestemming om met jou na te denken over het lichaam zoals het nu is.
- Begin met fysieke ervaringen bij dissociatie of alexithymie: licht-zwaar, koud-warm, recht-krom, fijn-niet-fijn.
- Volgende stap: beklemd-vrij, benauwd-open, in elkaar gedrukt-opgericht.
- Laat patiënten ervaren hoe ze zitten, hoe hun voeten staan, hoe ze hun rug kunnen rechten, hoe het voelt als ze hun voeten bewegen. Belangrijk is verschil te ervaren.
- Eventueel samen lopen door de kamer, samen tegen een muur duwen, in een balletje knijpen met de vraag wat ze in hun lichaam ervaren.
- Soms helpt het om hen na te laten denken over wat ze in hun lichaam ervaren met de ogen dicht (vooral bij patiënten in hyperarousal die te veel gericht zijn op de ander)
- Wat voel je? Waar in je lichaam?
- Misschien nu niet meteen, maar naarmate je er meer aandacht aan besteedt, wordt het helderder.
- Laat ze op hun ademhaling letten als ze enigszins in contact met jou, de stoel en de ruimte zijn.
- Waar dacht je dat het door kwam? Waar hoopte je op, wat geloofde je?
- Pas bij voldoende identificatie en validatie van de eigen gevoelens kun je vragen naar gedachten over de ander: wat denk je dat hij bedoelde, voelde, wat hem bezighield?

Tabel 4 Mentaliseren over het lichaam

- Reageer met *gemarkeerde* emotionele respons: 'Wat moet dát naar geweest zijn.'
- Valideer de emotie.
- Blijf nieuwsgierig naar hoe het zit bij de ander.
- Metacognitief monitoren: nadenken over de bron van een gevoel, de realiteitstoetsing eventueel in de vorm van delen of kanten (of schema's) in de persoon.
- Metacognitieve probleemoplossing.
- Hoe kun je je eigen gemoedstoestanden beïnvloeden?
- Hoe kun je de gemoedstoestanden van een ander beïnvloeden: 'Hoe heb je het voor elkaar gekregen dat die ander nu vriendelijk reageerde?'
- Actieplannen en doelen stellen. Wat zou je willen doen?
- Zin- en betekenisgeving (meer zoals 'gewone' psychotherapie).

Stap 2 is de concentratie op die ervaring: 'Kun je even dat gevoel waarnemen en er even bij blijven? Je erop concentreren?'

Stap 3 is het verzoek aan de patiënt om alle invallen, associaties, beelden, emoties, sensaties en herinneringen die bij die ervaring omhoogkomen te laten opborrelen ('Laat maar komen wat er in je opborrelt. Alles is goed: een beeld, een gevoel, een gedachte, een herinnering – het doet er niet toe').

In de sensorimotorpsychotherapie wordt bij een voorgeschiedenis met trauma daarnaast gevraagd welke bewegingsimpuls in het lichaam ontstaat. Elke trilling en beweging van handen en voeten wordt opgemerkt. Je kunt je er je patiënt attent op maken: 'Zie je dat je handen trillen, je voet wipt, je vuisten ballen?' Dan volgt de vraag: 'Probeer in je verbeelding, in je gedachten, deze beweging te doen en af te maken.'

De kern van deze oefening bij trauma is dat het trauma opgeslagen is in het lichaam in de vorm van een verstijving of ineenstorting. De imaginatie van een beweging (meestal vechten of vluchten) geeft het lichaam de mogelijkheid een in de vaart gestold gebaar af te maken en doorbreekt de dorsovagale verstarring waardoor traumatische herinneringen impliciet blijven.

In het volgende hoofdstuk beschrijf ik patiënten die ten prooi zijn gevallen aan een teveel aan verwarde, verwarrende sensaties en gevoelens waar ze geen woorden voor hebben.

Literatuur

Allen, J. G., Fonagy, P., & Bateman, A. W. (2008). *Mentaliseren in de klinische praktijk*. Amsterdam: Nieuwezijds.
Bremner, D. J., Vermetten, E., & Lanius, R. A. (2010). Long lasting effects of childhood abuse on neurobiology. In R. Lanius, E. Vermetten & C. Pain (Eds.). *The impact of early life trauma on health and disease*. Cambridge: Cambridge University Press.
Brown, D. P., & Elliott, D. S. (2016). *Attachment disturbances in adults. Treatment for comprehensive repair*. New York: Norton.
Bucci, W. (1997). Symptoms and symbols: A multiple code theory of somatization. *Psychoanalytic Inquiry, 17,* 151–172.
Critchley, H., & Garfinkel, S. (2017). Interoception and emotion. *Current Opinion in Psychology, 17,* 7–14.
De Waal, F. (2009). *Een tijd voor empathie*. Amsterdam: Contact.
Dimberg, U., Thunberg, M., & Elemehed, K. (2000). Unconscious facial reactions to emotional facial expressions. *Psychological Science, 11,* 86–89.
Fonagy, P., & Target, M. (2007). The rooting of the mind in the body. *Journal of the American Psychoanalytic Association, 55,* 411–456.
Gallese, V. (2001). The shared manifold hypothesis: From mirror neurons to empathy. *Journal of Consciousness Studies, 8,* 33–50.
Harshaw, C. (2015). Interoceptive dysfunction: Toward an integrated framework for understanding somatic and affective disturbance in depression. *Psychological Bulletin, 141*(2), 311–363.
Lombardi, R. (2008). The body in the analytic session: Focusing on the body-mind link. *International Journal of Psychoanalysis, 89,* 89–109.
Luyten, P., Van Houdenhove, B., Lemma, A., et al. (2012). A mentalization-based approach to the understanding and treatment of functional somatic disorders. *Psychoanalytic Psychotherapy, 26,* 121–140.
Meltzoff, A. N., & Moore, M. K. (1995). A theory in the role of imitation in the emergence of self. In P. Rochat (Ed.), *The self in infancy: Theory and research* (pp. 73–93). Amsterdam: Elsevier.
Nijenhuis, E. R. S. (1999). *Somatoform dissociation. Phenomena, measurement and theoretical issues*. Academisch Proefschrift. Amsterdam: Vrije Universiteit Amsterdam.
Pearlman, B. (2018). *Rethinking eating disorders. Language, emotion and the brain*. New York: Routledge.
Rizzolatti, G. (1994). Nonconscious motor images. *Behavioral and Brain Science, 17,* 220.
Spaans, J., Veselka, L., Luyten, P., & Bühring, M. E. F. (2009). Lichamelijke aspecten van mentalisatie: Therapeutische focus bij ernstige onverklaarde lichamelijke klachten. *Tijdschrift voor Psychiatrie, 4,* 239–247.
Spangler, G., & Grossmann, K. E. (1993). Biobehavioral organization in securely and insecurely attached infants. *Child Development, 565,* 1439–1450.
Teicher, M., Rabi, K., Sheu, S. Y., et al. (2010). Neurobiology of childhood trauma and adversity. In R. Lanius, E. Vermetten & C. Pain (Eds.), *The impact of early life trauma on health and disease*. Cambridge: Cambridge University Press.
Terpou, B. A., Harrichan, S., McKinnon, M., et al. (2019). The effects of trauma on the brain: A unifying role for the midbrain periaquaductal gray. *Journal of Neuroscience Research, 97,* 1110–1140.

Het verwarde lichaam

Inleiding – 120

Van wie is het lichaam? – 120

Separatie en zelf-anderonderscheiding – 122

Ambivalent-gepreoccupeerde en gedesorganiseerde gehechtheidsstijlen – 123
Het lichaam dat pijn doet – 124

Het Ideale Ouder Protocol – 126

Opzet IOP – 128
Stap 1 Uitleggen, bespreken en vragen om toestemming van de patiënte – 128
Stap 2 Aanleren van een bodyscan – 128
Stap 3 Concentratie op de ademhaling en ontspanning in het lichaam – 128
Stap 4 Concentratie op kinderlijke ervaringen – 128
Stap 5 Terug in de tijd – 129
Stap 6 Het faciliteren van de vorming van het Ideale Ouder Beeld – 129
Stap 7 De versterking – 129

Empirische ondersteuning – 132

Literatuur – 133

© Bohn Stafleu van Loghum is een imprint van Springer Media B.V., onderdeel van Springer Nature 2020
N. Nicolai, *In levende lijve: het lichaam in de psychotherapie*,
https://doi.org/10.1007/978-90-368-2499-6_9

> One cannot know one's experience until it has been recognized and reflected on by the other person (Beebe en Lachman 2013, pag. 288).

Inleiding

In het begin van dit boek en in ▶ H. 6 stelde ik de vraag: van wie is het lichaam eigenlijk? Het logische antwoord is: van degene die dat lichaam bewoont, natuurlijk. 'Natuurlijk van jezelf' zeggen we in onze cultuur van autonomie en secularisatie. We zagen tot nu toe in dit boek dat dit niet zo eenvoudig is: het beleefde lichaam is gemakkelijk te 'ontgrenzen'. Denk bijvoorbeeld aan de experimenten met de rubberen hand. Ook met een virtual-realitybril op kun je betrekkelijk snel het gevoel krijgen in een ander lichaam te zitten. Vroeger was het lichaam van sommige mensen dat van een eigenaar; zij waren tot slaaf gemaakt. Het lichaam van vrouwen behoort van oudsher hun man toe; nog lang had de man zelfs het recht zijn vrouw te tuchtigen. Daarvoor was het vrouwelijk lichaam bezit van haar vader, die haar al of niet kon uithuwelijken, zoals nu bijvoorbeeld nog gebeurt met achtjarige meisjes op het platteland van Bangladesh, waar de verkoop van een dochter de enige inkomstenbron is voor de familie. Het bezit van het lichaam wordt soms ook aan de staat toegewezen. In China gebruikt men in toenemende mate gezichtsherkenning als toegangsbewijs voor diensten; ook wordt daarvoor steeds vaker stemherkenning gebruikt. Opstandige Oeigoeren worden in kampen opgesloten, zogenaamd om hen her op te voeden. Het lichaam van vrouwen behoort ook aan de staat toe. We zien dit in de toename van antiabortuswetgeving, bijvoorbeeld in de VS. 'Baas in eigen buik' zijn vrouwen in veel Amerikaanse staten niet meer. Het vrouwelijk lichaam wordt daarnaast ook nog als publiek bezit gezien: door de #MeToo-affaire is heel zichtbaar geworden in welke mate vooral jonge meisjes betast, bepoteld, nagefloten, aangeraakt, aangerand en verkracht worden. Tussen je dertiende en dertigste jaar ben je als vrouw niet echt veilig. De situatie in oudejaarsnacht in Keulen enkele jaren geleden maakt dat duidelijk. Het lichaam van mannen behoort op een andere wijze toe aan de staat: als soldaat of vechtmachine. De horror van de Eerste Wereldoorlog is de onophoudelijke vernietiging van jongemannen in de loopgraven: de uitroeiing van een gehele generatie.

Dus van wie is het lichaam?

Van wie is het lichaam?

Je bent het bezit van je moeder zolang je nog in haar buik zit, aan haar borst drinkt en in haar armen ligt. Nog lang hebben ouders de zorg voor het lichaam van een kind, waarbij de grenzen soms heel vaag zijn. Denk aan de moeder die het gezichtje van haar kind met haar eigen spuug schoonmaakt. Een kind van twee vindt dat prima. Een kind van zes begint daar tegen te protesteren: 'Hè bah, mamma, vies!' Dan wordt een grens getrokken

tussen eigen lichaamssappen en die van een ander. In de eerste zes levensjaren ontstaat dus het gevoel van 'agency' (zie ▶ H. 6) en lichaamseigenaarschap. Dat laatste begrip is het onderwerp van dit hoofdstuk. Daniel Stern (1985) geeft daar een mooie definitie van. Zoals al uiteengezet in ▶ H. 6 bestaat lichaamseigenaarschap uit drie basale ervaringen die altijd en overal de grond vormen van het gevoel dat het lichaam van jou is:
- de ervaring dat je iets wilt;
- de ervaring van proprioceptieve feedback van wat er wel of niet gebeurt tijdens een handeling;
- de voorspelbaarheid van de gevolgen van de handeling.

In de puberteit verandert het gevoel van lichaamseigenaarschap nog meer. Het begint met de dichte badkamerdeur en de weigering nog op schoot te zitten. Het lichaam bot uit en schuift uit als de figuur van Alice in Wonderland, en dat is voor pubers een soms beangstigende gebeurtenis.

De productie van testosteron heeft op jongens niet alleen een lichamelijk effect, maar leidt ook tot een verhoogde lust en een verlies van empathie. Ze zijn wanhopig uit op seks. Ze menen ook recht op seks te hebben. In een patriarchale samenleving als de onze is seks een recht. En de vrouw die hun dat onthoudt verdient straf en wraak. De katholieke Italiaans schrijver Edoardo Albinati (2016) stelt dat een man de vrouwelijke seksualiteit altijd als kwetsend ervaart. Is ze kuis, dan wijst ze hem af. Is ze wellustig, dan provoceert ze hem, en de monogame traditionele vrouw zal hem kleineren met haar 'raadselachtige ontzagwekkende moederschap'. In alle gevallen verdient ze straf, en we zien dat terug in de vloedgolf van haatdragende Twitterberichten die vrouwen te verduren krijgen als ze de openbaarheid zoeken. Soms gaat het om meer dan berichten, zoals bij de moord op een fotomodel met een uitgesproken mening in Irak of de gevangenzetting van vrouwen in Saoedi-Arabië die zich uitspraken voor meer rechten. Het lichaam is dus geen vanzelfsprekend bezit van de persoon zelf. Het lichaam is zoals in ▶ H. 1 al naar voren kwam *Leib* en *Körper* – zoals men in de Duitstalige fenomenologie zegt –, lijf en lichaam, de zetel van je zelf én – in het derdepersoonsperspectief – van de ander, of die nu een persoon is of een instituut.

We weten tegenwoordig dat empathie niet berust op een ingewikkelde theoretische beweging die kinderen moeten maken, maar dat we de ander aanvoelen wanneer we vergelijkbare gevoelens in ons eigen lichaam ervaren, wanneer we spiegelen dus. De meeste empathische processen verlopen subtiel, bijvoorbeeld via de pupilgrootte. Hoe kleiner de omvang van iemands pupil, hoe sneller de ander hem of haar verdrietig vindt, maar de eigen pupil verkleint ook. Hierbij gaat het dus om een impliciete, onbewuste reactie. Terwijl empathie verwijst naar impliciete herkenning is er in de ontwikkeling een ander proces gaande: dat van separatie.

Separatie en zelf-anderonderscheiding

Wij leren in de loop van onze ontwikkeling 'mij' van 'niet-mij' te onderscheiden. Een kind van achttien maanden heeft al een gevoel van lichaamseigenaarschap (zie ▶ H. 6 over het verschil tussen lichaamseigenaarschap en agency). Het kind wijst op zijn eigen neus als je vraagt waar zijn neus zit, schopt tegen een bal en kan iets pakken. Het woord agency impliceert handelen. Door te handelen, te doen, te grijpen en te klimmen leer je je onmogelijkheden en mogelijkheden in een omgeving herkennen en word je eigenaar van je lichaam. Jij bent het die beweegt, en niemand anders.

Maar in de adolescentie blijkt hoe fragiel dat gevoel van eigenaarschap lange tijd blijft. Fragiel wordt dat lichaamsbesef ook in situaties van seksueel misbruik. Ten eerste omdat onverwachte sensaties, als pijn of opwinding, door een dader worden toegeschreven aan de wens van het kind of de jongere zelf. 'Zie je wel dat je het wilt', zegt een pedoseksuele dader tegen een kleine jongen die een erectie krijgt. Dat die erectie ook een teken van angst kan zijn, wordt niet geregistreerd, en zo wordt deze jongen behalve beschaamd en ontreddert ook afgesneden van zijn eigen emoties en sensaties. Want om die te leren kennen heb je een omgeving nodig die ze aan jou toerekent en ze ook als zodanig benoemt.

Daarnaast speelt bij seksueel misbruik dat de geest ook aan het lichaam ontsnapt, een vorm van lichaam-geestdissociatie die door veel overlevers van seksueel misbruik wordt genoemd. 'Ik ging gewoon mijn lichaam uit', vertelt een vrouw, 'en keek vanaf het plafond toe. Het gebeuren had niets met mij te maken.' Dit hoort bij het in ▶ H. 5 beschreven proces van dorsovagale ineenstorting van het autonome zenuwstelsel. Bij situaties die als levensbedreigend worden ervaren, ontstaat die reactie, die met depersonalisatie begint. Seksueel misbruik is een invasie van het lichaam die het lichaam onteigent. Sensaties en gevoelens die er zijn, zijn te overweldigend en desorganiserend. Ze worden met kracht onderdrukt en dat houdt de depersonalisatie in stand.

In extremere gevallen van misbruik wordt een kind of jongere totaal onderworpen. Je kunt dan ook spreken van een hersenspoeling, zoals in het geval van de Oostenrijker Fritzl, die zijn dochter Elisabeth opsloot in de kelder van zijn huis en zeven kinderen bij haar verwekte. De titel van een recent boek over een man die een meisje vermoordde luidt – niet verbazingwekkend – *Je bent van mij* (Peter Middendorp 2018).

We weten dat het voor een goede integratie van de linker- en rechterhersenhelft nodig is dat je het vermogen hebt om je eigen fysiologische veranderingen te ervaren en te weten wat je voelt, als je weet wat je nodig hebt en waar je behoeftes liggen, en dat je je daarop kunt verlaten. Het is nodig de sensaties vanuit je lichaam en die van de omgeving te integreren. Dat proces van integratie vindt plaats in het voorste mediale deel van hersenen en in de insula.

Wie je bent – de mentale representatie die we 'zelf' noemen – is gegrondvest op de representatie van je lichaam. De eerste referentie is je materiële lijf in interactie met je omgeving. Om jezelf in balans te houden moet je een consistent beeld hebben van je lichaam en hoe dat voelt. Dat consistente beeld werkt door voorspellingen over die wereld. Een mens dient dus voortdurend zijn voorspellingen, zoals 'het is warm buiten' of 'ze zullen me helpen en troosten', te toetsen aan de werkelijkheid. In het kader van de voorspelling over warmte kun je dan ontdekken dat het kouder is en dat je dus een extra kledingstuk moet aantrekken. In het geval van de verwachte troost, moet je misschien je verwachtingen bijstellen: 'Nee, die krijg ik niet van hen.' Dat wordt op den duur geautomatiseerd en dus automatisch verwachtingsmanagement. Om die voorspellingen goed te laten werken, moet je kunnen vertrouwen op wat je lichaam je aangeeft. Je moet dus accuraat kunnen voelen wat je voelt en ervaart. Zo lopen mensen die geen pijn voelen ernstige verwondingen op, waardoor ze eerder sterven. Mensen die geen emoties durven voelen, zoals veel misbruikte mensen, zijn voortdurend in een staat van lichamelijke onrust en spanning die zij niet als angst ervaren. Als je de viscerale gevoelens vanuit je binnenste langdurig loskoppelt, krijg je een fundamentele destabilisatie die je zelfrepresentatie ondermijnt. Bij schizofrenie bestaan er problemen met de voorspellingen. De veranderingen die vanbinnen plaatsvinden, worden als vanbuiten ervaren. Bij angst is er een verkeerde feedback tussen feitelijke signalen en verwachte fysiologische signalen. Bij depersonalisatie en derealisatie ontstaat een misattributie van interoceptieve signalen: ze onderdrukken en miskennen hun oorsprong ('de wereld verandert'). De interne toestand van het lichaam heeft een diepgaande invloed op de mentale activiteit, en zelfs een primaire, want interoceptieve signalen zijn er eerder dan zintuiglijke ervaringen. Verstoringen in de viscerosensorische representatie – dat wil zeggen: de informatie die ons vanuit onze ingewanden en ons autonome zenuwstelsel bereikt – hebben invloed op vele lagen van het functioneren. Deze verstoringen hebben te maken met de relatie met ons lichaam, die we van jongs af aan opbouwen, en deze relatie wordt gekleurd door onze gehechtheidsgeschiedenis.

Ambivalent-gepreoccupeerde en gedesorganiseerde gehechtheidsstijlen

In ▶ H. 8 besprak ik de relatie met het lichaam bij een gereserveerd-vermijdende gehechtheid. Nu komen de twee andere vormen van onveilige gehechtheid aan de orde.

Ten eerste de ambivalent-gepreoccupeerde en ten tweede de gedesorganiseerde gehechtheid.

De 'ambivalent-gepreoccupeerde' of 'resistant' stijl wordt gekenmerkt doordat in een interview als het Gehechtheidsbiografisch Interview (GBI), maar ook in een gewoon therapeutisch gesprek, zinnen rammelen, de inhoud niet helder wordt, men de rode draad kwijtraakt of verzandt in onbelangrijke details. In zo'n gesprek of interview heb je als luisteraar het gevoel dat je aandacht wordt gekaapt, maar dat het je maar niet helder wordt waar het over gaat. Het wekt de indruk of de spreker verdwaald is, of verloren en wanhopig probeert je te laten luisteren, maar zelf niet weet naar wat. Dit thema van verliezen en verloren zijn is opvallend.

> » Loss is also expressed at the gestural language level by both listener and speaker feeling lost in the narrative: 'Sorry, I lost my thread. What was the question again?' Anger, aimed at involving the interviewer, is the hallmark of a subcategory of such interviews. At the level of mental gesture, the narrative hints at both hitting and pulling, not letting go, weaving a tangled web of complaint around the attachment figure, struggling and pushing away yet preventing the possibility of separation (Fonagy en Target 2007, pag. 442).

In het bovenstaande citaat van Peter Fonagy en Mary Target wordt heel mooi het lichamelijke aspect beschreven: het mentale worstelen, duwen, trekken, zijpaden inslaan, het spoor verliezen, niet tot rust komen, het zoeken en niet vinden, en ten slotte het verliezen van de ander waarmee de patiënten als in een machteloze worsteling verstrengeld zijn.

Beide behoren tot de secundaire gehechtheidsstrategieën, die worden ingezet omdat de eerste niet gewerkt heeft. De eerste is het zoeken van nabijheid en troost tot de autonome arousal weer is weggeëbd. De ambivalent-gepreoccupeerde gehechtheidsstijl (kort gezegd: de ambivalente stijl) is te zien als een representatie van wantrouwen. Hij wordt gekenmerkt door de voorspelling van inconsistentie van de omgeving. De hoofdtoon is angst. Bij clusteronderzoek naar de onderscheidende factoren van gehechtheid blijkt dat er twee hoofdclusters zijn: die van angst en die van vermijding. Bij de ambivalente gehechtheidsstijl staat angst voorop. Bij de gedesorganiseerde gehechtheid is van beide sprake: angst én vermijding. 'Gas geven met de rem erop' zou je kunnen stellen.

In de interactie doen mensen met een ambivalente gehechtheidsstijl een groot beroep op de ander: er is grote behoefte aan een interactieve regulering. De jeugdervaringen van een mens met een ambivalente stijl worden niet alleen gekenmerkt door inconsistentie, maar ook door rolomkering en gebrek aan contingentie: de ouders konden zich niet afstemmen op het kind, door eigen pathologie (veel borderlinekinderen hebben borderlinemoeders) of door stress, drukte of gebrek aan empathie. De behoefte aan het perfect aanvoelen is bij ambivalent gehechte personen heel groot; hun angst voor afwijzing en verlating is misschien nog groter. Ze zijn daardoor van nature sterk gericht op de ander, soms zo sterk dat ze beter dan de persoon in kwestie weten dat er iets aan de hand is. Hun waarneming klopt vaak wel, maar de interpretatie niet. Ze zijn empathisch gevoelig, maar de theory of mind – het perspectief van de ander – is minder ontwikkeld. Niemand kan de ander helemaal 'lezen'. Deze ambiguïteit wordt door personen met een ambivalente stijl moeilijk verdragen. Ze zijn daardoor extra gevoelig voor breuken in het contact, en deze zijn ook moeilijker te repareren.

Bij de gedesorganiseerde gehechtheid is er geen onderliggende organisatie: hier heerst complete verwarring en overspoeling door sensorische en affectieve ervaringen waar mensen met deze stijl geen raad mee weten. Dat leidt vervolgens weer tot een allesdoordringende fobische vermijding van de 'binnenwereld'. Ze proberen niets te voelen, zoals Elsa, de vrouw uit ▶ H. 5. Gedesorganiseerde gehechtheid komt vaak voor bij mensen met een voorgeschiedenis van vroeg trauma. Soms ook een '*silent* of *hidden* trauma, waarbij geen sprake was van seksueel misbruik of mishandeling, maar van een pervasief emotioneel tekort of een negatieve sfeer in het gezin van herkomst' (Lyons-Ruth 2006). *Silent* of *hidden trauma* heeft meer betekenis dan het woord verborgen. Het gaat om twee aspecten: het tekort, maar ook om de relatie met de ontwikkeling, namelijk een tijd dat er nog geen woorden zijn. Mensen met een ambivalente (in het Engels heet de stijl *entangled*, en dat geeft de verwarring aardig weer) gehechtheidsstijl verkeren in een staat van hyperarousal, die sympathisch dus wordt gekenmerkt door angst én woede. Bij de desorganisatie zijn er plotselinge verschuivingen van hyper- naar hypoarousal.

Het lichaam dat pijn doet

> Janneke, 42 jaar oud, meldt zich met chronische pijnklachten. Zelf hoeft ze niet zo nodig, maar haar huisarts stond erop dat ze een psychiater consulteerde. Ze heeft al jaren klachten, met als diagnose fibromyalgie, chronischevermoeidheidssyndroom en prikkelbare darmen. Door haar klachten kan ze niet meer werken. Na een burn-out is ze bij een psycholoog geweest, die haar leerde te leven met de stressklachten en

met haar een programma deed om haar energie terug te winnen. Veel heeft dat niet geholpen. Janneke komt met merkbare tegenzin mijn kamer binnen. Ze maakt een nogal vijandige indruk, maar is toch bereid iets over haar klachten te vertellen.
In tegenstelling tot wat ze gewend is van haar huisarts, zo vertelt ze later, vraag ik haar uitgebreid naar haar klachten. Waar precies? Hoe precies? Ik laat haar aanwijzen wat het pijnlijkst is en kijk ondertussen naar hoe ze kijkt, zucht en beweegt. Ik laat op me inwerken wat ik waarneem: een vermoeide vrouw, die zo te zien de hoop heeft opgegeven. Na een uitvoerige bespreking van haar klachten vraag ik haar wanneer ze er meer of minder last van heeft. Het blijkt dat het in de ochtend slecht gaat; ze is dan stijf en vol pijn. In de namiddag voelt ze zich soms beter. Ik vraag haar of ze iets wil vertellen wat volgens haarzelf belangrijk is geweest in haar leven. Ik ben niet verbaasd als ze vertelt dat haar leven bepaald niet over rozen is gegaan. Ze is geboren na de dood van een broertje. Haar ouders scheidden toen ze vijf jaar was; zij bleef bij haar – depressieve – moeder en zag haar vader zelden. Een grote rol speelde haar grootmoeder, die toen ze weduwe werd bij haar dochter en kleindochter in huis kwam wonen. Deze oma was niet aardig. Ze vitte voortdurend op Janneke en was ook erg dwangmatig. Ze paste op Janneke als haar moeder aan het werk was, en Janneke mocht het huis alleen in zonder schoenen en zonder haar jas, want dat bracht maar viezigheid in huis. Janneke mocht niet spelen met spullen waar rommel van kwam. Ook tegen haar eigen dochter klaagde oma, maar deze was zo afhankelijk van haar moeder dat ze niet voor haar dochter opkwam als het gedrag van oma erg vinnig en neerbuigend was. Janneke vertelt dat ze zichzelf begon te haten toen ze dertien was. Ze moest naar een lagere school dan het advies van de leerkrachten was en na die school meteen aan het werk in een winkel.
Na dit eerste gesprek wil ze nog wel een keer komen, al heeft ze weinig fiducie in wat ik voor haar kan doen. In het tweede gesprek valt op dat Janneke sprekend over haar leven op het puntje van haar stoel zit en mij in de gaten houdt, maar dat er af en toe korte momenten zijn waarop zij het spoor even bijster is en zit te staren. Ik zie dan ook dat haar schouders zakken en haar adem oppervlakkiger wordt. Zij wisselt dus van hyperarousal naar hypoarousal. Ik vraag haar wat ze ervaart vlak voor die momenten. Ze zegt dat ze even een gevoel van duizeligheid had, zo nadenkend over haar verhaal.

In de revalidatiegeneeskunde geldt dat er drie vormen van reactie op fysieke klachten mogelijk zijn, drie wijzen van omgaan met een lichaam dat pijn doet.

De eerste groep, circa veertig procent, doet alsof de klachten of beperkingen er niet zijn en gaat – opgewekt – dwars door alle beperkingen heen. Dat lijkt op het gereserveerd-vermijdende patroon. De tweede groep gaat ook door, zij het dan geheel hulpeloos en depressief, alsof ze het gevoel hebben dat toch niets zal helpen. Een kleine groep, circa twintig procent, is in staat rekening te houden met wat het lichaam niet kan, maar ook nieuwe uitingsvormen te zoeken. Het zal duidelijk zijn dat Janneke tot de tweede groep behoort. In de klinische praktijk zijn het juist de ambivalent-gepreoccupeerde mensen die moeite hebben met lichamelijke klachten om te gaan. In ▶ H. 2 introduceerde ik kort het werk van Armando Ferrari (2004), voor wie het lichaam het 'concrete oorspronkelijke object' was. Je zou kunnen stellen dat de relatie met een ander vervangen wordt door een met alleen het eigen lichaam. Die relatie met het lichaam heeft dan alle aspecten van de relatie met de gehechtheidsfiguur, maar dan op zichzelf gericht. Vandaar de wanhopige poging aandacht te krijgen, zich verloren voelen en het eigen lichaam als onbetrouwbaar en onbekend ervaren.

In het boek *Werken met een lichaam dat moeilijk doet* (2017) beschrijft de Vlaamse psycholoog en filosoof Joeri Calsius hoe bij een tekort aan identificatie en separatie de beleving van het lichaam van het zelf en dat van de moeder in elkaar versmolten zijn. Dat wordt ook beschreven door de Franse psychoanalytica Joyce McDougall (1989) als 'één lichaam voor twee personen'. De moeder van Janneke heeft haar overgelaten aan een 'boze' oma en heeft haar dochter niet kunnen helpen om een lichaam van zichzelf te krijgen, voor zover ze dat zelf had. Een dwangmatige moeder heeft de neiging om haar kinderen te controleren en hun daardoor weinig exploratieruimte te laten. Dat was in de opvoeding van zowel Jannekes moeder als van Janneke een gedragspatroon geweest. De haat en woede die Janneke voelde tegenover haar oma en haar moeder richtten zich met volle kracht tegen haar eigen lichaam. Janneke bleek heel gedesorganiseerd gehecht. Desorganisatie ontstaat als de ouder tegelijkertijd een bron van gevaar en een bron van veiligheid is, maar ook als de ouder zelf gedesorganiseerd is door eerder trauma of geweld. Dat laatste bleek in Jannekes voorgeschiedenis het geval te zijn: oma had haar dochter regelmatig met de bezemsteel geslagen. Jannekes moeder sprak in idealiserende termen over haar eigen moeder, die zich voor haar had opgeofferd. Jannekes moeder kon weinig meer vertellen over haar moeder – oma dus – dan dat ze altijd zorgzaam was geweest. Bij navraag bleek dat te gaan om het geld binnen brengen. Over haar oma sprak ze in magische termen: heks, boosaardig, eropuit haar kapot te maken. Er waren geen herinneringen aan steun, troost, fysieke aanraking, plezier en bescherming.

Janneke vertelde in het tweede gesprek wel dat ze zich altijd heel angstig en onveilig had gevoeld. De discrepantie tussen de idealiserende termen waarmee ze haar moeder beschreef en de povere inhoud van de voorbeelden waarmee ze die mooie woorden kon ondersteunen was voor haar zelf in het gesprek schokkend. Ze werd er boos van en wilde meteen opstappen. Ze voelde zich dus overspoeld. Ze had geen woorden voor haar niet te differentiëren nare gevoelens, die zich letterlijk in pijn vertaalden, in de spanning in haar lichaam.

Toch kwam ze terug. Ik besprak met haar dat mijn vragen haar waarschijnlijk overvallen hadden. Dat was zo, maar thuis had ze moeten huilen, en dat had haar vreemd genoeg een beetje opgelucht. Nu wilde ze wel verder vertellen.

Het Ideale Ouder Protocol

Je kunt als psychotherapeut niet ongedaan maken wat er in de vroege jeugd is gebeurd op het gebied van verwaarlozing, mishandeling, misbruik of emotionele traumatisering.

Het gevaar bestaat ook dat een behandeling die te veel op praten en woorden is gebaseerd, geen rekening houdt met onbewuste impliciete patronen.

Wat je wel kunt doen is de representaties van de ouders in het innerlijk van de patiënt veranderen. Daniel Brown en David Elliott bespreken in hun boek *Attachment disturbances in adults* (2016) de basisinterventies bij schaamte en schuld en hechtingsproblemen. Die interventies zijn dus gericht op het veranderen van de interne representaties van zelf en ander, Bowlby's interne werkmodellen, met een sterke nadruk op het lichamelijk ervaren.

De methode van Brown en Elliott is gebaseerd op drie pijlers: technieken om mentaliseren te bevorderen, het Ideale Ouder Protocol (IOP) en het bevorderen van het vermogen tot samenwerking. Het doel van de laatste pijler is van de therapie een proces van samenwerking te maken, een onderneming waarin patiënt en therapeut aan een doel werken, waarbij zij beiden zeggenschap hebben en breuken kunnen repareren. Het vermogen tot samenwerking is aangeboren: veilig gehechte kinderen doen het al vanaf een jaar of twee, maar dit vermogen is ondergesneeuwd bij gehechtheidsstoornissen. Het is ook bekend dat patiënten na een geslaagde behandeling terug moeten naar een soms invaliderende omgeving, en dan blijkt het vermogen tot samenwerking een belangrijke bron van veerkracht en voortgaand herstel.

Ik bespreek nu de eerste pijler van het IOP: de belichaamde ervaring. Daarbij gaat het om het lichamelijk beleven van troost, steun en veiligheid door de fantasie dat er een Ideale Ouder aanwezig is. Het IOP is een geleide fantasie, toepasbaar op elke soort gehechtheidsstoornis, dus zowel de vermijdend-gereserveerde als de ambivalent-gepreoccupeerde en de gedesorganiseerde gehechtheid. Door het IOP te gebruiken faciliteert de therapeut actief en direct de ontwikkeling van een positief en stabiel *innerlijk werkmodel* of kaart van gehechtheidsrelaties. De methode bestaat uit het voorstellen en opnieuw in kaart brengen van gehechtheidsrepresentaties om ze van onveilig naar veilig te laten groeien. De therapeut helpt de patiënte om een voorstelling op te roepen van positieve gehechtheidspersonen en veilige ervaringen met deze figuren. Herhaling en uitwerking van het contact met deze beelden vestigen een nieuw innerlijk model of een nieuwe kaart. Zoals met alle gereedschappen geven meer oefening en een grotere vaardigheid betere resultaten, en elk gereedschap wordt op een gedifferentieerde manier gebruikt, afhankelijk van de situatie. Elke patiënt heeft unieke patronen en behoeften. Een vaardig gebruik van het IOP komt voort uit bekendheid met het instrument, de herkenning van de unieke behoeften en patronen van de patiënt en begrip voor de kwaliteiten die een veilige gehechtheid bevorderen.

Anders dan in andere op de gehechtheidstheorie gebaseerde interventies gaat het *niet* om de relatie met de therapeut, maar om *een verandering van de interne relatie met de gehechtheidsfiguren van de patiënt*. De therapie is echter wel gebaseerd op interventies die een basis vormen voor elke psychotherapie, te weten:
1. bescherming bieden als de patiënt in gevaar is door situaties binnen of buiten de therapie;
2. *attunement*: afstemmen op gevoelens en behoeftes;
3. gepaste troost en emotieregulatie als de patiënt overstuur is;
4. trots en blijdschap tonen als er een positieve ontwikkeling is;
5. steun geven bij exploratie in de interne en externe omgeving.

Tijdens het IOP-werk is de therapeut consistent, betrouwbaar en geïnteresseerd in wat de patiënt beleeft. De therapeut erkent, spiegelt en versterkt de gevoelens die een veilige hechting bevorderen en gebruikt feiten en gevoelens uit de de eigen geschiedenis van de patiënt. Kortom: de therapeut levert maakwerk. Het protocol laat veel ruimte voor een eigen invulling van de patiënt.

Opzet IOP

Stap 1 Uitleggen, bespreken en vragen om toestemming van de patiënte

Focus op het innerlijk

De therapeut begint het protocol door de patiënte te leren een veilige blik op de binnenwereld te ontwikkelen. Zo'n gemoedstoestand versterkt het vermogen om beelden op te roepen. Je doet dit door de aandacht te vestigen op het lichaam en alles wat zich daarin voordoet.

Gedurende de vorming van gehechtheid, zo tussen twaalf en twintig maanden, is de identiteitsontwikkeling vooral lichamelijk gebaseerd, en het geheugen is impliciet en meer op het lichamelijk beleven gericht. Dus het richten van de aandacht op het lichaam vestigt de vruchtbaarste basis voor het ontstaan van innerlijke beelden.

Stap 2 Aanleren van een bodyscan

De bodyscan is het stap voor stap en zonder oordeel ervaren wat er in het lichaam gevoeld wordt. Het begint met de tenen en voeten, voortgaand via de benen naar zitvlak en rug, vervolgens naar de romp, naar de buik en de ademhaling, en daarna naar hals, nek, hoofd, armen en handen. De vraag is steeds om onbevangen waar te nemen wat er gebeurt als je aandacht schenkt aan een lichaamsdeel. Iets voelen is goed, maar niets voelen evenzeer. De ervaring wijst uit dat het leren van een bodyscan op zich al enige tijd kan vergen, zeker bij mensen met een gedesorganiseerde gehechtheid of een traumageschiedenis. Voorafgaand zal vaak aandacht besteed moeten worden aan hoe veilig de kamer van de therapeut is en hoe veilig het is de ogen te sluiten. Dat kan een fikse voorbereiding vergen.

Stap 3 Concentratie op de ademhaling en ontspanning in het lichaam

De ogen kunnen dicht- of openblijven. Een goede methode om verdieping van de ademhaling te bewerkstelligen is de oude inductiemethode van Charcot: bij inademen de ogen naar boven richten, bij uitademen de ogen naar beneden.

Stap 4 Concentratie op kinderlijke ervaringen

Als er voldoende ontspanning is, aangegeven door het opsteken van een wijsvinger, wordt gevraagd waar de ontspanning het meest gevoeld wordt. De patiënt kan dit met een woord of gebaar aangeven. De therapeut vraagt dan om dat gevoel zich te laten uitbreiden 'als dat kan', 'misschien niet meteen, maar even later'. De bedoeling is dat het hele lichaam even ervaren wordt, met alle plekken met meer of minder ontspanning.

Stap 5 Terug in de tijd

In deze stap komt aan bod: het weer losmaken van de aandacht voor het lichaam en zich voorstellen terug in de tijd te gaan naar de kindertijd en daar te kijken hoe de patiënt zich voelt. Vermijd metaforen van een trap bij mensen met een geschiedenis van opsluiting en misbruik in kelders.

Stap 6 Het faciliteren van de vorming van het Ideale Ouder Beeld

'Als je je voelt zoals je je voelde als kind, *stel je* dan nu *voor* dat je bij ouders bent, niet je eigen ouders zoals je die had, maar ouders die precies passen bij jou en bij wat jij nodig hebt.'

Belangrijk is het woord 'voorstelling'. De ervaring leert dat het zowel om auditieve, visuele als haptische beelden kan gaan als om een gevoel van nabijheid.

> » Nu je voelt hoe je als jong kind was, stel je je nu voor dat je met ouders bent.
> Niet de ouders bij wie je opgroeide, maar ouders die heel anders zijn, die precies bij jou passen en bij jouw aard.
> Deze ouders zijn nu hier bij jou en weten precies wat jij nodig hebt om je je veilig te laten voelen. Deze ouders weten echt hoe ze bij jou moeten zijn zodat je absoluut veilig en rustig kunt zijn (Brown en Elliott 2016, pag. 309).

'Het kan zijn dat je positieve eigenschappen van je eigen ouders ziet en voelt, maar probeer toch zo veel mogelijk een eigen voorstelling te maken, die jij naar believen kunt veranderen, tot het precies goed is voor jou en precies past bij wie jij bent' (Brown en Elliott 2016, pag. 310). Laat de patiënt vertellen wat hij ervaart en beleeft. Vervolgens ga je de beschrijvingen van de voorstelling van de Ideale Ouder passend bij de geschiedenis van de patiënt en bij de gehechtheidsstijl van de patiënt aanvullen en versterken. Je gaat eerst na of er angstwekkende of bedreigende aspecten zijn. Zo ja, ga dan terug naar de ontspanningsmodus of geef aan dat de Ideale Ouder snapt hoe eng het was en bescherming zal bieden.

Punten om na te gaan zijn:
- ten minste een van de ouderfiguren is niet de eigen ouder of een familielid;
- contact met de Ideale Ouder verloopt via minstens één sensorische modaliteit;
- er zijn geen tekenen van bedreiging.

Stap 7 De versterking

Eerst enkele algemene opmerkingen. Het is belangrijk bij deze stap na te gaan of er multisensorische voorstellingen zijn. Bij deze stap ga je na of er een *multisensorische* voorstelling is van de ouders. Hoe meer zintuigen hoe beter. Je reageert als therapeut door te spiegelen en door het beeld van de voorgestelde Ideale Ouders te versterken.

Denk eraan dat er geen veilig en consistent innerlijk werkmodel is, dus in deze fase is het van belang de verbeelding te versterken, de doorschemerende beelden van de eigen ouders los te laten en terug te keren naar de therapeutische taak om Ideale Ouder-representaties te maken.

7.1 Vorm de beelden en de ervaring van de patiënt: wijs op de gehechtheidsbevorderende kwaliteiten van de voorgestelde Ideale Ouders

Bijvoorbeeld:
- *Neem waar hoe ze met jou zijn en doen.*
- *Neem waar hoe ze nu bij je zijn.*
- *Voel hoe de manier waarop ze bij jou zijn precies past bij wie jij bent en wat jij nodig hebt.*
- *Voel hoe ze bij jou zijn en hoe dat jou helpt om een helder en sterk gevoel van veiligheid te hebben.*
- *Voel en bekijk hoe de manier waarop zij zijn effect heeft op hoe jij je vanbinnen voelt.*
- *Neem waar hoe jij voelt dat zij door bij jou te zijn precies goed is voor wie jij bent en wat jij nodig hebt.*

7.2 Spiegel en versterk de beschrijvingen van de patiënt over de gehechtheidsbevorderende kwaliteiten van de Ideale Ouders

Hierbij is het belangrijk om de woorden en zinnen van de patiënt te gebruiken.

7.3 Suggereer gehechtheidsbevorderende kwaliteiten van de voorgestelde Ideale Ouders

In deze fase kun je als therapeut opvattingen over wat ouders behoren te doen corrigeren. In feite houdt dit ook een vorm van impliciete psycho-educatie in. Bijvoorbeeld: door te wijzen op de ervaringen die veilige gehechtheid bevorderen in plaats van instrumentele kwaliteiten, zoals koken, voorlezen, wandelen et cetera.

Het gaat juist over de kwaliteit van de beschikbaarheid, de betrouwbaarheid, de interesse en consistentie van de Ideale Ouder (het vermogen na te denken over je kind als persoon met een eigen geest). Erken dus de actie, maar vraag door naar de gevoelens die een activiteit oproept.

Suggereer dat de Ideale Ouders de eigenschappen hebben die algemeen gelden als gehechtheidsbevorderend: dat zijn vier algemene factoren en vijf gedragingen.

De vier algemene factoren

1. *Fysieke aanwezigheid* Deze ouders zijn toegankelijk voor jou. Je kunt erop rekenen dat ze bij jou zijn.
   - Zij zijn er voor jou als je ze nodig hebt.
2. *Consistentie*
   - Deze ouders reageren altijd op dezelfde manier op jou.
   - Zij weten wat helpt om jou je veiliger te laten voelen.
   - Je leert deze ouders kennen en hoe ze met jou zijn.

3. *Betrouwbaarheid*
   — Je kunt erop rekenen dat deze ouders er voor jou zijn als je ze nodig hebt, iedere keer opnieuw.
   — Je kunt deze ouders vertrouwen, als het nodig is.
   — Je kunt altijd op hun begrip rekenen.
4. *Belangstelling*
   — Deze ouders zijn in jou geïnteresseerd, ook in wat jou bezighoudt. Je kunt voelen hoeveel belangstelling ze voor je hebben. Deze ouders vinden het leuk en belangrijk om te weten wat jou bezighoudt. Neem waar wat het van hen is, waardoor jij merkt dat ze een bijzondere belangstelling voor jou hebben.

De vijf gedragingen die een veilige gehechtheid bevorderen

1. *Bescherming*
   — Deze ouders beschermen je tegen gevaar. Bij hen voel je je veilig. Je hoeft je nooit ongerust te voelen als zij er zijn.
2. *Aanvoelen*
   a. *van behoeftes*
      – Deze ouders weten wat jij nodig hebt. Neem waar waardoor jij weet dat zij dat weten.
   b. *van gedrag*
      – Deze ouders weten wat jij doet en begrijpen waarom jij dat doet. Deze ouders begrijpen het wanneer jij drukker of juist stiller wordt en nemen waar dat er iets is veranderd.
   c. *van innerlijke gemoedstoestanden*
      – Zij kunnen aan je gezicht zien dat je iets voelt. En wanneer je iets voelt, weten deze ouders wat er aan de hand is.
   d. *van ontwikkelingsfase*
      – Deze ouders snappen wat jij aankunt en wat nog niet. Ze steunen je wanneer je toe bent aan een volgende stap.
3. *Troost en geruststelling*
   — Je kunt erop rekenen dat ze jou troosten als je overstuur bent op de manier die bij jou past.
   — Ze weten de goede manier om jou gerust te stellen.
   — Neem waar hoe ze jou troosten, op welke manier, en voel hoe jou dat helpt kalm en gerustgesteld te worden.
4. *Het uiten van plezier in het kind*
   — Neem waar hoe fijn deze ouders het vinden wie jij bent en wat jij doet. Je voelt dat ze echt om jou geven en plezier in je hebben. Ze kunnen je dit duidelijk maken op een manier die jij begrijpt.
   — Neem waar hoe dat voor je is. Bedenk wat het is dat jou duidelijk maakt dat ze verrukt van je zijn

> 5. **Het bevorderen van onderzoekend en explorerend gedrag**
>   a. *in de binnenwereld*
>   - Zij helpen je te ontdekken dat emoties niet gevaarlijk zijn, maar een gewone manier om iets over jezelf te leren en hoe je behoeftes uit.
>   - Deze ouders kunnen jou begrijpen en zijn in staat je gevoelens te erkennen.
>   - Deze ouders helpen jou te ervaren dat je een uniek wezen bent. Omdat je je zo veilig bij hen voelt, kun je je eigen innerlijke ervaringen op een creatieve manier onderzoeken en kun je open zijn tegenover jezelf.
>   - Wat je ook ontdekt, deze ouders begrijpen en accepteren dat.
>   b. *in de buitenwereld*
>   - Met hun steun kun je nieuwe dingen ontdekken, en ze stimuleren je om nieuwe mensen en vaardigheden te leren kennen. Daardoor voel je je competent en vaardig, en kun je avontuurlijker worden. Ze zijn blij je te steunen terwijl jij de wereld ontdekt. Het is goed om hun steun te voelen als jij op je eigen benen staat.

Bij mensen met een vermijdend-gereserveerde gehechtheidsstijl is het belangrijk dat de ouders troost bieden, beschikbaar zijn en afgestemd zijn op de behoeften van het kind. Bij de ambivalent-gepreoccupeerde persoon is het benadrukken van afstemming, beschikbaarheid en exploratiemogelijkheden belangrijk. Bij de gedesorganiseerde gehechtheid is het verdragen van en toestemming geven aan álle emotionele belevingen door de Ideale Ouder van belang. Bij gedesorganiseerde patiënten kan het gebruik van delen van de persoonlijkheid helpen: 'het kind in je', of: 'dat deel van jou wat vast wil houden aan je eigen ouders', of: 'dat deel van je wat hunkert naar begrip en troost'.

De crux van het IOP is de stelselmatige terugkeer naar de lichamelijke ervaring: 'Als je dat ziet, waar voel je dat dan in je lichaam? Houd dat vast. Kun je het laten uitstralen (bijvoorbeeld een gevoel van warmte). Voel maar hoe je voelt dat deze ouders je steunen, ongeacht wat je doet, omdat ze geïnteresseerd zijn in jou. Voel maar wat je voelt, dat ze verrukt van je zijn.' Juist de nadruk op de belichaming heeft effect op de hypo- en hyperarousal en leert de patiënte dat er andere sensaties zijn dan negatieve. Eventueel kan een handgebaar gekoppeld worden aan de prettige ervaring. Dat noemt men *cue-condtioning*: elke keer als dat gebaar gemaakt wordt, kan de voorstelling opgeroepen worden. Dat maakt het voor mensen gemakkelijk om de prettige ervaring vast te houden.

Empirische ondersteuning

Het IOP is twee keer onderwerp van onderzoek geweest: een keer door beide auteurs (Brown en Elliott 2016), die met het GBI, het SCID, de BDI en de TSI (Trauma Symptom Inventory) vonden dat al hun twaalf patiënten met een onveilige classificatie na de behandeling een 'veilige' score hadden: *earned security* met een hoge mate van coherentie. De reflectieve functie van hun eigen patiënten steeg van 1,5 naar 4,5 (Brown en Elliott 2016, pag. 614). Een RFS van vier betekent dat mensen in staat zijn hun eigen sensaties en emoties met compassie en begrip te ervaren en tegelijkertijd het perspectief van de ander te zien. Je zou kunnen zeggen dat een goede reflectieve functie bestaat uit het je toe-eigenen van je eigen lichaam en je eigen subjectiviteit met oog voor de ander en diens subjectiviteit. Karlen Lyons-Ruth (1998) noemt dat een wijziging in het impliciete relationele weten. Volgens haar is dat het succes van een geslaagde psychotherapie. In een tweede pilotonderzoek (Parra et al. 2017) onderzocht men zeventien volwassenen met een ernstige complexe PTSS, die in een periode van vijf weken vier keer het Ideale Ouder Protocol aangeboden kregen in de stabilisatiefase. Na acht maanden bleken de traumaklachten en de traumatische desorganisatie verminderd. De gehechtheidsstijl werd gemeten met de AAP, de Adult Attachment Projective-test (George en West 2001): een projectieve test met een redelijke overlap met het Adult Attachment Interview of Gehechtheidsbiografisch Interview (GBI), maar sneller en gemakkelijker af te nemen. Na acht maanden waren drie patiënten veilig gehecht, en negen bleken een onverwerkte classificatie te houden. De korte duur van de interventie en het gebrek aan controle kunnen de nodige kritiek oproepen, toch is duidelijk dat het IOP in staat is iets te doen wat veel andere therapievormen niet kunnen: de gehechtheidsstijl veranderen, en daarmee iemand het vermogen geven anders om te gaan met het eigen lichaam, de eigen emoties en de eigen interoceptie. Het IOP vertoont trekken van de Ideale Ouders in de Pesso-psychotherapie, maar daarin gebeurt het als in een rollenspel. Het vertoont overeenkomst met de beperkte *reparenting* van de schematherapie, maar bij het IOP wordt een beroep gedaan op het eigen voorstellingsvermogen van de patiënt in plaats van te vertrouwen op de psychotherapeut. Op grond van de gedachte dat bij de verwarde patiënte het juist een gebrek aan separatie tussen zelf en ander is, dat de problematiek in stand houdt, lijkt het IOP beter in staat de zelfregulering (of zelfcontingentie) te bevorderen.

Literatuur

Albinati, E. (2016). *De katholieke school*. Amsterdam: Atlas Contact.
Beebe, B., & Lachman, F. M. (2013). *The origins of attachment. Infant research and adult treatment*. New York: Routledge.
Brown, D., & Elliott, D. S. (2016). *Attachment disturbances in adults, treatment for comprehensive repair*. New York: Norton.
Calsius, J. (2017). *Werken met een lichaam dat moeilijk doet*. Leuven: Acco.
Ferrari, A. (2004). *From the eclipse of the body to the dawn of thought*. New York: Free Association Press.
Fonagy, P., & Target, M. (2007). The rooting of the mind in the body: New links between attachment theory and psychoanalytic thought. *Journal of the American Psychoanalytic Association, 55*, 411–456.
George, C., & West, M. (2001). The development and preliminary validation of a new measure of adult attachment: The Adult Attachment Projective. *Attachment and Human Development, 3*, 30–61.
Lyons-Ruth, K. (1998). Implicit relational knowing: Its role in development and psychoanalytic treatment. *Infant Mental Health Journal, 19*, 282–291.
Lyons-Ruth, K., Dutra, L., Schuder, M., & Bianchi, I. (2006). From infant attachment disorganization to adult dissociation: Relational adaptations or traumatic experiences? *Psychiatric Clinics of North America, 29*, 63–86.
McDougall, J. (1989). *Theatres of the body: A psychoanalytical approach to psychosomatic diseases*. Londen: Free Association Books.
Middendorp, P. (2018). *Jij bent van mij*. Amsterdam: Prometheus.
Parra, F., George, C., Kalalou, K., & Januel, D. (2017). Ideal Parent Figure method in the treatment of complex posttraumatic stress disorder related to childhood trauma: A pilot study. *European Journal of Psychotraumatology, 8*, ▶ https://doi.org/10.1080/20008198.2017.1400879.
Stern, D. (1985). *The interpersonal world of the child*. New York: Basic Books.

Het lichaam in de therapiekamer: somatische resonantie en somatische tegenoverdracht

Overdracht en tegenoverdracht – 136

De somatische tegenoverdracht – 137

De somatische tegenoverdracht als instrument en communicatie – 139

Somatische resonantie I – 140
De Boston Change Process Study Group – 140

Somatische resonantie II – 142
Regulering: zelfregulering en interactieve regulering – 142

Enactments en collusies – 144

Collusies – 145

De praktijk – 146
De impliciete relationele patronen in de spreekkamer – 146

Tot slot – 147

Literatuur – 148

© Bohn Stafleu van Loghum is een imprint van Springer Media B.V., onderdeel van Springer Nature 2020
N. Nicolai, *In levende lijve: het lichaam in de psychotherapie*,
https://doi.org/10.1007/978-90-368-2499-6_10

Dit hoofdstuk is een uitgebreide en bewerkte versie van een artikel dat ik samen met Nel Draijer schreef over overdracht en tegenoverdracht (Draijer, P. J., & Nicolai, N. J. (2020). Behandeling vroegkinderlijke traumatisering en (tegen)overdracht. *Tijdschrift voor Psychotherapie 46:* 167–184).

[…] social understanding first and foremost takes place during our immediate engagement with other people in social interaction, and can in some cases even be constituted by the social interaction process itself (Froese en Gallagher 2012, pag. 438).

Overdracht en tegenoverdracht

Het is al sinds Freud bekend dat psychotherapeuten emotionele ervaringen hebben ten opzichte van hun patiënten. We noemen dit tegenoverdracht. Gewoonlijk worden twee vormen onderscheiden: de 'smalle' en de 'brede' tegenoverdracht. De 'smalle' tegenoverdracht is die ten opzichte van de overdracht van de patiënte. Als bijvoorbeeld een patiënt de behandelaar idealiseert, kan de therapeut zich gevleid voelen en figuurlijk groeien en belangrijk worden. Hij vergeet dan dat hij onwillekeurig in een herhaling van zetten gezogen wordt; dat is voor de patiënt kennelijk de bekendste wijze van omgaan met anderen: idealiseren. Hij maakt daarmee de ander groot en tegelijk onbereikbaar. Idealiseren is een gedrag dat veel voorkomt bij mensen met een vermijdende gehechtheidsstijl.

Andersom kan een 'gewapende' of afwerende patiënt bij de therapeut een gevoel van vijandigheid of juist angst oproepen, afhankelijk van de eigen geschiedenis van de behandelaar. We hebben dit jaren gezien in de houding ten opzichte van de boze borderlinepatiënten, die als onbehandelbaar werden beschouwd. Over het algemeen geldt dat hoe 'primitiever' iemands afweer is, hoe meer heftige gevoelens de therapeut in de tegenoverdracht ervaart. Dat heeft te maken met het proces van projectieve identificatie: niet-ervaren gevoelens van de patiënt, meestal angst of woede, worden als het ware 'in' de therapeut gedumpt.

De 'brede' tegenoverdracht is elk gevoel dat de patiënte oproept, dus ook gerelateerd aan gender, leeftijd, huidskleur en sociale achtergrond. Daarin spelen ook het lichaam van de patiënt en dat van de therapeut een rol als 'analytisch object' (Orbach 2004, 2006).

Naast deze smalle en brede tegenoverdracht is er de laatste jaren een *derde* soort tegenoverdracht gedefinieerd: de complementaire overdracht, waarin de interactiestijl van de patiënt de tegenovergestelde stijl van de psychotherapeut oproept (Hafkenscheid 2019). Deze drie definities leiden uiteindelijk tot een beter meetbare definitie van tegenoverdracht, zoals die door Gelso en Hayes (2007) is ontwikkeld. Tegenoverdracht bestaat in hun termen uit de interne en externe reacties waarin onopgeloste conflicten van de therapeut, meestal maar niet altijd, onbewust betrokken zijn (Gelso en Hayes 2007; Hayes et al. 2018). Tegenoverdracht is schooloverstijgend en komt in alle therapeutische relaties voor.

De tegenoverdracht uit zich in *gedrag*: te veel of te weinig in contact zijn. Het *te weinig* in contact zijn heeft de vorm van: terugtrekken uit het contact, vermijden in te gaan op wat de patiënt vertelt of tussen neus en lippen laat merken (bijvoorbeeld: een patiente vertelt op de drempel dat ze als meisje van vijf is verkracht en de therapeut komt daar de volgende keer niet op terug), een ander onderwerp introduceren, lange stiltes laten vallen en emoties verkeerd benoemen. Het *te veel* in contact zijn heeft de vorm van overbetrokkenheid: het (ongevraagd) gaan zorgen voor de patiënt vanuit de emotionele behoeftes van de therapeut. Dit speelt als de therapeut zich uitgenodigd voelt de patiënt te redden of vanuit een eigen geschiedenis van parentificatie.

Cognitief bestaat de tegenoverdracht uit vervormde percepties van de patiënt en een onvermogen zich de inhoud van de gesprekken te herinneren. Ik voeg daar aan toe: het vergeten van de namen van belangrijke anderen uit het leven van de patiënt of details uit het verhaal van de patiënt zelf, de patiënt alleen maar stereotiep kunnen zien of gedrag veroordelen en de 'schuld' van de complexiteit van de therapie bij de patiënt leggen.

Somatisch bestaat de tegenoverdracht uit lichamelijke reacties als slaperigheid, spierspanning en hoofdpijn.

Het is voor elke therapeut – van welke richting dan ook – noodzakelijk zich bewust te zijn van tegenoverdrachtsreacties en het vermogen te ontwikkelen deze te hanteren. Belangrijk voor de hantering zijn:
- zelfinzicht: bewustzijn van eigen innerlijke reacties en gevoelens;
- empathie: het vermogen zich in te leven;
- conceptueel vermogen: het vermogen de patiënte theoretisch te begrijpen in het licht van diens levensgeschiedenis en symptomen;
- zelfintegratie: het vermogen de eigen emoties te ordenen en te integreren;
- omgaan met angst: het vermogen angst te ervaren en daar adequaat mee om te gaan.

Deze vermogens zijn te meten met de Countertransference Factors Inventory of CFI (Wagoner et al. 1991) en met een recenter ontwikkeld instrument, de Countertransference Management Scale (Perez-Rojas et al. 2017). Uit dat laatste instrument komen als belangrijkste factoren: Begrijpen van zichzelf en patiënt en Zelfintegratie en Regulering. Het zal duidelijk zijn dat in mijn optiek daarbij ook komt kijken: inzicht in lichamelijke reacties en het vermogen om die te onderzoeken en te reguleren.

De somatische tegenoverdracht

Onder somatische tegenoverdracht worden alle lichamelijke reacties verstaan die een therapeut vertoont in het contact met een cliënt.

Dosamantes-Beaudry (2007) beschrijft de somatische overdracht van de patiënt als:

> de totaliteit van de lichamelijk beleefde sensaties, uitgedrukt via lichamelijk beleefde expressieve bewegingen en door kinesthetische en kinetische beelden, die fungeren als transitional object voor de patiënt en die belangrijke relationele psychodynamische betekenissen uitdrukken die bij het begin van de behandeling nog onbekend waren voor de patiënte. (pag. 76) (vert. N.N.).

Een *transitional object* is een speelgoeddier, lakentje, doekje of knuffel, die de functie hebben de afstand tussen een jong kind en zijn of haar moeder symbolisch te overbruggen. Datzelfde kan ook gelden voor bepaalde lichaamsdelen, zoals het draaien aan een pluk haar, en ten slotte aan bepaalde bewegingen. In 2008 ontwikkelden Jonathan Egan en Alan Carr in Dublin een vragenlijst van alle somatische tegenoverdrachtsreacties die ze konden vinden in de literatuur en legden die voor aan 35 vrouwelijke psychotherapeuten die werkten met getraumatiseerde patiënten (Egan & Carr 2008). Slaperigheid, spierspanning, onverwachte verschuivingen in de lichamelijke gevoelstoestand, gapen en tranen werden door zeventig procent van de geïnterviewden genoemd. Soms waren die maar een enkele keer voorgekomen, maar bij velen vaker. Slaperigheid kan een reactie zijn op de hypoarousal en dissociatie die in ▶ H. 5 besproken zijn. Deze slaperigheid is in feite een herhaling van het Still Face-paradigma, maar dan met omgekeerde rollen. Een 'dode plek' in de beleving van de patiënt wordt subliminaal ervaren als een niet te verwoorden toestand bij de patiënte en dat gevoel van leegte en geen contact te hebben leidt tot een onbewust afhaken en slaperig worden bij de therapeut.

Spierspanning is vaak een gevolg van angstgevoelens bij de therapeut, die onvoldoende onderkend worden, of een gevolg van empathische besmetting (Vanaerschot et al. 2015). In een mooi fenomenologisch onderzoek, gebaseerd op interviews met psychotherapeuten uit verschillende scholen, beschrijft Shaw (2004) wat psychotherapeuten allemaal op somatisch niveau kunnen ervaren. Dat varieert van de al eerder genoemde spierspanning tot benauwdheid, sensaties in de ingewanden ('gut'-reacties), misselijkheid, zweterigheid en zich grieperig voelen, koud en warm worden, en een veranderde waarneming van het eigen lichaam. Bij de patiënten met een misbruikgeschiedenis kwamen daar nog reacties van de therapeut bij van afschuw, weerzin, schrik, walging en woede. Dat gaat toch verder dan de angst. Gelso en Hayes (2007) benadrukken dat de meeste tegenoverdrachtsreacties op angst zijn gebaseerd. Het is ook niet voor niets dat therapeuten die met traumaslachtoffers werken zonder uitzondering te maken krijgen met secundaire traumatische reacties. Wat je daarmee doet, is vers twee (Smith 2009).

Naast de somatische tegenoverdracht spelen ook fantasieën – al of niet bewust – *over* het lichaam een rol. Dat is het geval in de erotische fantasie dat een patiënte aantrekkelijk of verleidend is, maar ook in fantasieën over het lichaam van de patiënt als weerzinwekkend of afstotend. Vaak worden beide vormen van fantasie als bijzonder beschamend ervaren. Zowel het lichaam van de therapeut als dat van de patiënte is daarin een object, een analytisch object en bron van betekenissen die verhuld blijven (Orbach 2006). We durven namelijk niet gemakkelijk aan onszelf toe te geven dat een lichaam ons opwindt of angst inboezemt. Daardoor is een secundaire reactie vaak schaamte. Schaamte leidt tot het verbergen van wat je ervaart, ook voor jezelf. Therapeuten vinden het moeilijk om juist deze gevoelens in inter- of supervisie te bespreken, en dat leidt tot geheimhouding, isolement en gevaar voor de *slippery slope* (Gutheil en Gabbard 1993) van een collusie.

> **Vignetten**
>
> Een supervisante vertelt hoe ze walgt van de gedachte dat haar zeer zwaarlijvige patiënte aan sadomasochistische seks doet.
> Een andere supervisante vertelt geschokt te zijn dat ze opgewonden werd van het verhaal van misbruik.
> Een andere supervisante vertelt hoe een patiënt wijdbeens tegenover haar zat; dat maakte haar bang en onzeker.

Vaak worden wij ook lichamelijk geraakt door de haat, de gruwelijkheid van de ervaringen van de patiënt en de gruwelijkheid van hun zelfdestructieve gedragingen. Denk aan de hoofdpersoon uit Hanya Yanagihara's boek *Een klein leven* (2016) die zich – ondanks alle pogingen van mensen in zijn omgeving om hem lief te hebben en te redden – tot op het bot blijft snijden. Het is dan moeilijk te blijven nadenken over de betekenis en in samenspraak te blijven. Dat geldt ook voor de confrontatie met een uitgemergelde tiener die elk voedsel weigert. De somatische tegenoverdracht heeft daarbij de kleur van afschuw, angst, compassie, machteloosheid en boosheid met daaroverheen schaamte, omdat deze gevoelens de illusie van professionaliteit ondermijnen.

De somatische tegenoverdracht als instrument en communicatie

Toch is niet alle somatische tegenoverdracht een belemmering of het falen van het vermogen te containen. Soms kan zij ook een ingang zijn om te begrijpen wat er in een ander omgaat. Dat heeft te maken met het vermogen van de therapeut om zijn of haar lichaam te ervaren als ontvanger, als het ware als een radar, van de communicatie van de patiënt. Een waarschuwing is daarbij wel op zijn plaats: niet elke somatische tegenoverdracht is een gevolg van projectieve identificatie.

> **Projectieve identificatie**
>
> Projectieve identificatie bestaat uit drie stappen:
> Stap 1. Emoties, fantasieën en belevingen met betrekking tot de ander worden gesplitst in het geheugen opgeslagen, zoals 'Mamma is lief voor mij' versus 'Mamma wijst mij af', alsof het over twee personen gaat in plaats van één moeder met verschillende aspecten.
> Stap 2. Een van de aspecten wordt, om de persoon veilig te houden voor negatieve gedachten en voor schuld en schaamte, op de ander geprojecteerd: 'Ik ben niet boos, maar die ander is boos.' Dat leidt tot een soort foutieve voorspelling: alle anderen zullen altijd boos op mij zijn en mij altijd afwijzen.
> Stap 3. De persoon gedraagt zich zo dat het gevreesde gebeurt.
> Het zal duidelijk zijn dat er altijd een ander in deze intersubjectieve uitwisseling betrokken is: 'It takes two to tango.' In de praktijk van de ggz wordt maar al te vaak gedacht dat projectieve identificatie alleen iets van de patiënt is, maar er komt altijd ook een reactie van de ander bij, in dit geval de therapeut. Je kunt leren om daar eerst over na te denken voor je reageert. De ander heeft altijd de keuze om mee te gaan met de opgedrongen rol of deze vriendelijk te weigeren. Soms is de uitnodiging echter bijzonder dwingend.

Bij de somatische sensaties die wij ervaren die wél een gevolg zijn van projectieve identificatie speelt altijd ook een element van de eigen persoonlijkheid mee. We kunnen elkaars lichaamstoestand weliswaar op impliciet niveau spiegelen, maar dat wil nog niet zeggen dat wat wij als psychotherapeut ervaren altijd precies is wat de patiënt ervaart. En het betekent ook nog niet dat wat wij ervaren 'waar' is. Shaw (2004) waarschuwt voor de fenomenologische valkuil van reïficatie: een subjectieve ervaring onbedoeld 'opleggen aan' een ander. Neem het voorbeeld dat de therapeut sterke irritatie ervaart over de patient. Hij of zij kan denken dat dit een weerspiegeling is van de agressie bij de patiënt. Maar mogelijk is het ook een herhaling van een oude relatie tussen een bang kind en een boze ouder, waarbij de therapeut zich onbewust identificeert met deze boosheid. Shaw stelt dan ook voor om als we als psychotherapeut een sterke lichamelijke sensatie ervaren, de patiënt te vragen wat die op dat moment ervaart.

Somatische tegenoverdracht kan zich ook uiten in de rêverie[1] van de therapeut in de vorm van lichamelijke sensaties; het is dan de taak en de verantwoordelijkheid van

---

1 Rêverie of mijmeren is het laten gaan van je gedachtes zodat je ruimte maakt voor associaties en beelden. De term komt van de Britse psychoanalyticus Bion (1967), die ook zegt dat je je als psychotherapeut even los moet maken van een plan of agenda om tot je te laten komen wat er in de interactie met de patiënt gebeurt.

de therapeut om te onderzoeken of dit iets zegt over de therapeut of dat het een onbewuste, impliciete vorm van reageren is op iets wat de patiënte ervaart, maar nog niet kan uitdrukken.

Somatische resonantie I

De Boston Change Process Study Group

In het hierboven beschreven model van tegenoverdracht en somatische tegenoverdracht gaat men ervan uit dat de gevoelens van de therapeut bewust te maken zijn. Dat gaat natuurlijk niet op voor het veld van de lichamelijke intersubjectieve dans die op impliciet – dus onbewust – niveau verloopt. Herkennen van wat er aan de hand is, is dan geen proces van reflectie, maar loopt via een omweg. Er zijn drie omwegen:

- supervisie met videoregistratie;
- een beroep doen op de halfbewuste rêverie van de therapeut, waarin hij of zij beelden in zich laat opkomen of gebruikmaakt van somatische sensaties die mogelijk informatie geven over wat de patiënt ervaart;
- de informatie die je haalt uit handelingen die niet tot het gebruikelijke repertoire van de therapeut behoren: de enactments.

In de intersubjectieve ruimte kunnen wij belichaamde ervaringen onderzoeken als bron van onbewuste betekenis (Knoblauch 2005). Hier is de somatische ervaring dus een bron van informatie over wat er zich afspeelt.

Alles wat in de therapiekamer gebeurt, heeft te maken met een intersubjectief proces waarin de een de ander beïnvloedt en op zijn beurt weer beïnvloed wordt. We noemen dat ook wel co-creatie. Vooral in de modernere vormen van de psychoanalyse heeft het denken over dit proces van dyadische, wederkerige regulatie een hoge vlucht genomen.

Begin 2010 startte in Boston een groep analytici en ontwikkelingsonderzoekers, The Boston Change Process Study Group (2010), een onderzoek naar microprocessen op verbaal en non-verbaal niveau tussen patiënt en psychotherapeut. Deze groep, bestaande uit onder anderen wijlen Daniel Stern, zijn vrouw Nadia Bruschweiler-Stern, Louis Sander, Karlen Lyons-Ruth en Edward Tronick, baseert zich naast onderzoek van zittingsverslagen ook op onderzoek van de vroege ontwikkeling. Zij kwamen tot de conclusie dat momenten van ontmoeting, *moments-of-meeting*, de belangrijkste mechanismen van verandering zijn. Dat zijn de momenten dat een emotie in woorden en op visceraal, dus lijfelijk, niveau wordt beleefd, zoals bijvoorbeeld blijkt uit de diepe zucht die een patiënte slaakt als het juiste woord voor haar gevoelens en ervaring is gevonden, het diepe gevoel van *felt sense* als een herinnering blijkt te 'passen' bij een nooit verwoord sluimerend onbehagen. The Boston Change Process Study Group beschrijft de loop van een gesprek als een ongeordend geheel (een *sloppy process*). Het bestaat uit pogingen van de patiënt iets over te brengen (dus een intentie), met alle mogelijke misverstanden die dat kan opleveren bij de andere partij (interactieve missers). De therapeut luistert en probeert te begrijpen wat er op verbaal niveau gebeurt. Maar zij of hij blijkt de patiënt ook op subsymbolisch, lichamelijk niveau te volgen, met stembuigingen, de blik, knikken en draaien van het hoofd, en bewegingen van de handen. Handen worden gebruikt voor zelfregulatie, als iemand zichzelf aanraakt. Soms loopt het niet en ontstaat er geen synchronie, bijvoorbeeld als de patiente enorm gespannen voorover op haar stoel druk zit te praten en de therapeut steeds meer wegkijkt en stiller wordt. De crux is dat deze interactieve missers opgemerkt en gerepareerd kunnen worden. Dit proces noemt The Boston Change Process Study Group '*moving along*': het gewone, deels impliciete proces van met elkaar spreken, elkaar in de intersubjectieve ruimte volgen en weer kwijtraken. Dit proces verloopt verbaal, maar ook lichamelijk, via kuchjes, wegkijken, ademen, bewegen, een verandering van zinsmelodie, een vraagteken aan het eind van een zin of een verandering in de zinsmelodie. Het is de taak van de therapeut deze beide registers te volgen en ook bij zichzelf waar te nemen.

Voorbeeld

Een patiënte vertelt over een ruzie met haar partner. Ze praat verontwaardigd, friemelt met haar vingers en kijkt me niet aan. Ik ervaar dat ze hoog ademt, maar in mezelf ervaar ik een gevoel van teleurstelling: 'Daar gaan we weer.' Waarschijnlijk is dat te zien in mijn gezichtsuitdrukking, want de patiënte vervolgt haar verhaal met verdubbelde kracht. Ik neem bij mezelf waar dat ik emotioneel afhaak en laat beelden in me opkomen: de rêverie van de therapeut. Voor mijn geestesoog zie ik een stampend klein wezentje, het doet aan Repelsteeltje denken: 'Geef me je kindje, maar als je mijn naam raadt, mag je het houden.' Via het sprookje kom ik op de gedachte dat ze thuis, maar ook bij mij, wanhopig bezig is iets te wensen wat niet kan: olie uit een stenen muur slaan. Maar ik voel ook verdriet opkomen over hoe weinig ze is gezien. 'Niemand weet dat ik Repelsteeltje heet.'
Ik zeg: 'Je doet zo je best om X te laten zien wie je bent. Het moet zo frustrerend zijn dat je dat niet lukt.' Ze valt even stil: 'Ik doe het weer, hè? In plaats van te voelen hoe wanhopig ik ben, blijf ik maar doorrazen.' We kijken elkaar aan, allebei geraakt.

Vanuit dit zoeken, gissen en repareren ontstaan soms interactieve matches: iets klopt, iets past. Dat worden de aanwezigheidsmomenten, de kleine momenten dat er in het geautomatiseerde denken en voelen een glimp van bewustzijn, een besef ontstaat. Dat is anders dan een 'nu'-moment (*now-moment*), als de persoon zich geheel bewust wordt van wat er zich in hem of haar afspeelde.

Een voorbeeld is de reactie van een vrouw bij het Gehechtheidsbiografisch Interview. Ik vroeg haar naar haar moeder. Ze vertelde in dezelfde bewoordingen als in het kennismakingsgesprek dat haar moeder een 'narcistische borderliner' is; jargon waarachter een hele wereld schuilgaat.
Ze zucht. Ik zwijg. Dan zegt ze: 'Ik zeg dat wel altijd, maar dat maakt het er niet beter op.' Ik: 'Beter voor wie?' Ze kijkt verbaasd op en zegt: 'Voor mij, maar het werkt niet. Ik dacht dat als ik dat maar begreep, het minder moeilijk was.' De tranen schieten haar in de ogen. We kijken elkaar aan, en in die blik is er contact. Het is een moment van ontmoeting. Dit soort momenten zijn niet los te zien van de enorme hoeveelheid herhalingen in een gesprek. Daarom is het ook zo belangrijk om in een psychotherapeutisch gesprek niet te snel een agenda te hanteren maar de patiënt de ruimte te laten om zijn of haar verhaal te houden (Depestele 2009).

Somatische resonantie II

Regulering: zelfregulering en interactieve regulering

In 1984 scheef Myron Hofer een invloedrijk, klassiek artikel over relaties als psychobiologische regulatoren (Hofer 1984). Hoe beter je gereguleerd bent in de kindertijd, hoe meer je die regulatie kunt verinnerlijken en je jezelf kunt reguleren. Dat laat onverlet dat we elkaar ook als volwassenen onbewust reguleren en dat veranderingen in de relatie niet alleen een psychologische impact hebben, maar ook een neurofysiologische. We weten dit uit onderzoek naar het effect van scheiding, verlies en rouw. Deze neurofysiologische regulering speelt ook in psychotherapeutische relaties, of we het nu bewust waarnemen of niet. Van sommige patiënten word je energiek: 'Het loopt', zeg je dan. Er gebeurt iets, de afwisseling tussen vitaliteit en rust is 'lekker'. Bij andere patiënten heb je het gevoel dat je aan een dood paard trekt: er gebeurt weinig tot niets. Zittingen lijken op elkaar, klaagzangen zijn niet van elkaar te onderscheiden, interventies vallen in dorre aarde.

Beebe en Lachman (2002, 2005, 2013) hebben grote invloed gehad met hun minutieuze onderzoek naar de interactie tussen jonge baby's en hun moeder. Ik beschreef dit al eerder. Zij filmden de interactie tussen kinderen en hun moeders op een split screen en draaiden die vertraagd af. Zij ontdekten dat er nauwelijks met het blote oog waarneembare – vormen van lijfelijke communicatie plaatsvinden, waarbij de baby het initiatief neemt en de moeder volgt, tot momenten van plezier en contact, met een brede glimlach van beiden. Daarna treedt weer rust op. Dat is het ritme van de stijgende lijn in vrolijkheid, vitaliteit en contact. De andere lijn is die van de troost die de ontreddering, het verdriet of de angst van het kind dempt en reguleert. De interactieve regulering heeft dus zowel een vitaliserend als een geruststellend effect. In de vitaliteit is er plezier en resonantie; dit verloopt naar een piek van gezamenlijk plezier. Zelfregulering – Beebe spreekt, zoals we al zagen, sinds 2013 van zelf-*contingentie* – is het jezelf even hernemen: wegkijken, tot rust komen in je eigen lichaam, met de hulpmiddelen die je daarbij ter beschikking staan. Een te lage zelfcontingentie maakt je labiel; je hebt dan moeit met het reguleren van je eigen innerlijke toestanden. Een te sterke zelfregulering maakt je star. Een voorbeeld is het strakke gezicht van de de stoïcijn, die op alle ervaringen met dezelfde gezichtsuitdrukking reageert.

Deze ritmes in de sociale communicatie op de leeftijd van vier maanden voorspellen de mate van gehechtheid met dertien maanden, dus het zijn belangrijke voorlopers van de sociaal-emotionele ontwikkeling. Als de moeder weinig meeresoneert, dus een strak gezicht trekt en weinig mimiek toont, leert een kind al snel dat het moet afzien van deze momenten en ontwikkelt het een grote mate van zelfregulatie: zuigen op vingers, wegkijken, niet reageren. Met dertien maanden blijkt dan een vermijdend-gereserveerde gehechtheidsstijl te zijn ontstaan. Kinderen met deze stijl vertonen geen reactie als hun moeder vertrekt, maar ook niet als ze terugkomt. Ze vertrouwen op zelfregulatie (zelfcontingentie), op beheersing en afkoelen van wat ze ervaren. Afkoelers op kinderleeftijd leren al snel dat je beter niet te veel kunt laten zien van wat er in je omgaat. Als ze daarmee doorgaan, vermindert hun vermogen emoties en lichamelijke sensaties te ervaren en te plaatsen. Zie ook het experiment van Tronick dat werd besproken in ▶ H. 7.

Kinderen van wie de moeder hen stelselmatig overspoelt met haar gezichtsuitdrukkingen en haar initiatief, zonder de baby zichzelf te laten reguleren, ontwikkelen met dertien maanden een ambivalent-gepreoccupeerde of *resistant* gehechtheidsstijl.

Het droevigst is het gesteld met de kinderen die later gedesorganiseerd gehecht blijken. Al met vier maanden is er een verstoorde communicatie, bijvoorbeeld wanneer een baby kijkt, maar tegelijkertijd een beetje huilt (tegensprekend affect), waarop de moeder haar gezicht verstrakt en het kind niet erkent in zijn nood. Waarop het kind op zijn beurt weer wegkijkt en de moeder teleurgesteld lijkt en de baby ruw aanraakt. Beebe en Steele (2013) beschrijven hoe een dergelijke wederkerige escalatie zo uit de hand kan lopen dat het kind gaat braken.

> Rond tien maanden leiden de verwachting van interacties tot in het rechtshemisferische impliciete geheugen opgeslagen procedurele patronen van 'hoe te zijn met de ander'. Als onplezierige interacties overwegen leidt dat tot een activering van de rechterhemisfeer met impliciete procedurele afweerstrategieën. Je zou het ook zelfbeschermingsstrategieën kunnen noemen. Bij veel afwijzing worden deze strategieën een overmatig vertrouwen op zelfregulatie ('Ik heb de ander niet nodig') of een zich afkeren van de ander. Bij inconsistente, overspoelende en te opdringerige interacties gaat juist het vermogen tot zelfregulatie verloren. Deze baby's (en later volwassenen) zijn niet alleen volledig gericht op de ander, ze zijn er voor de regulering van hun emoties ook van de ander afhankelijk.

Beebe en haar collega's gaan ervan uit dat er in een interactie tussen moeder en kind, maar later ook in interacties tussen twee volwassenen, sprake is van een zeker evenwicht tussen zelfregulatie en interactieve regulatie (Nicolai 2016). Dit is met beeldvormend onderzoek aan te tonen. Dumas et al. (2010) vonden met hyperscanning-methodes dat bij communicatie beide partners voortdurend bezig waren hun acties aan te passen aan die van de ander: een synchronie.

We kunnen dus stellen dat in elke ontmoeting een patroon van wederzijdse beïnvloeding ontstaat. We hebben die beïnvloeding niet in de gaten, omdat ze onbewust is en opgeslagen wordt in de rechterhersenhelft (Schore 2003, 2012, 2019). Het is de taak van een psychotherapeut om zichzelf bewust te worden van de mogelijke lichamelijke reacties die in een gesprek opgeroepen worden. We behoren dat te doen, omdat meegaan in een 'vanzelfzwijgende' communicatie over en weer weleens kan leiden tot een escalerende verstoring. Dat gebeurt bijvoorbeeld bij borderlinepatiënten die in de neutrale en afwachtende houding van een therapeut vooral afwijzing lezen, daar angstig van worden en dus meer ontregeld raken. Bij patiënten met een vroegkinderlijke traumatisering is het eerder regel dan uitzondering dat psychotherapeuten vooral lichamelijke ervaringen hebben: niet alleen in reactie op het verhaal, dat schrik, ontzetting of angst kan oproepen, maar ook in de vorm van allerlei lichamelijke sensaties die overrompelend kunnen zijn. Deze sensaties zijn het gevolg van de dissociatieve en angstige processen in de patiënt.

Met deze gegevens in het achterhoofd wordt duidelijk dat we ook anders dienen te kijken naar wat er in de therapiekamer gebeurt. We luisteren naar het verhaal, maar tegelijkertijd is de subsymbolische laag alom aanwezig in ademhaling, gebaren, stembuigingen en blikken die gevoelens oproepen die de therapeut beïnvloeden en vice versa. Deze wederzijdse beïnvloeding noemen we ook wel *enactments*.

Enactments en collusies

Met *enactment* bedoelt men het *onbewuste* patroon van interactie en communicatie tussen therapeut en patiënt. De term werd eerst vooral gebruikt voor de onbewuste tegenoverdrachtreacties van de therapeut, dus de emotionele reacties en de daaruit voortvloeiende gedragingen, de acties.

The Boston Change Process Study Group (Bruschweiler-Stern et al. 2013) beschrijft enactment als het doorbreken van herinneringen, dus oudere patronen, in het hier en nu van de interactie tussen therapeut (analyticus) en patiënt. Je zou kunnen zeggen: in de enactment wordt een oud patroon, een oude voorspelling geactiveerd, en de therapeut doet daar zonder het in de gaten te hebben aan mee.

Jessica Benjamin (2004) neemt een unieke positie in, omdat volgens haar afgesplitst traumatisch materiaal en pijnlijke gevoelens *alleen* via enactments in de kamer komen. In enactments herhalen therapeut en patiënte ongewild oude pijnlijke ervaringen. Het herkennen daarvan en het herstellen van de empathische breuk door de therapeut is volgens haar noodzakelijk om het proces weer op gang te brengen.

We kunnen het optreden van enactments zien als een continuüm gerelateerd aan de pathologie van de patiënte. Bij een neurotische structuur zijn enactments relatief onschuldig en is het niet moeilijk om achteraf te bedenken dat er iets gebeurd is wat niet klopte. Dit wordt al anders bij narcistische en borderlinepathologie, waar de enactments als het ware voortdurend aan de orde zijn en het psychotherapeutisch klimaat bepalen. In een metafoor: het lijkt alsof de 'voering', de impliciete relationele dynamiek, er bij neurotische problematiek af en toe doorheen schemert, zeker als de overdracht hoog oploopt, terwijl deze er voortdurend uitpuilt als het om structuurpathologie gaat.

Enactments omvatten in essentie vijf stappen

Stap 1 Fenomenologisch gezien bestaat er in elke therapeutische relatie altijd een spanning tussen de bewuste relatie, gericht op samenwerking en op de uitwisseling van woorden, gebaseerd op voorbewuste verwachtingen, en de onbewuste fantasieën en impliciete relationele, dyadische processen aan de andere kant.

Stap 2 Een enactment kan ontstaan als het evenwicht plotseling niet meer klopt. De therapeut voelt zich uit balans gebracht. Hij raakt op een onverwachte manier emotioneel geraakt, voelt zich al naar gelang de situatie, slaperig, verveeld, angstig of verward worden en ervaart druk om te handelen. Vaak dient die handeling om de spanning te verminderen. Veel enactments zijn relatief positief, zoals geruststellen of advies geven, extra tijd geven, maar er zijn ook negatieve vormen, zoals boos worden, verwijtende interventies doen ('Waarom doet u dit?'), iemand niet willen antwoorden of willen wegsturen.

Een bekende enactment bij een patiënt die stelselmatig te laat komt, is dit niet bespreken maar zelf met enige vertraging de deur opendoen, met de – half verboden – gedachte: 'Dan moet zij het maar eens voelen, dat ik ook de tijd neem.'

Stap 3 is de herkenning van deze afwijking van het normale door de therapeut. Dat betekent dus aandacht en rust om te voelen waar de therapeut afwijkt van het doorgaande relationele proces.

> **Stap 4** De enactment wordt erkend, omdat de therapeut in staat is te duiden wat er is gebeurd, de breuk te herstellen of het therapeutische proces weer op het symbolische vlak te brengen.
> **Stap 5** betekent dat een enactment nadat deze geanalyseerd en verwerkt is, een belangrijk werktuig is geworden.

Enactments zijn dus een belangrijk middel om afgesplitste affecten en vroege traumatische ervaringen toegankelijk te maken. Ze zijn dus onontbeerlijk, maar als de enactment heeft geleid tot een hertraumatisering van de patiënt, dient de therapeut dit eerst openlijk te erkennen en de breuk te herstellen.

Nu weet men uit de klinische praktijk en supervisie hoe vaak het voorkomt dat stap 4 en 5 niet optreden, omdat stap 3 niet gezet kan worden. *Er wordt niet herkend dat er een breuk is opgetreden.* Dit gebrek aan (h)erkenning kan leiden tot een vastlopen van de therapie of tot *collusies* waarin de beide partijen gevangen raken in rigide posities en een geperverteerde relatie, zoals die van dader en slachtoffer. De vrije uitwisseling van woorden en gedachten is tot stilstand gekomen, de empathie is verdwenen. We spreken dan van niet-herstelde empathische breuken.

Collusies

Het gevolg van een niet-herstelde empathische breuk is een vastgelopen behandeling. Een voorbeeld is de ijzeren greep waarin een patiënt zijn behandelaar houdt met de dreiging van zelfdoding als de behandeling zou stoppen, ook al komen beiden niet verder. Hierin wisselen de rollen van dader, redder en slachtoffer. Laat de therapeut zijn patiënt gaan, dan wordt hij een dader. Houdt hij hem of haar, dan moet hij redder worden, maar iemands leven leven is een onmogelijke taak, dus gedoemd te mislukken. De therapie dient onmiddellijk te stoppen en vervangen te worden door 'consultatieve' gesprekken waarin het de taak is om uit te zoeken of patiënte de verantwoordelijkheid kan nemen over haar eigen leven (Plakun 2001). Pas dan kan de therapeutische werkrelatie weer hersteld worden. Het is ook belangrijk van tevoren in een behandelcontract af te spreken wat er gaat gebeuren als de patiënt suïcidaal wordt. Volgens de richtlijnen van de APA is het een taak van de therapeut om de patiënt in de eerste plaats duidelijk te maken dat het beheren van het leven niet tot de therapeutische taken behoort.

Een ander voorbeeld is de patiënt die zich nestelt in de behandeling en de therapeut als een vervangende goede ouder beschouwt, terwijl buiten de therapiekamer de zelfhaat en de destructie hoogtij viert.

Het bekendste voorbeeld van een collusie is de seksuele relatie. De illusie van redding door liefde en seks houdt de therapeut en de patiënt weg van het doel van de behandeling, namelijk het op gang helpen van een gestagneerd ontwikkelingsproces of het verminderen van symptomen.

De praktijk

De impliciete relationele patronen in de spreekkamer

Ik kijk sinds jaar en dag samen met supervisanten naar video's die ze maken van hun gesprekken met patiënten. Soms ontbreekt het geluid. Dat is niet erg, want dat biedt gelegenheid te kijken hoe de therapeut de patiënte spiegelt in houding en gedrag. Het is bekend dat het spiegelen van de houding leidt tot meer contact en meer empathisch invoelen. Beide deelnemers aan een gespiegelde conversatie voelen zich meestal beter. Soms zie je in die beelden een grote afstand; de patiënt zit er stijf bij achter een harnas van over elkaar geslagen benen en voor de borst gekruiste armen terwijl de therapeut aan een kopje koffie nipt. Ik vraag dan meestal: 'Wat gebeurde er toen in je? Wat ervaarde je in je lichaam bij deze passage, bij deze patiënt?'

Meestal is het antwoord dan onmacht of verveling: er is geen contact, geen uitwisseling van affect. In feite is het een variant van het Still Face-experiment. Soms zit de patiënt voor op haar stoel, druk pratend, wiebelend en friemelend, met haar ogen strak op de therapeut gericht en zit de therapeut verslagen achterover. Er is dan sprake van een hyperarousal zoals besproken in ▶ H. 5. De therapeut ervaart dan hulpeloosheid, die zich lichamelijk uit in een gevoel van zwaarte of belasting, of een dof gevoel in het hoofd met de neiging zich terug te trekken.

Bij patiënten met een vermijdend-gereserveerde gehechtheidsstijl, die hun gevoelens zo afkoelen, dat ze er later bijna geen zicht meer op hebben, antwoordt een therapeut dan vaak: 'Ik verveel me, ik moet moeite doen niet aan iets anders te denken.' Deze verveling uit zich in minuscule bewegingen, blikverschuivingen en stemveranderingen. Als je de video vertraagd afspeelt, is dat meestal goed te zien en te horen. De patiënt komt dit maar al te bekend voor – het past immers bij zijn voorspelling dat de gebruikelijkste reactie op zijn roep om hulp afwijzing is – en dus is de enactment een herhaling van zetten.

Een variant daarvan is de narcistische patiënt die meestal een vermijdend-gereserveerde gehechtheidsstijl combineert met devaluatie van de ander: de subtiele devaluatie dient om krenking en afwijzing voor te zijn. Deze devaluatie roept bij een therapeut angst of gekrenktheid op. Dat is een naar en onwenselijk gevoel: liever reageren we complementair snel met een poging ons eigen zelfgevoel te redden door iets te hoog van de toren te blazen. Daarop reageert de patiënt met nog meer devaluatie of wegblijven: we hebben de achterliggende vraag niet opgemerkt, namelijk die om empathie met zijn ontredderde zelfgevoel achter de defensie.

Bij de ambivalent-gepreoccupeerde patiënt is de basiservaring er een van inconsistentie. De basisvoorspelling is: ik moet me richten op de ander en de ander goed in de gaten houden om te voorkomen dat ik verlaten of vergeten word. Die voorspelling doen patiënten die in een continue staat van hyperarousal verkeren. Een volwassene met een ambivalent-gepreoccupeerde gehechtheidsstijl heeft een lange geschiedenis van dergelijke ervaringen, ook – en misschien vooral – in de hulpverlening. Hij ervaart dat zijn gevoelens van nood en wanhoop niet adequaat gespiegeld of überhaupt erkend en gezien worden.

Bij patiënten met een gedesorganiseerde gehechtheid zien we een snelle afwisseling van terugtrekken en contact zoeken, hyper- en hypoarousal. Als kijker van de video-opname zie je dat er geen dans is. Voor de andere betrokkene, de therapeut, is het subjectieve gevoel verwarring of onzekerheid, en beide kunnen ertoe leiden dat de therapeut te veel gaat doen (overbetrokken reageert, wat de patiënte nog banger maakt) of zich terugtrekt, wat je op de video kunt zien door het afwenden van de blik of de verschuiving naar een ander onderwerp. Het gaat bij de gedesorganiseerde gehechtheid om dissociatieve ervaringen, waarbij er geen coherent patroon is van omgang met de ander.

Beebe en Lachman (2013) beschrijven hoe deze gedesorganiseerde gehechtheid zich uit bij zuigelingen. Kinderen huilen zachtjes, maar lachen tegelijk; de moeder slaat er geen acht op; de moeder lacht en buigt zich vol over het kind heen; het kind schrikt en doet zijn handjes voor de ogen; de moeder is teleurgesteld en spreekt het kind streng toe: '*Be happy for mommy*' (Beebe en Steele 2013). Kinderen maken contact, maar wenden zich tegelijkertijd af. Er bestaat dus geen coherente stijl van omgaan en dat leidt bij volwassenen die dit als impliciet geheugenpatroon hebben opgeslagen tot een allesdoordringend gevoel dat ze niet gekend zijn, maar ook zichzelf niet kennen.

De vraag die erop volgt is: 'Waar doet dat gevoel je aan denken? Denk in termen van beelden, symbolen, een liedje, een sprookje of een gezegde.'

Ik vraag dus naar metaforen. Metaforen zijn voorbewuste rechtshemisferische beelden die met enige inspanning op te roepen zijn en veel informatie geven (zie ook ▶ H. 5).

> Een supervisant vertelt dat ze de patiënt in haar geestesoog zag als een klein schildpadje dat zich eeuwig in haar schild had verstopt. Een ander kreeg een beeld van wanhopige eenzaamheid. Een derde ervaarde haar patiënte als een ijzige berg vol scherven en schotsen: een beetje zoals Elsa in *Frozen*.

Op deze manier wordt het denkvermogen – de rêverie – van de supervisant geprikkeld. Vaak komen er beelden naar boven van klein en hulpeloos, of vastgelopen en kleverig.

Soms is het zinvol met de supervisant een rollenspel te doen, waarin deze de patiënt speelt en we een stukje uit de sessie herhalen. Dat levert heel veel informatie op en vaak een enorme groei in empathie.

Vaak beginnen supervisanten spontaan te vertellen hoe ze de gevoelens van eenzaamheid, buitengesloten zijn en misbegrepen worden herkennen. Uiteindelijk zijn die universeel.

Wat dan volgt is de al eerder genoemde focus op de cocreatie en de eigen gevoelens van de therapeut vanuit haar of zijn eigen leergeschiedenis.

Tot slot

Overdracht en tegenoverdracht zijn in elke vorm van psychotherapie belangrijk: ze zijn schooloverstijgend. De eerste definities van tegenoverdracht doen een groot beroep op de (voor)bewuste ervaring van de therapeut.

Door modern onderzoek naar wat er gebeurt in een therapiesessie en naar impliciete intersubjectieve regulering is een andere kijk op overdrachts- en tegenoverdrachtspatronen ontstaan. De informatie komt niet via bewuste kanalen tot de therapeut, maar hij moet een beroep doen op rêverie, somatische ervaringen, het herkennen van enactments en terugkijken naar videoregistratie in super- en intervisies.

We reageren nu eenmaal als belichaamde subjecten op het belichaamd beleven van de patiënt.

Belangrijk is het herstel van empathische breuken. Daarnaast is het van belang van te voren goed grenzen en doelen af te spreken. Vastgelopen processen berusten vaak op collusie, waarin patiënte en therapeut ongewild en onoverdacht de oude scenario's van de patiënt herhalen. Het aandeel van de therapeut daarin is onbewuste herkenning, een niet-onderkende redderfantasie of niet-onderzochte agressie.

Literatuur

Beebe, B., & Lachman, F. (2002). *Infant research and adult treatment. Co-constructing interactions*. New York: The Analytic Press.

Beebe, B., & Lachman, F. (2005). *Forms of intersubjectivity in infant research and adult treatment*. New York: Other Books.

Beebe, B., & Lachman, F. (2013). *The origins of attachment. Infant research and adult treatment*. New York: Routledge.

Beebe, B., & Steele, M. (2013). How does microanalysis of mother-infant communication inform maternal sensitivity and infant attachment? *Attachment and Human Development, 15*(5–6), 583–602.

Benjamin, J. (2004). Beyond doer and done to: An intersubjective view of thirdness. *The Psychoanalytic Quartely, 73*, 5–46.

Bion, W. R. (1967). *Second thoughts*. Londen: Heinemann.

Bruschweiler-Stern, N., Lyons-Ruth, K., et al. (2013). Enactment and the emergence of a new relational organization. *The Journal of the American Psychoanalytic Association, 61*(4), 727–749.

Depestele, F. (2009). Verandering in therapie via subliminale uitwisseling tussen cliënt en therapeut. *Tijdschrift Cliëntgerichte Psychotherapie, 47*, 288–302.

Dosamantes-Beaudry, I. (2007). Somatic transference in psychoanalytic intersubjective dance/movement therapy. *American Journal of Dance Therapy, 29*, 73–89.

Dumas, G., Nadel, J., Soussignan, R., et al. (2010). Interbrain synchronization during social interaction, *PLOSONE, 5*, 21–66.

Egan, J., & Carr, A. (2008). Body-centered countertransference in female traumatherapists. *Eisteacht, 8*, 24–27.

Froese, T., & Gallagher, S. (2012). Getting interaction theory (IT) together. Integrating developmental, phenomenological, enactive, and dynamical approaches to social interaction. *Interaction Studies, 13*, 436–468. ▶ https://doi.org/10.1075/is.13.3.06froissn1572-0373/E-ISSN1572-0381.

Gelso, C. J., & Hayes, J. A. (2007). *Perils and possibilities*. Mahwah, NJ: Erlbaum.

Gutheil, T., & Gabbard, G. O. (1993). Boundaries in clincial practice. *American Journal of Psychiatry, 150*, 188–196.

Hafkenscheid, A. (2019). Interpersoonlijke diagnostiek in de psychotherapie: Het theoretisch raamwerk. *Tijdschrift voor Psychotherapie, 45*, 276–299.

Hayes, J. A., Gelso, C. J., Goldberg, S., et al. (2018). Countertransference management and effective psychotherapy: Meta-analytic findings. *Psychotherapy, 55*, 496–507.

Hofer, M. (1984). Relationships as regulators: a psychobiologic perspective on bereavement. *Psychosomatic Medicine, 46*, 183–197.

Knoblauch, S. (2005). Body rhytms and the unconscious. *Psychoanalytic Dialogues, 15*, 807–827.

Nicolai, N. J. (2016). *Emotieregulatie: De kunst van het evenwicht*. Leusden: Diagnosis.

Orbach, S. (2004). What can we learn from the therapist's body? *Attachment and Human Development, 6*, 141–150.

Orbach, S. (2006). How can we have a body? *Studies in Gender and Sexuality, 7*, 89–11.

Perez-Rojas, A. E., Palma, B., Bhatia, A., et al. (2017). The development and initial validation of the Counter Transference Management Scale. *Psychotherapy, 54*, 307–319.

Plakun, E. (2001). Making the alliance and taking the transference in work with suicidal patients. *The Journal of Psychotherapy, Practice and Research, 10*, 269–276.

Schore, A. N. (2003). *Affectregulation and the repair of the self*. New York: Norton.

Schore, A. N. (2012). *The science and the art of psychotherapy*. New York: Norton.

Schore, A. N. (2019). *Right brain psychotherapy*. New York: Norton.
Shaw, R. (2004). The embodied psychotherapist: An exploration of the therapists' somatic phenomena within the therapeutic encounter. *Psychotherapy Research, 14,* 271–288.
Smith, A. (2009). *Listening to trauma. Therapists' countertransference and long-term effects of trauma work.* Academisch Proefschrift, Nijmegen: Radboud Universiteit.
The Boston Change Process Study Group (2010). *Change in psychotherapy. A unifying paradigm*. New York: Norton.
Vanaerschot, G., Hebbrecht, M., & Nicolai, N. J. (2015). *Empathie: Het geheime wapen van psychiaters en psychotherapeuten*. Diagnosis: Leusden.
Van Wagoner, S. D. L., Gelso, C. J., Hayes, J. A., et al. (1991). Countertransference and the reputedly excellent therapist. *Psychotherapy, 28,* 411–421.
Yanagihara, H. (2016). *Een klein leven*. Amsterdam: Nieuw Amsterdam.

Bijlage

Register – 153

Register

A

aanraking 92
A-bèta- en A-delta-vezels 47
achterste deel van de insula 76
adrenogenitaal syndroom 98
afferente vezels 71
ambivalent-gepreoccupeerde
    gehechtheid 124
androgenen 98
ANGST 71
autisme 50
automatisch
    verwachtingsmanagement 123
autonomie 107

B

basale ganglia 71
bodyscan 128
(BROED)ZORG/HECHTING 72

C

complexe membraanproteïnen 51
concrete operationele fase 73
confabulatie 46
contingent gespiegeld 64
C-tactiele afferente vezels 47

D

darmbacteriën 51
depersonalisatie 46
discriminatieve aanraking 47
duaal-aspectmonisme 4
dynamische systeemtheorie 6

E

één lichaam voor twee personen 126
eliminiatief materialisme 4
embedded 6
embodied 6
embodied cognition 6
emotieregulatie 58
emotionele affecten 71
emotionele besmetting 121
empathie 41, 114
empathische besmetting 59, 138
enacted 6

enactivisme 5, 6
extensive 6
exteroceptie 63

F

fenomenologie 5
fobische vermijding 124
fysieke wereld 7

G

gedesorganiseerd gedrag 64
gedesorganiseerde gehechtheid 124
gemarkeerd gespiegeld 64
gemarkeerd spiegelen 115
gender 98
genderdysforie 98
genderrolidentiteit 98
gereserveerd-vermijdende
    gehechtheidsstijl 107
gevoelens 73
gissen, missen maar repareren 92
grensoverschrijding 50

H

habitat 7
hartslagvariabiliteit 111
Helmholtz 9
homeostatische behoeftes 70

I

identificatie met de dader 64
immuunsysteem 51
impingement 49
impliciete herkenning 121
innerlijk werkmodel 127
insula 47
interactieve contingentie 92
interoceptie 63, 70, 71
interoceptief bewustzijn 81
interoceptieve sensibiliteit 81
interoceptieve sensitiviteit (ISt) 81
ISt. *Zie* interoceptieve sensitiviteit

K

kernzelf 8

L

LEAS. *Zie* levels of emotional
    awareness scale
levels of emotional awareness scale
    (LEAS) 73
lichaamsattitude 90
lichaamsbeleven 62
lichaamsbewustzijn 90
lichaamseigenaarschap 83
lichaamshandelingsbekwaamheid 83
lichaamstevredenheid 90
LUST 72

M

Merleau-Ponty, Maurice 5
metaforen 5
microglia 51
minderwaardig 97
mind-minded 49
mobiliteit 79
monistische en dualistische visies 3
motiliteit 79
multisensorische voorstelling 129
mu-opioïden 47

N

neglect 46
non-verbale communicatie 42

O

oriëntatie van het hoofd en
    lichaam 92
oxytocine 47

P

parasympathisch 56
perceptie 4
prediction errors 9
preoperationele fase van de
    pervasieve emoties 73
privatieve opposities 97
procedurele geheugen 6
projectieve identificatie 136
protozelf 8
psychasthenie 108
psychisch equivalent 75

R

rapprochementfase 96
representatie 72
representaties van de ouders 126

S

schaamte 96
schema's 77
secundaire gehechtheidsstrate-
	gieën 124
sekse 98
self-esteem 96
sensomotorische enactieve fase 73
sensomotorische sensatie 73
sensorische affecte 71
sensorische modaliteit 129
separatie 122
SEPARATIE/PANIEK 71
sexing 97
sociale-engagementsysteem 57, 59
SPELEN 50, 72
spiegelneuronen 114
stade du miroir 95
subject 90
subsymbolische termen 29
sympathisch 56
synchronie 91

T

tekort aan identificatie en
	separatie 126
terror 63
theory of mind 77
transgenderidentiteit 98
trauma 78

U

umwelt 7

V

verbaal-reflectieve zelf 8
vitaliteit 92
vitality affects 8
vocalisatie 92
voorste deel van de insula 76
vrije-energieprincipe 9

W

window of tolerance 58
WOEDE 72

Z

zelf-anderonderscheiding 122
zelfcontingentie 92
zelfredzaamheid 107
zelfregulatie 92
zelfstandigheid 107
ziektegedrag 111
ZOEKEN 71

If you have any concerns about our products,
you can contact us on
ProductSafety@springernature.com

In case Publisher is established outside the EU,
the EU authorized representative is:
**Springer Nature Customer Service Center GmbH
Europaplatz 3, 69115 Heidelberg, Germany**

Printed by Libri Plureos GmbH
in Hamburg, Germany